Erwin K. Scheuch

Sozialer Wandel 1

Studienskripten zur Soziologie

Herausgeber:
Prof. Dr. Heinz Sahner
begründet von Prof. Dr. Erwin K. Scheuch

Die Bände „Studienskripten zur Soziologie“ sind als in sich abgeschlossene Bausteine für das Grund- und Hauptstudium konzipiert. Sie umfassen sowohl Bände zu den Methoden der empirischen Sozialforschung, Darstellung der Grundlagen der Soziologie als auch Arbeiten zu so genannten Bindestrich-Soziologien, in denen verschiedene theoretische Ansätze, die Entwicklung eines Themas und wichtige empirische Studien und Ergebnisse dargestellt und diskutiert werden. Diese Studienskripten sind in erster Linie für Anfangssemester gedacht, sollen aber auch dem Examenskandidaten und dem Praktiker eine rasch zugängliche Informationsquelle sein.

Die Reihe wurde im Teubner Verlag gegründet und erscheint seit 2001 im Westdeutschen Verlag.

Erwin K. Scheuch
unter Mitarbeit von Ute Scheuch

Sozialer Wandel

Band 1:
Theorien des sozialen Wandels

Westdeutscher Verlag

Bibliografische Information Der Deutschen Bibliothek
Die Deutsche Bibliothek verzeichnet diese Publikation in der Deutschen Nationalbibliografie; detaillierte bibliografische Daten sind im Internet über <http://dnb.ddb.de> abrufbar.

1. Auflage Juni 2003

Lektorat: Frank Engelhardt / Monika Mülhausen

Der Westdeutsche Verlag ist ein Unternehmen der Fachverlagsgruppe BertelsmannSpringer.
www.westdeutscher-verlag.de

Satz: Angelika Ruf/Schäfer & Kosubek GbR, Köln
Redaktion: Angelika Ruf / Haluk Anapa
Umschlagbild: Nina Faber de.sign, Wiesbaden
Umschlaggestaltung: Horst Dieter Bürkle, Darmstadt
Gedruckt auf säurefreiem und chlorfrei gebleichtem Papier

ISBN-13: 978-3-531-14070-4 **e-ISBN-13: 978-3-322-80480-8**
DOI: 10.1007/ 978-3-322-80480-8

Inhaltsverzeichnis

Tabellen- und Übersichtsverzeichnis

Zur Einführung: Alternativen im Verständnis von sozialem Wandel

Als Begriff der Soziologie bedeutet sozialer Wandel etwas Eingeschränktes im Vergleich zu der Bedeutung, die diese Wortkombination in der Alltagssprache hat. Wandel als Gegensatz zu Statik, als Veränderung, ist eine selbstverständliche und universelle Bedingung menschlichen Lebens. Menschen ändern sich, indem sie älter werden. Inhalte von wirtschaftlichen Tätigkeiten sind heute anders als morgen und morgen wieder anders als übermorgen. Vereine ändern ihr Personal und ihre Aktivitäten. All diese Dinge sind auch Gegenstand soziologischer Analysen, und dabei wird gemeinhin der Wandel als Veränderung hin zu einer neuen Statik thematisiert. Veränderungen interner und externer Art erzwingen Antworten, neue Anpassungen – und so ist gerade die Konstanz von Systemen über Zeit hinweg nur zu vereinbaren mit einer Flexibilität im jeweiligen Augenblick.

Von den Zeitgenossen in früheren Jahrhunderten wurde Veränderung durchweg verstanden als Störungen eines Gleichgewichts, die in einem neuen Gleichgewicht enden. So wird Wandel auch in der Systemtheorie der Soziologie und den Modellen der Nationalökonomie als ein vorübergehendes Ungleichgewicht modelliert, das sich aber verändert hin zu einem neuen „Fließgleichgewicht". „Fließgleichgewicht" als Begriff der Wirtschaftstheorie bedeutet, dass sich zwar insgesamt immer wieder ein neues Gleichgewicht bildet etwa in dem Sinn, dass sich ein Ausgleich zwischen verschiedenen Teilmärkten einstellt, aber diese Teile der Gesamtwirtschaft durch Interdependenzen zwischen den Teilmärkten durchaus in Bewegung bleiben.

Sozialer Wandel als Begriff der Soziologie bezeichnet durchweg etwas Spezifischeres, nämlich bleibende Veränderungen im Großen – von ganzen Gesellschaften oder doch wichtigen Bereichen und Institutionen von gesamtgesellschaftlichem Belang. Ein solcher Wandel verstanden als eine gerichtete Entwicklung ist seit der Aufklärung ein zentrales Thema sozialwissenschaftlichen Denkens. Insofern die Soziologie dieser Thematik folgt, ist sie auch heute noch ein Kind der Aufklärung. Daneben gibt es – eher in der Historie als in den Sozialwissenschaften – die Vorstellung vom Wandel als dem Auf und Ab von Gesellschaften oder von zyklischen Schwankungen, ohne dass ein Telos angebbar wäre.

Die beiden Grundpositionen: Zyklentheorien und Evolutionismus

Im Gegensatz zur Aufklärung und verbreitet auch in der Soziologie verstanden Geschichtsphilosophen früher die Veränderung von Sozialsystemen in Analogie zum Blühen und Vergehen in der Natur. Diese Position – Hochkulturen als Systeme anzusehen, die sich wie ein Keim gerichtet entfalten, einen Höhepunkt erreichen und diesen zu bewahren versuchen, aber schließlich durch immanente Mängel oder durch überwältigenden Druck der Außenwelt vergehen – vertrat beispielsweise *Edward Gibbon* (1737–1794) in seiner Darstellung des Imperium Romanum (Gibbon 1776–88). Im 20. Jahrhundert propagierte *Oswald Spengler* (1880–1936) diese Schauweise, um das Schicksal des von ihm so genannten Abendlandes vom Erscheinen seiner Bücher ab vorauszusagen (Spengler 1918–22). Auch bei *Salvador de Madariaga y Rojo* (1886–1978) und anderen konservativen Philosophen des frühen 20. Jahrhunderts, schließlich heute in manchen Wendungen der Schriften des Club of Rome, ist dieses Konzept erkennbar. In der Zeit seit dem Zweiten Weltkrieg werden der Zerfall des britischen Kolonialreiches und des Sowjetimperiums in der kulturellen Öffentlichkeit als Fälle eines solchen „Verblühens" gedeutet.

In der Geschichte des Faches sind als eine besondere Ausprägung der Vorstellung vom Blühen und Zerfall der Kulturen Zyklentheorien bedeutsam gewesen. Einer der Vertreter dieser Richtung in der Soziologie ist *Pitirim A. Sorokin* (1889–1968), der insbesondere am Beispiel Chinas das Auf und Ab zweier unterschiedlicher Prinzipien, des eher idealistischen und des eher materialistischen Verständnisses von Zusammenleben, aufzeigt (Sorokin 1947). *Alvin W. Gouldner* (1920–1982) und *Richard Austin Peterson* (geb. 1932) sind teilweise zu den Zyklus-Philosophen zu rechnen, wenn sie eine ewige Wiederkehr von dionysischen und diese ablösenden apollinischen Zeiten behaupten (Gouldner / Peterson 1962).[1]

Eine Zyklentheorie eigener Art vertrat *Vilfredo Pareto* (1848–1923). Gesellschaft ist nach ihm ein System von Ungleichheiten, bestimmt durch eine herrschende Elite und deren Konkurrenten. Immer wieder komme es dabei zu Ungleichgewichten aufgrund des Drucks der Bevölkerung und/oder der Gegensätze zwischen einer herrschenden und einer potenziellen Elite. Die größte Chance einer potenziellen Elite, sich an die Stelle der Herrschenden zu setzen, biete ein Bündnis mit der Bevölkerung aus Anlass einer aktuellen Konfliktsituation. Mittels ihrer Ideologie stelle die potenzielle Elite eine Interessenübereinstimmung vor; diese erlaube, die Bevölkerung gegen die herrschenden Eliten zu mobilisieren. Wird diese ge-

1 Damit wird bei Gouldner und Peterson die Bedeutsamkeit des von ihnen hervorgehobenen technischen Fortschritts für das zwischenmenschliche „Klima" relativiert.

stürzt – oft im Namen irgend einer Fortschrittsideologie –, setze sich die potenzielle Elite an die Stelle der bisher Herrschenden und sorge dafür, dass die Bevölkerung sich in das erneuerte Herrschaftssystem einfügt (Pareto 1916, 1942).

Vorherrschend in der Soziologie waren demgegenüber Theorien, die nicht von einem Ende des gesellschaftlichen Wandels ausgingen, sondern von fortwährenden Veränderungen – insbesondere als Evolution zu einem besseren Zustand. Schon *Immanuel Kant* (1724–1804) formulierte, die Geschichte der menschlichen Spezies könne als Ausformung eines verborgenen Plans der Natur verstanden werden, der nach seiner völligen Entfaltung zur perfekten Gesellschaft führe (Kant 1784). Evolution bedeutet so verstanden zugleich Fortschritt. Hier meinte die Philosophie der Aufklärung – etwa bei *Jean-Ambroise de Condorcet* (1743–1794) –, der Fortschritt verlaufe nach gleichen Gesetzen im Individuum wie in der Gesellschaft. Das Fortschreiten der Gesellschaft sei nichts anderes als der Fortschritt in den Individuen, die in großer Zahl zusammen die bessere Gesellschaft bildeten (Condorcet 1976).

Dieses individualistische Verständnis des Sozialen und seiner eventuellen Bewegungsgesetze findet sich nicht bei den zeitlich früheren „schottischen Moralphilosophen" – den nach unserem Verständnis eigentlichen Begründern soziologischen Denkens.[2] Nach ihnen sind es im Gegenteil überpersönliche Kräfte, die auf die Individuen wirken, welche auf Entfaltung drängen. Von sozialem Wandel wurde damals wie heute dann gesprochen, wenn Wandel den Charakter der Veränderung von Sozialstruktur hatte. Später – aber ganz in diesem Sinn – definierte so *Morris Ginsberg* (1889–1970) sozialen Wandel als Änderung in der Größe einer Gesellschaft, der Zusammenset-

2 Hier besonders zu erwähnen sind Adam Ferguson (1723–1816) und Bernard de Mandeville (1670–1733), aber auch John Locke (1632–1704) und Adam Smith (1723–1790).

zung und Verbindung ihrer Teile oder dem Typus der Organisation (Ginsberg 1956).

In der kulturellen Öffentlichkeit finden auch heute noch Lehren besondere Beachtung, die ein Ende unserer Zivilisation, wie auch aller bisherigen Hochkulturen, behaupten. Demgegenüber blieb in der Soziologie die aufklärerische Perspektive in vielerlei Varianten dominant. Der Terminus „sozialer Wandel“ kann als eine Verkleidung für das verstanden werden, was wirklich gemeint ist, aber nach der Kritik früherer Positionen nicht mehr gesagt wird: die Entwicklung der modernen Gesellschaft des „Westens“ (dies in einem kulturellen Sinn verstanden) als Fortschritt, also als Entwicklung mit einem Ziel, das qualitativ über den gegenwärtigen Zustand hinausweist.

In der Soziologie des 19. Jahrhunderts wurde dies vor allem als Lehre einer zwangsläufigen Evolution vorgetragen. Auch der „Historische Materialismus“ von *Karl Marx* (1818–1883) und *Friedrich Engels* (1820–1895) lässt sich – wie wir zeigen werden – hier einordnen. Zunehmend orientierte sich dann die Lehre vom sozialen Wandel als Evolution am Darwinismus. Besonders ausgeprägt ist dieser „Sozialdarwinismus“ bei *Herbert Spencer* (1820–1903) – auf den noch umfänglicher einzugehen ist. Eine große Bedeutung hat bei vielen der Lehren in diesem Entwicklungsstrang soziologischen Denkens die Suche nach den frühesten Formen menschlicher Gesellung. Kenne man den Ausgangspunkt der menschlichen Entwicklung, so könne man damit vielleicht eine Linie der Veränderungen hin zum jetzigen, ja bekannten Zustand ziehen – wurde vermutet. Ein Beispiel ist die Lehre von *Friedrich Engels* vom Ursprung der Familie (Engels 1884), die als wichtigen empirischen Bezug die Darstellung von *Lewis Henry Morgan* (1818–1881) über das Familien- und Verwandtschaftssystem der Irokesen benutzte (Morgan 1851, 1877).

Bis heute ist die Ethnologie ein Bereich der Sozialwissenschaften geblieben, in dem wichtige Aussagen über sozialen

Wandel zu finden sind. Allerdings haben sich Zweifel verbreitet, ob es eine einheitliche Frühform menschlichen Lebens je gegeben hat oder ob nicht verschiedene Entwicklungsstränge über Jahrzehntausende nebeneinander existierten. Jedenfalls hat sich mit den Buntheiten der Ergebnisse ethnologischer Forschungen ein kultureller Relativismus bei der Bewertung sozialer Veränderungen durchgesetzt.

Sozialer Wandel und Hochkulturen

Mit dem Vorherrschen des kulturellen Relativismus im Gefolge des Aufstiegs der Ethnologie etwa zwischen 1880 bis 1950, insbesondere zwischen 1920 und 1940, setzte sich als Oberbegriff für gesellschaftliche Veränderung die Bezeichnung „sozialer Wandel" durch. Nach dem Zweiten Weltkrieg rückte diese Thematik in einem gegenüber früher eingeschränkteren Sinn als Theorien des Wirtschaftswachstums und darüber hinaus als Modernisierungstheorien in das Zentrum der theoretischen Soziologie. Gegenwärtig erlebt die Sicht der gerichteten Veränderung eine neue Konjunktur – nicht so sehr als Verbesserung dessen was ist, sondern als ein Neustart. In den letzten Dekaden des 20. Jahrhunderts hatten verschiedene Voraussagen einer Überwindung der Industriegesellschaft Konjunktur, die damit als Durchgangsstadium hin zu einer lebenswerteren Zukunft zu verstehen wäre – etwa als „Postmoderne".

Behauptungen über eine Zwangsläufigkeit des Untergangs einer der historischen Hochkulturen werden als wissenschaftliche Thesen kaum noch gewagt. Und nicht in allen Fällen ist zu erkennen, ob eine Hochkultur im Sinne der Metapher von Aufstieg, Blüte und Verfall unterging. Zumindest in den Fällen China und Japan ist dies – ausgenommen politisch-militärischer Entwicklungen – kaum auszumachen. Von wirklich verschwundenen Hochkulturen – wie denen der Hethiter oder des

Gupta-Reiches in Indien oder der Indus-Kultur – wissen wir jetzt zwar mehr als früher, erkennen aber dennoch, dass wir über soziale Veränderungen in diesen Kulturen und erst recht für Aussagen über Gesetzmäßigkeiten viel zu wenig wissen.

Nicht viel besser steht es mit den Versuchen, Evolutionslehren über Veränderungen in der Natur auf menschliche Gesellschaften zu übertragen. Die Lehre von *Charles Robert Darwin* (1809–1882) erwies sich auch in der Biologie als viel zu vereinfacht gegenüber tatsächlichen Wirkungszusammenhängen und Verläufen. Die Kernaussage vom „survival of the fittest" ist eine reine Leerformel. Überleben wird nicht nur durch Kampf, sondern auch durch Kooperation gefördert. Selbst für Veränderungen in der Natur muss zufälligen Abläufen ein breiter Spielraum zugestanden werden. Und nicht zuletzt wird die Bedeutung von Kultur selbst für die Tierwelt im eigentlichen Darwinismus unterschätzt.

Hochkulturen der Frühzeit, die öfters ein Vielfaches der Lebensdauer des Imperiums von Großbritannien hatten, sind meist ohne bisher erkennbare Beiträge zu nachfolgenden Kulturen vergangen. Es gibt auch Gegenbeispiele, wie die Übernahme der phönizischen Buchstabenschrift durch andere Hochkulturen, oder des indischen Zahlensystems (auf dem Umweg über die islamische Welt) mit dem Zeichen für Null und der Bedeutung der Stellung einer Ziffer in der Zahlenfolge, oder des Systems des römischen Rechts, vielleicht auch des Kerns unseres Gerüsts moralischer Normen aus Ägypten bis zu *Ramses II.* (1290–1223 v. Ch.) mittels wichtiger Teile des Alten Testaments. Aber vieles geht und/oder ging verloren und musste gegebenfalls wiedererfunden werden wie die römische Baukunst – oder diffundierte lange Zeit nicht über Kulturgrenzen wie das Porzellan und der Segelschiffbau sowie die Auswahl von höheren Beamten nach Leistungsprüfungen in China. Schließlich bildeten sich wichtige Arten von Sozialordnungen unabhängig voneinander in verschiedenen Gegenden der Welt aus wie ziemlich zeitgleich der Feudalismus in Japan und in Westeuropa.

Lehrmeinungen und Realität

Die Darstellung der vielen unterschiedlichen Aussagen über sozialen Wandel wurde hier nicht nur konzipiert als bloße Geschichte von Lehrmeinungen – in der Nationalökonomie „Dogmengeschichte“ genannt: Sie sollte auch gelesen werden als ein Versuch, die Verschiedenheiten der Lehren wissenschaftssoziologisch zu deuten. Die hier berücksichtigten Gelehrten und Publizisten waren kluge Zeitgenossen, die Antworten auf Zeitumstände suchten. Ihre Antworten „veralteten“ nicht lediglich in dem Sinn, dass man es jetzt besser weiß als früher. Letzteres ist auch der Fall, insbesondere wenn empirisches Material verfügbar wird, das vormals fehlte – was in Theorie-Entwürfen von Ethnologen öfters der Fall ist. Vor allem aber ändern sich für soziologische Entwürfe die realen Situationen und das damit verbundene Problemverständnis.

Ein Beispiel sind Teile der Lehre vom „Historischen Materialismus“. Wenn dort der „Überbau“ von Regelsystemen und Vorstellungen lediglich als Hemmnis für die Entwicklung der Produktivkräfte thematisiert wird, dann war das eine überwiegend zutreffende Zeitdeutung in der frühen Entwicklung von Industriegesellschaften. Zunftregeln, Landes- und Zollgrenzen, Rechtsbestimmungen: sie alle waren entstanden, bevor sich die Produktivkräfte in den Industriegesellschaften mit ihren dann möglichen Wirkungen voll entfalten konnten. Wenn *William F. Ogburn* (1886–1959) in den zwanziger Jahren des vorigen Jahrhunderts der Technik bzw. den angewandten Erfindungen die gestaltende Kraft im sozialen Wandel zuordnete, dann war das zu diesem Zeitpunkt insbesondere für die USA eine zutreffende Diagnose. Ab Ende des 19. Jahrhunderts ermöglichten

Entwicklungen für den Alltag der Menschen (Elektrizität, Telefon, Auto, Kunstseide) erstmals den Massenwohlstand. Die Situation änderte sich seither und damit auch die Anwendbarkeit der Thesen *Ogburns*.[3]

Die Aussagen der hier berücksichtigten Autoren sollten damit auch gelesen werden als sozialgeschichtlich wichtige Zeitdiagnosen. „Worauf in seiner Zeit hat der Autor reagiert, was erschien ihm zu diesem Zeitpunkt erklärungsbedürftig, und was sollte von ihm gelernt werden" ist eine Perspektive, die vermeidet, eine Diagnose als bloß veraltet abzuwerten.

Ein neuer Abschnitt der Thematisierung von Wandel

Sozialer Wandel als „gerichtete" Veränderung wird zum Thema in den Zeitdeutungen, wenn Gesellschaften der Traditionen durch Gesellschaften auf dem Weg zur Moderne abgelöst werden. Was nun, wenn Gesellschaften modern sind? „Modernisierung moderner Gesellschaften" wurde als Leitmotiv für den 25. Deutschen Soziologentag in Frankfurt am Main 1990 gewählt (Zapf 1991). Darauf glauben einige neuere Richtungen in den Sozialwissenschaften wie die Lehren von der „postmodernen Gesellschaft" oder der „postindustriellen Gesellschaft" Antworten zu haben. Es ist jetzt wieder eine Bereitschaft zu Kolossalgemälden von Gesellschaft zu erkennen, die mit der Hinwendung zu quantifizierender Sozialforschung zurückgegangen war.

Der Inhalt dessen, was als „sozialer Wandel" erklärt werden sollte, ist nämlich seit den „schottischen Moralphilosophen"

3 Ogburn argumentierte übrigens differenzierter, als an dieser Stelle dargestellt werden kann, und das gilt auch für die Aussagen von Marx und Engels in einem späteren Zeitpunkt der Entwicklung ihrer Konzeption.

als den Urvätern der Sozialwissenschaft (im Singular) bis in die zweite Hälfte des vorigen Jahrhunderts geschrumpft. Zunächst wurde Wandel als „Fortschritt" hin zur vernünftigen, aufgeklärten Gesellschaft verstanden. Es galt die Regeln zu entdecken, nach denen ganze Kulturen sich entfalten. Dann sahen Forscher Wandel als Prozess der Modernisierung an und bezogen auf wirtschaftlich weniger fortgeschrittene Länder als Entwicklung, wobei das Bemühen um Nachhilfe nicht sonderlich erfolgreich war. Darauf wurde der Fokus verengt auf Veränderungen in Teilbereichen – wie Wandel der Familie oder Wertewandel –, wobei diesen Bereichen eine Schlüsselbedeutung für die modernen Gesellschaften beigemessen wurde. Mit solchen Einengungen des Erklärungsgegenstandes ist eine viel größere Überprüfbarkeit von Diagnosen möglich.

Allerdings fehlte es an Informationen darüber, wohin insgesamt die Entwicklung gehe. Die Ansätze des „Postindustrialismus" und des „Postmodernismus" versuchen diese Lücke auszufüllen. Aber keine der verschiedenen Richtungen hatte die Implosion der sozialistischen Gesellschaften erahnt! Ein weiterer Ansatz, die Richtung der „sozialen Indikatoren", will dann wenigstens die Veränderungen wenn schon nicht theoretisch erklären, so doch wenigstens zeitnahe beschreiben. Das macht es für Sozialwissenschaftler erträglicher, mit einem Gesellschaftstyp des Wandels mit „Ende offen" zu leben.

Teil I: Ideengeschichtlich bedeutsame Beiträge

1. Wandlungstheorien

Wandlungstheorien als systematisch zusammenhängende Aussagen über Ursachen, Abfolge und Richtung von Wandel haben seit *Karl Marx* eine zentrale Bedeutung für die „grand theorie" in den Sozialwissenschaften. Sie hatten Vorläufer – so wie dem Sozialismus Frühsozialisten vorausgingen; und in einer Reihe von Fällen waren es die gleichen Autoren.

Bei *Claude-Henri de Rouvroy, de Saint-Simon* (1760–1825) lässt sich ein Phasenmodell erkennen (König 1976a: 114–129, Korte 1993: 28 ff.). Nach ihm beginnt der Fortschritt in der menschlichen Gesellschaft mit einer Phase der Imagination, der ein Abschnitt der Metaphysik folgt und der dann in die Phase der Positivität mündet. In einem ständigen Wechsel zwischen organischen – also ausgeglichenen – und kritischen Epochen wird jeweils eine neue Phase erreicht. Die französische Revolution dient *Saint-Simon* als Beispiel: Der Revolution sei eine Krise vorausgegangen, aber die Revolution als Reaktion auf die Krise habe die Probleme nicht gelöst und müsse deshalb zu einer neuen, höheren Stufe der Menschheitsentwicklung führen.

Im Mittelpunkt der Vorstellungen von *Saint-Simon* steht die Industrie, die für ihn die bestimmende Kraft für die Entwicklung ist. Sie führe zu der bereits bei ihm so genannten „proletarischen Klasse". Diese müsse in die Gesellschaft integriert werden, damit nach Krise und Revolution eine neue organische Gesellschaft entstehe.

Alle in der Produktion Tätigen werden bei *Saint-Simon* zur Industriellen-Klasse gerechnet. Die Nicht-Produzenten, nämlich alle anderen, sind nach ihm „Parasiten". Dieses enge Verständnis von Produktivität findet sich dann bei *Marx* wieder; es ist auch ein zentrales Element des späteren Parteimarxismus. Hiermit wurde in den kommunistischen Staaten die schlechte Bezahlung für die Angestellten gerechtfertigt, weil diese nicht als Teil der Industriellen-Klasse verstanden werden könnten.

In Deutschland ist ein früher sozialwissenschaftlicher Beitrag durch *Lorenz von Stein* (1815–1890) geleistet worden. Er formulierte eine Lehre von den sozialen Klassen, die allerdings hier nicht interessieren muss; denn sie ist nicht Teil seiner Vorstellungen von sozialer Entwicklung. Nach *Stein* folgt eine Evolution nicht aus sozialrevolutionären Anstößen, sondern aus sozialromantischer Aktivität einer „Republik des gegenseitigen Interesses". Eine Schlüsselstellung kommen hierfür Verwaltung und Vereinswesen zu. Durch sie wird – so *Stein* – der „Rechtsstaat" weiterentwickelt zum „Sozialstaat". Diesen herbeizuführen durch eine Art gelenkter Entwicklung von oben ist für ihn gesellschaftlicher Fortschritt (Pankoke 1980: 412 f., Blasius / Pankoke 1976). Ähnliche Grundauffassungen vertreten später um die Wende zum 20. Jahrhundert die Katheder-Sozialisten des Vereins für Socialpolitik.

Ganz anders sind später die Annahmen der Österreicher *Ludwig Gumplowicz* (1838–1909) und *Gustav Ratzenhofer* (1842–1904). Nach *Gumplowicz* ist die ursprüngliche Existenzform des Menschen das Leben in einer Horde. Die Geschichte werde vorangetrieben durch Konflikte zwischen Gruppen, insbesondere solche mit ethnischer Prägung. Diese kriegerischen Auseinandersetzungen hätten „Überlagerungen" zur Folge, die eine Herrschaft einer Minorität über eine Majorität bedeuteten. So entstehe schließlich der Staat als höchste Form der Überlagerung (Gumplowicz 1926: 28, Eisermann 1980: 160 f.).

Mit dieser Lehre hat *Gumplowicz Gustav Ratzenhofer* stark beeinflusst. In der Ursprungsgesellschaft herrscht hiernach „das Gesetz der absoluten Feindseligkeit“, angetrieben durch Not, Neid und „Blutliebe“. Wenn diese Entwicklung schließlich zum Erobererstaat führt, folgt auf diesen als höhere Stufe der sozialen Entwicklung der Kulturstaat. In ihm bestimmen nicht mehr Blutbande, sondern kulturelle und wirtschaftliche Beziehungen das Leben. Der Entwicklungsprozess mündet in der „Zivilisation“, in der die ethnischen Konflikte durch friedlichen Interessenausgleich ersetzt werden (Ratzenhofer 1899, 1898, Grausgruber 1980: 347). Diese zu ihrer Zeit sehr einflussreichen Ideen haben anschließend unter anderen *Albion Woodbury Small* (1854–1926), *Lester Frank Ward* (1847–1913) und *Franz Oppenheimer* (1864–1943) beeinflusst.

Albert Schäffle (1831–1903) vertrat über lange Zeit hinweg eine reine Version des Organizismus. Triebkräfte für den wirtschaftlichen und sozialen Fortschritt sind für ihn individualistische Bedürfnisse. Das kapitalistische System als Freisetzung dieser Bedürfnisse müsse eben deshalb durch sozialistische Elemente überformt werden (Schäffle 1875–78, Becher 1980: 373 f.). Dabei war *Schäffle* keineswegs Sozialist, sondern Anhänger einer berufsständischen Ordnung; denn die Gliederung nach Berufen stellte für ihn die „ursprüngliche“ Ordnung des sozialen Lebens dar. Teilweise bis ins Detail versuchte *Schäffle* in den vier Bänden seines Hauptwerkes Analogien zwischen biologischen Sachverhalten und gesellschaftlichen Ordnungen aufzuzeigen. Dieser Teil seines Werkes kann vergessen werden, obgleich gerade dieser bei den Zeitgenossen auf viel Zustimmung stieß.

In späteren Jahren deutete *Schäffle* seine Analogien als didaktische Hilfsmittel zum besseren Verständnis seiner zentralen Perspektive um, dass Gesellschaft als ein Gesamtzusammenhang zu analysieren sei – heute würde man sagen als ein System von Interdependenzen. So können Veränderungen in einem Teilbereich nicht isoliert von den Wirkungen auf andere Teilbereiche gewürdigt werden (Schäffle 1906, von Wiese 1932). Das verbietet eine Betrachtung sozialen Wandels isoliert als ökonomisch bedingt und gesteuert. Die Umsetzung dieser Perspektive in praktische Analysen findet sich in seinen Schriften zu Steuerfragen. Mit seinen Ausführungen über die Notwendigkeit, die Steuererhebung als eingebettet in das Institutionengeflecht und die Vorstellungen über Angemessenheit zum jeweiligen Ort und Zeitpunkt zu verstehen, wird er nach dem Begründer der Finanzsoziologie, *Fritz Karl Mann* (1883–1979), zum Urvater dieses Zweiges einer Wirtschaftssoziologie (Mann 1932). Hier wird die Vorstellung einer Einbettung der Wirtschaft in die Gesellschaft, die inzwischen für die wirtschaftssoziologische Diskussion zentral ist, frühzeitig thematisiert.

Auch *Charles Horton Cooley* (1864–1929) ist in wesentlichen Hinsichten Organizist. Nach ihm erzwingt die Veränderung des Bewusstseins den sozialen Wandel. Das ist inzwischen bloße Ideengeschichte der Soziologie, nicht aber seine Konzeption der „Primärgruppe". Der Urzustand der Gesellschaft ist nach *Cooley* das Leben in Primärgruppen: Familie, Spielgruppe, Nachbarschaft. Hier erfährt die Person ihre grundlegende Orientierung im Leben (Cooley 1902, 1956). Daraus wird dann später die Entwicklung als Änderung von Primärgruppenbeziehungen hin zu sekundären Beziehungen. Für Letztere sind kennzeichnend explizite Regelsysteme und formelle Vereinbarungen zwischen den Individuen. Die Verwandtschaft dieser Vorstellungen mit dem noch darzustellenden Gegensatzpaar Gemeinschaft und Gesellschaft bei *Ferdinand Tönnies* (1855–1936) ist offensichtlich.

In diesen nur skizzenhaft vorgetragenen Lehren des Wandels wird ein Urzustand vorausgesetzt, der in den unterstellten Formen nie nachweisbar war. Er dient den angeführten Autoren im Wesentlichen auch nur als Kontrast zu der von ihnen skizzierten zivilisierten Gegenwart. Diese Lehren sind nicht einmal auf der Höhe des Wissens ihrer Zeit, wie etwa den Aussagen der Historischen Schule der Nationalökonomie in Deutschland. Sie sind hier nur angeführt, weil sie in das Denken von „Klassikern“ um die Wende zum 20. Jahrhundert mit eingingen, wie etwa die Schriften von *Ratzenhofer* in die Soziologie von *Leopold von Wieses und Kaiserswaldaus* (1876–1969). Zunehmend verblasst hier das Interesse am Schicksal der historischen Hochkulturen und verlagert sich auf den Versuch, die Einmaligkeit der Gegenwart herauszuarbeiten. Diese Gegenwart „des Westens“ wird nicht verstanden als eine der kommenden und vergehenden Hochkulturen, sondern als Moment in einem einmaligen Entwicklungsvorgang.

2. Die Lehre des Historischen Materialismus als erste der „großen“ Theorien

Das erste wirklich als System ausgearbeitete sozialwissenschaftliche Modell der gesellschaftlichen Evolution ist die Lehre von *Karl Marx* und *Friedrich Engels* vom Historischen Materialismus (Engels 1946, Kofler 1955: 512–529). Obwohl in vielen Einzelheiten nach heutigem Wissen historisch schlicht falsch und als Modell entweder (spätestens seit *Max Weber*, 1864–1920) (Weber 1968, Mommsen 1974: 256–278, Aron 1971b: 176–250, Käsler 1978: 40–177) nicht mehr haltbar oder von zu großer Unbestimmtheit (wie beim späten *Friedrich Engels*), ist sie bis heute politisch und in ihren geistigen Wirkungen von überragender Bedeutung. Der Historische Materialismus („Histomat“) ist zwar für das Fach Soziologie vornehmlich in der Ideengeschichte von Wichtigkeit, bleibt aber in vielfacher Veränderung und teilweiser Verhüllung ein einflussreiches Paradigma des Verständnisses von Entwicklung.

Die *Marx'*sche Lehre der gesellschaftlichen Veränderung enthält als Theorie zwei Elemente, die auch voneinander ablösbar sind:

(1) eine Theorie, warum sich Gesellschaften entwickeln, und
(2) eine Lehre von den Stufen, in denen sich Entwicklung als Abfolge von Gesellschaftsformen vollzieht.

Im Parteikommunismus sind allerdings beide Elemente in der Lehre des Historischen Materialismus als Verklammerung festgeschrieben.

1.

Die Grundvorstellung über die Bestimmungskräfte für die geschichtliche Veränderung als Entwicklung hin zu einem Endzustand ist einfach, ihre Anwendung auf konkrete Situationen dagegen durch vielfache Unklarheiten erschwert. Materialistisch ist diese Lehre, weil nach ihr für die Weise, wie Menschen denken und wie sie sich ihre Gesellschaften einrichten – später bei *Engels* gilt das nur noch grosso modo und langfristig –, die Art bestimmend ist, wie sie ihr Überleben erwirtschaften. Zu einem evolutionären Schub kommt es immer dann, wenn die von Menschen für diesen Zweck geschaffenen Verhältnisse (die Produktionsverhältnisse) den an sich verfügbaren Möglichkeiten (den Produktivkräften) widersprechen. Dann muss – nach den meisten Formulierungen geschieht dies explosionsartig – der gesamte „Überbau" der Produktionsverhältnisse den inzwischen fortgeschritteneren Produktivkräften weichen und durch neue Produktionsverhältnisse ersetzt werden. Heute ist durch Revolution ein Verkürzen und Erleichtern des Übergangs von veralteten Produktionsverhältnissen in neue, den Produktivkräften angemessenere möglich. Revolutionsversuche aber, die diese Voraussetzungen nicht prüfen, müssen für die Reproduktionsweise des Menschen letztlich belanglos bleiben, sind in marxistischer Sprache bloßer „Putschismus".[4]

Die zentrale Idee des so genannten Historischen Materialismus als Lehre von den Bewegungskräften des sozialen Wandels formuliert *Marx* im Vorwort der Schrift „Zur Kritik der politischen Ökonomie" wie folgt: „In der gesellschaftlichen Produktion ihres Lebens gehen die Menschen bestimmte, notwendige, von ihrem Willen unabhängige Verhältnisse ein, Produktionsverhältnisse, die einer bestimmten Entwicklungsstufe ihrer materiellen Produktivkräfte entsprechen. Die Gesamtheit dieser Produktionsverhältnisse bildet die ökonomische Struktur der Gesellschaft, die reale Basis, worauf sich ein juristischer und politischer Überbau erhebt, und welcher bestimmte gesellschaftliche Bewußtseinsformen entsprechen. Die Produktionsweise des materiellen Lebens bedingt den sozialen, politischen und geistigen Lebensprozess überhaupt. Es ist nicht das Bewußtsein der Menschen, das ihr Sein, sondern umgekehrt ihr gesellschaftliches Sein, das ihr Bewußtsein bestimmt. Auf einer gewissen Stufe ihrer Entwicklung geraten die materiellen Produktivkräfte der Gesellschaft in Widerspruch mit den vorhandenen Produktionsverhältnissen oder, was nur ein juristischer Ausdruck dafür ist, mit den Eigentumsverhältnissen, innerhalb deren sie sich bis jetzt bewegt hatten. Aus Entwicklungsformen der Produktivkräfte schlagen diese Verhältnisse in Fesseln derselben um. Es tritt dann eine Epoche sozialer Revolution ein. Mit der Veränderung der ökonomischen Grundlage wälzt sich der ganze ungeheure Überbau langsamer oder rascher um" (Marx 1953a: 337 f.).

Die Spannung zwischen dem, was jetzt möglich ist (Produktionsverhältnisse), und dem, was an sich möglich wäre (Produktivkräfte), ist sicherlich in vielen Fällen kein Anlass, die Gesellschaft umzugestalten. Die stillschweigende Unterstellung in der Theorie von *Marx* ist der Vorrang des ökonomisch

4 Zu den zentralen Begriffen der politischen Philosophie von Karl Marx siehe Lieber / Helmer 1988.

Nützlichen als letztendlichem Bestimmungsgrund für Ordnungen. Das gilt bisher nicht einmal für unsere westlichen Wirtschaftsgesellschaften – siehe Genforschung und Nutzung von Stammzellen; oder den Widerstand gegen die friedliche Nutzung der Kernenergie (die militärische Nutzung ist für die Anti-Atom-Bewegung heute ja kein Thema). Zum Zeitpunkt, in dem der „Histomat" formuliert wurde, war der Stellenwert von Argumentationen mit wirtschaftlicher Nützlichkeit beschränkt. Es bedurfte eines sich über fast ein Jahrhundert hinziehenden kulturellen Umbruchs, um der Marktwirtschaft den Stellenwert einzuräumen, den sie nach dem Ende des Zweiten Weltkrieges erhielt. Dabei wird der Neoliberalismus, den der „Histomat" als dominante Werthaltung (ironischerweise) unterstellt, außerhalb der Welt der Hochfinanz durchweg abgelehnt; siehe den Widerstand gegen Globalisierung. Der Vorstellung von *Marx* ist wohl am ehesten gerecht zu werden, wenn in ihr eine, wenn auch stark überzogene, hellsichtige Prognose über die Hochrangigkeit wirtschaftlicher Erwägungen in der Zukunft gesehen wird.

Allerdings war es sozialgeschichtlich eine zutreffende Diagnose, in den Spannungen zwischen Produktionsverhältnissen und den Produktivkräften eine vorrangige Kraft des damaligen sozialen Wandels in westlichen Gesellschaften zu erkennen. In der praktischen Anwendung erwies es sich jedoch als schwierig zu bestimmen, was zu einem gegebenen Zeitpunkt als Produktionsverhältnisse und was als Produktivkräfte anzusehen war. Eine Rechtsordnung wie z.B. das Kartellrecht, oder ein Regelsystem wie die Normierung von Gewinden und Standards für Transaktionen ist nach *Marx* den Produktionsverhältnissen zuzuordnen, ist jedoch Voraussetzung für die Entfaltung der Produktivkräfte. Entwicklungen wie die in der früheren UdSSR nach dem plötzlichen Zusammenbruch der kommunistischen Wirtschaftsordnung zeigen, dass sich Produktivkräfte erst in einem Ordnungsrahmen, der selbst nicht nur wirtschaftlichen Maximen genügen muss, voll entfalten können. Damit ist der „Histomat" keine brauchbare Theorie, wohl aber ein interessantes Paradigma, um Aufmerksamkeit auszurichten.

Friedrich Engels hatte nach dem Tod von *Karl Marx* 1883 das recht mechanische Modell des Historischen Materialismus ergänzt durch den Dialektischen Materialismus („Diamat"). Dieser will nicht mehr in erster Linie eine Methode zur Analyse der Abhängigkeit des „Überbaus" vom materiellen „Unterbau" sein, sondern ist darüber hinaus eine Ontologie. Hiernach sollte Entwicklung verstanden werden als Wechselwirkung zwischen Überbau und Unterbau. Damit werden die Möglichkeiten politischer Analysen und daraus folgender politischer Initiativen erheblich erweitert – allerdings um den Preis einer größeren Unbestimmtheit der Interpretationen (Engels 1888, 1946).

2.

Als Kinder ihrer Zeit sind *Marx* und *Engels* Evolutionisten, die an eine feste Abfolge von „Stufen der Entwicklung" von einer Urgesellschaft hin bis zu den sich entwickelnden Industriegesellschaften glauben. Dieser Teil ihrer Lehren ist nicht originell, sondern Übernahme von Zeitgenossen. Hiernach gibt es sechs *Hauptstadien* gesellschaftlicher Evolution:[5]

- Die älteste Existenzweise ist die *Stammesgemeinschaft* als eine Ausdehnung der Familie. Die Arbeitsteilung ist hier wenig ausgeprägt, und Ziel der Arbeit ist der bloße Unterhalt der Gesamtheit. Marx kennzeichnet diese Existenzweise als primitiven Kommunismus.

5 Siehe zu diesen Lehren von Marx und Engels insbesondere Dahmer / Fleischer 1976: 62–158, vgl. auch: Aron 1971a: 131–200.

Auf diese Existenzweise folgen dann drei verschiedene Ausprägungsformen geschichteter Gesellschaften: die asiatische Gesellschaft, die antike Stadt und die germanische Gesellschaft des Mittelalters.

- Bezeichnend für die *asiatischen Gesellschaften* ist das Fehlen eines Privateigentums an Produktionsmitteln, wobei es hier bei aller technischen Entwicklung nie zur Ausbildung eines Kapitalismus kommen kann.
- Die *antike Stadt* entsteht durch Neugruppierung mehrerer Stämme und ist eine Klassengesellschaft. Das Leben wird bestimmt durch die fortwährenden Konflikte zwischen den Klassen, der Stadt und dem Umland sowie zwischen den verschiedenen Städten. Modell für diese Gesellschaftsstufe waren die Stadtstaaten insbesondere in Griechenland, aber auch im römischen Italien, vor allem während der Republik.
- Demgegenüber ist die *germanische Gesellschaft* des Mittelalters eine gegliederte ländliche Gesellschaft. Grundlage der Produktion ist die Zersplitterung des Bodenbesitzes als Familieneigentum.
- Auf die Gesellschaftsform antike Stadt und germanische Gesellschaft folgt die *Feudalgesellschaft*. Sie ist zugleich ländlich und städtisch, im Kern aber doch bestimmt durch ländlichen Bodenbesitz im Eigentum von Großbesitzern.
- Auf sie folgt die *bürgerliche kapitalistische Gesellschaft*, bestimmt durch technische Weiterentwicklung und eine fortgeschrittene Arbeitsteilung. Das Konkurrenzprinzip bewirkt, dass immer mehr kleinere Eigentümer aufgeben müssen und die Gesellschaft zunehmend polarisiert wird in immer weniger Kapitalbesitzer und immer mehr Menschen, die ihre Arbeitskraft zum Preis der bloßen Reproduktion des Lebens verkaufen müssen. Dieser Prozess der Konzentration führt dann schließlich zur Selbstzerstörung des Kapitals in dem Moment, wo die technischen Möglichkeiten auf-

grund der ökonomischen Interessen der Kapitalisten nur unvollkommen genutzt werden und zugleich die Not der Massen zunimmt.

Alle diese Stadien werden als *Vorgeschichte der Menschheit* gekennzeichnet. Deren wirkliche Geschichte beginnt erst mit dem Sprung in die klassenlose kommunistische Gesellschaft, welche auf die Selbstzerstörung oder revolutionäre Überwindung des Kapitalismus folgt.

Diese hier aufgeführten Stadien von Entwicklung waren mit dem historischen Wissen der damaligen Zeit nicht schlecht vereinbar, sind aber heute in der Sozialwissenschaft nur noch von ideengeschichtlichem Interesse. Im Parteimarxismus sind sie jedoch nach wie vor als verbindlicher Teil des „Histomat“ festgeschrieben – allenfalls ergänzt durch weitere Stadien.

Das Ausbleiben der Selbstzerstörung bzw. revolutionären Überwindung des Kapitalismus in den entwickelten bürgerlichen Gesellschaften veranlasste marxistische Theoretiker zur Erfindung von *Zwischenstadien* zwischen dem Ende des eigentlichen Kapitalismus und dem Beginn des wirklichen Kommunismus (Kelpanides 1999).

Solch ein Zwischenstadium ist der *Spätkapitalismus,* der im Sinne des Neomarxismus gekennzeichnet ist durch gute materielle Versorgung und hohe Entwicklung der wirtschaftlichen Kräfte, aber beides auf Kosten der Lebensqualität. *Herbert Marcuse* (1898–1979) spricht hier von der psychischen Verelendung, welche die physische Verelendung bei *Marx* abgelöst habe. Die Ausbeutung bestehe jetzt darin, dass die Menschen mehr Energie für wirtschaftliche Zwecke aufzuwenden gezwungen seien, als es ihren „wahren Bedürfnissen“ entspräche; diese seien inzwischen vorrangig auf kulturelle Ziele gerichtet (Marcuse 1968).[6]

Im Marxismus des „real existierenden“ Sozialismus werden zwei Zwischenstadien unterschieden, mit denen sowohl die eigenen wie auch die bürgerlichen Gesellschaften charakterisiert werden. Die entwickelten bürgerlichen Gesellschaften werden *spätkapitalistisch* genannt. Ihr Überleben über das vorausgesagte Ende hinaus beruhe auf der Entwicklung eines im Parteimarxismus hinzugefügten weiteren Produktionsfaktors: von Wissenschaft und Technik. Die sozialistischen Gesellschaften werden als *entwickelter Sozialismus* bezeichnet, in denen bereits die Gegensätze des kapitalistischen Stadiums überwunden sind, aber im Gegensatz zum Kommunismus noch gewirtschaftet werden muss als Umgang mit Gütern, die knapp sind. Der Kommunismus im Sinne der Utopie bei *Marx* ist demgegenüber gekennzeichnet dadurch, dass alle Wirtschaftsgüter zu freien Gütern werden, wie heute Luft oder Sonnenschein („jedem nach seinen Bedürfnissen") (Goerner / Wilke 1996: 537–544).

Diese Erfindung von Zwischenstadien entspricht nicht den Auffassungen bei *Marx* und *Engels*. Ihnen erschien der Übergang vom Kapitalismus zum Kommunismus die Folge einer Situation, in der die Produktivkräfte in massivem Widerspruch zu den Produktionsverhältnissen stünden, und dieser Widerspruch sollte sich explosionsartig auflösen. Nur für eine kurze Übergangszeit, als bloße technische Anpassung, konnte es nach ihnen noch weiter solche kapitalistischen Institutionen wie Polizei oder Geldverkehr geben.[7]

---

6 Zur Kritik an der so genannten „Neuen Linken" siehe Scheuch 1968a: 104–123.

7 Wie sehr für Marx und Engels die Ablösung des Kapitalismus durch den Sozialismus eine Sache ihrer Gegenwart und nicht einer fernen Zukunft war, zeigt ihre Reaktion auf die Pariser Kommune 1870 (vgl. Marx 1953: 442–515). Mit der Machtübernahme durch Räte im belagerten Paris – einer wirtschaftlich besonders fortgeschrittenen Stadt – sahen für eine kurze Zeit Marx und Engels ihre Voraussage als in der Gegenwart eingelöst an. Anschließend überwog dann allerdings die Kritik an der französischen Kommune als voreiliger Putschismus.

3.

Es gibt noch ein Element einer vollständigen – im Parteimarxismus heißt es „komplexen" – Theorie gesellschaftlicher Entwicklung bei *Marx* und *Engels*: die Lehre von der Universalität des Klassenkampfes. Im Kommunistischen Manifest heißt es in einer berühmt gewordenen Wendung: „Die Geschichte aller bisherigen Gesellschaft ist die Geschichte von Klassenkämpfen" (Marx / Engels 1953d: 23). Das ist mit der eigenen Lehre von Stadien der Entwicklung nicht gut vereinbar, da eine Ausbildung von Klassen nicht auf jeder Stufe vorkommen soll. Es ist zudem nicht angemessen, Ungleichheitsbeziehungen wie beispielsweise zwischen Sklavenhalter und Sklave, in einer ständisch organisierten Gesellschaft sowie in einem feudalistischen System mit dem Oktroi der Bezeichnung „Klasse" gleichnamig zu machen. Der Besonderheit der Ungleichheitsbeziehungen in einer bürgerlich-kapitalistischen Gesellschaft ist auch eine eigene, differierende Bezeichnung angemessen, eben Klasse i.e.S.

Nun war das Kommunistische Manifest als eine Agitationsschrift konzipiert, und da müssen analytische Momente zurückstehen. Beim Versuch einer wohlmeinenden Interpretation der wörtlich genommen unsinnigen Formulierung, alle Geschichte sei die Geschichte von Klassenkämpfen, könnte daraus die Behauptung werden: Immer ist für die Verhältnisse in Gesellschaften und für die Evolution die Art der Gegensätze zwischen bevorzugt Lebenden und Ausgebeuteten bestimmend gewesen. Die Ausgebeuteten in einer jeweiligen Situation werden – wenigstens in dieser Agitationsschrift – als diejenige Gruppe verstanden, die den notwendigen Fortschritt durch politisch/militärischen Druck zustande bringt. So verstanden wird mit der Formulierung im Kommunistischen Manifest das identifiziert, was später das *revolutionäre Subjekt* genannt wird –

also diejenigen, die bei den jeweils vorliegenden Bedingungen (!) die Fesseln der Produktionsverhältnisse zerbrechen.

Die Neomarxisten wurden von den Parteimarxisten deshalb so entschieden abgelehnt, weil sie der Arbeiterschaft die Eignung absprachen, unter heutigen Bedingungen noch das revolutionäre Subjekt zu sein.[8] Das sei vielmehr die von der Wirtschaftsgesellschaft entfremdete Kulturintelligenz, weil sie – um eine Bezeichnung von *Karl Mannheim* (1893–1947) aus den zwanziger Jahren zu übernehmen (Mannheim 1929, Wolff 1978: 286–387) – „freischwebend" zu Einsichten komme, die den inzwischen verbürgerlichten Arbeitern nicht zugänglich seien. Den Parteimarxisten ist sicherlich zuzustimmen, dass eine Lehre, die den „Freischwebenden" die Funktion zuweist, revolutionäres Subjekt zu sein, kaum noch materialistisch genannt werden kann: Der Marxismus wird in diesen Lehren zu einem „Überbau-Marxismus". Den Überbau-Marxisten ist jedoch zuzustimmen, dass sozialer Wandel, in einer revolutionären Konfrontation durchgesetzt, in der Praxis meist von randseitigen Gruppen miterzwungen wird. *Marx* ist Recht zu geben, wenn er – wie in seiner Analyse der Machtergreifung des *Louis Napoléon Buonaparte* (*Napoleon III.*) (1808–1873) – solche freischwebende Gruppen als „Lumpen-Elemente" bezeichnet – in diesem Fall als Lumpenproletariat (Marx 1953: 226–318). Sie waren damals aber eher das Fußvolk in Konfrontationen, nicht das richtungweisende Element.

Die Lehre vom revolutionären Subjekt ist für den Histomat als sozialwissenschaftliche Theorie nicht entscheidend; sie kann als sozialwissenschaftliche Aussage fallen gelassen werden, ohne dass die Theorie wirklich Schaden nähme. Nach dieser sind solche Gruppen ja nur die Vollstrecker von Kräften, die sie nicht gemacht haben und die auch ohne ihre Einsicht wirken. Im „Diamat" als Revolutionslehre ist allerdings die

8 Zum Neomarxismus siehe beispielsweise Guggenberger 1973.

Theorie vom revolutionären Subjekt, kombiniert mit der Ideologienlehre (die bei *Marx* selbst nur skizziert, aber nicht ausgeführt ist), für den Parteimarxismus von zentraler Wichtigkeit (Löw 1982).

3. Stufenlehren der Entwicklung

1.

Stufentheorien – Entwicklung als Fortschritt der menschlichen Gesellschaften von Stufe zu Stufe – waren unter Intellektuellen im 18. und 19. Jahrhundert weit verbreitet, insbesondere auch als Stufentheorien der wirtschaftlichen Entwicklung. Dieser Primat der wirtschaftlichen Entwicklung für Gesellschaft wird insbesondere unter Aufklärern akzeptiert, und insofern ist auch der Historische Materialismus von *Marx* Teil einer allgemeinen intellektuellen Tradition und nichts revolutionär Neues.

Bei *Adam Smith* waren es die vorherrschenden Berufe, nach denen eine Entwicklung als Stufenfolge zu kennzeichnen ist (Jäger, Hirten, Ackerbauer, Handwerker, Manufakturisten) (Smith 1776). Dem verwandt ist das Schema der Entwicklungsfolge bei *Charles Secondat Montesquieu* (1689–1755) (Früchtesammler, Fischer, Jäger, Hirten, Ackerbauer, Händler, Gewerbetreibende) und bei *Francois Quesnay* (1694–1774) (Jäger, Fischer, Hirten, Ackerbauer, Händler). Alle diese Thesen werden aufgestellt ohne systematische Empirie, sind also bloße Geschichte von jeweils verbreiteten Vorstellungen und noch nicht Teil der sozialwissenschaftlichen Entwicklung.

Friedrich List (1789–1846) hatte seine Kollegen Volkswirtschaftspolitiker aufgefordert, sich wirtschaftliche Entwicklung als stufenweise Entfaltung vorzustellen (List 1883). Das England seiner Zeit galt ihm als Zustand, den zu erreichen auch andere Länder bestimmt seien, und zwar als Wiederholung der

Entwicklungsstufen dieses entwickelten Landes. Hiernach unterschied er den Wildenzustand, den Hirtenstand, den Agrikulturstand sowie den Agrikultur-Manufaktur-Handel-Stand. Kriterien für eine Stufe waren die Art der vorwiegenden Gütererzeugung und die neu hinzukommenden Arten wirtschaftlicher Betätigung.

Von besonderem Einfluss für die Art der unterschiedenen Stufen im deutschen Sprachbereich ist der Philosoph *Friedrich Wilhelm Hegel* (1770–1831) gewesen. Fortschritt wird bei *Hegel* verstanden als zunehmende Objektivierung des Geistes. Die erste Stufe bildet die Familie, gegründet auf der Liebe der Mitglieder zueinander, insbesondere vonseiten der Frau. Die Antithese hierzu ist die bürgerliche Gesellschaft, wo außerhalb des Hauses in der Wirtschaft der Verstand das Handeln leitet; das sei vornehmlich die Welt des Mannes. Die Synthese der Welt der Gefühle und des Verstandes ist dann der Staat als Verkörperung der sittlichen Vernunft (Hegel 1971). Neben dieser Denkfigur These-Antithese-Synthese als Form der Bewegung hat *Hegel* zahlreiche Aussagen über die bürgerliche Gesellschaft als Bereich zwischen Familie und Staat formuliert, wie über den Charakter der Arbeit oder die staatliche Sozialpolitik. Damit war er im deutschen Sprachbereich von bestimmender Wirkung für ein idealistisches Verständnis von sozialem Wandel.

Nach Erscheinen von *Charles Darwin's* „Von der Entstehung der Arten" 1859 werden Stufentheorien überwiegend als Stadien der „Evolution" formuliert (Darwin 1859). Erst gegen Ende des 19. Jahrhunderts werden die Vertreter von Wandel als Evolution dann von den Anhängern der Diffusion als Agens des Wandels wirksam relativiert. Kennzeichnend für den Evolutionismus, angewandt auf Gesellschaften, ist die Vorstellung einer Entwicklung als Fortschreiten von einfachen zu immer komplizierteren Gebilden, wobei diese Entwicklung schrittweise erfolge (Eisenstadt 1970). Dies sind die wichtigsten Kennzeichen des Evolutionismus:

- Evolution bedeutet eine Abfolge von Entwicklungsstufen, wobei eine jede die Voraussetzung für eine weitere Stufe ist. Ein Überspringen ist nicht möglich (deswegen hatten die Marxisten nach 1918 auch Probleme mit der Vorstellung, der Sozialismus könne sich statt im Deutschen Reich zuerst in Rußland durchsetzen, weil dieses Land noch nicht die Stufe des entwickelten Kapitalismus erreicht hatte).
- Die Entwicklungen sind nicht umkehrbar, sondern gerichtet. Es gibt bei *Marx* zwar Stellen mit pessimistischen Prophetien – etwa vom Untergang der Repräsentanten des Kapitalismus und des Sozialismus im gemeinsamen Kampfe miteinander verklammert –, aber damals üblich war eine positive Sicht des Telos. Jede Stufe gilt als ein Weiterschreiten in dem Sinn, dass Beschränkungen, denen Menschen bisher in ihrer Existenzweise unterliegen, fortwährend vermindert werden.
- Die einzelnen Stufen werden konkret beschrieben auf der Basis des jeweiligen historischen Wissens der Zeitgenossen, ergänzt um Berichte über Völker im angeblichen Naturzustand.

Im 19. Jahrhundert war es sehr viel einfacher als heute, historische Stufenfolgen zu konstruieren; denn das historische und ganz besonders das ethnographische Wissen war ziemlich gering. In solche Stufenlehren, wie auch in die *Marx*'sche, musste damit sehr viel Spekulation einfließen.

Für den englischen Sprachbereich ist das Hauptwerk von *Lewis Henry Morgan* als Auslöser der evolutionistischen Schauweise in der Ethnologie bestimmend gewesen (Morgan 1877). Diese Perspektive wird im Untertitel deutlich: „Menschlicher Fortschritt vom Zustand der Wildheit über den des Barbarentums hin zur Civilisation". Jede der Entwicklungsstufen wird bei *Morgan* bestimmt durch die Erfindungen, die das Überleben in der jeweiligen Lebensform ermöglichen.[9]

Die unterste Entwicklungstufe der Wildheit („savagery") reicht vom Anfang des Menschwerdens bis zum Erlernen des Fischens. Darauf folgt die mittlere Entwicklungsstufe der Entdeckung des Feuers, gefolgt von der obersten Stufe mit dem Erfinden des Bogenschießens.[10] Darauf folgen drei Stufen des Barbarentums. Das Stadium der Barbarei löst das der Wildheit ab mit der Entwicklung der Töpferei, und das Stadium der Zivilisation wird erreicht mit dem phonetischen Alphabet. *Morgan* dienen die Aborigines und die Polynesier als Beispiele für Lebensformen auf dem Stadium der Wildheit. Die Irokesen und die Zuni sind Illustrationen der Stadien 1 und 2 der Barbarei. Die Griechen zur Zeit *Homers* (8. Jahrh. v. Chr.) sollen das Stadium 3 der Barbarei kennzeichnen.

Jedem dieser Stadien entspricht eine eigene Art von Sozialorganisation – dem der Wildheit etwa der „Clan" als Grundform. Erst auf der Stufe der Zivilisation ist eine entwickelte politische Gesellschaft gegeben. Entspechende Abfolgen gibt es in der Religion, der Architektur, den Verwandtschaftssystemen. Diese verschiedenen Bereiche „passen" auf jeder Stufe der Evolution zueinander (Childe 1951, MacIver / Page 1949, White 1943: 335–356).

Neil J. Smelser (geb. 1930) nennt den Beitrag von *Morgan* „eine der wenigen intellektuellen Traditionen des Denkens, die man als definitiv diskreditiert werten kann" (Smelser 1992: 371). Dennoch hat gerade *Morgan* Anhänger, die in der Soziologie auch heute noch einen Namen haben wie *Robert MacIver (1882–1970)* oder *Leslie White* (1900–1975).

Engels widerfuhr das Mißgeschick, seine Lehre von der Entwicklung der Familie auf der Darstellung von *Morgan* über das Leben der Irokesen zu gründen (Engels 1884). Allerdings war

9 Siehe hierzu Smelser 1992: 370 ff.

10 Die Aborigenes Australiens kannten Pfeil und Bogen nicht, hatten aber höchst entwickelte Verwandtschaftssysteme.

Engels ohnehin auf der Suche nach einer matriarchalischen Gesellschaft, und nach *Morgan* waren die Iroquois eine solche. Die Iroquois, die wir Irokesen nennen, lebten in teilweiser Hausgemeinschaft in großen Langhäusern. Die entscheidenden politischen Beschlüsse wurden von einem Frauenrat getroffen. Darauf baute *Morgan* seine Entwicklungslehre der Familie auf, die eine Abfolge von einem Urzustand der Promiskuität über Gruppenehe, Polygamie des Matriarchats bis hin zur Monogamie mit Patriarchat als damaliger Endstufe postulierte (Morgan 1871, 1877). Die Iroquois repräsentierten dabei eine wichtige Zwischenstufe. Bis heute werden in der marxistischen Literatur die Irokesen in diesem Sinne vorgestellt.

Nun war *Morgan* kein professioneller Ethnologe, sondern ein ausgebildeter Jurist mit Interesse an der Kultur der Indianer, die in der Nähe seiner Geburtsstadt Aurora im Staate New York lebten. Schon als Student trat er einem Club zum Studium des Bundes der Iroquois bei und wurde später in den Stamm der Seneca aufgenommen, ohne allerdings unter ihnen zu leben. Seine Berichte sind durch zwei Umstände zu relativieren. Es unterliefen ihm Beobachtungsfehler, aber schwerwiegender ist der Umstand, dass für ihn die Irokesen als „Naturvolk“ eine statische Kultur haben sollten. Das war ein damals üblicher Irrtum, Völker im angeblichen Naturzustand als geschichtslos zu deuten.

Die Irokesen waren ein Bund mehrerer Indianerstämme und damit eine der wenigen staatsbildenden Kulturen der nordamerikanischen Indianer gewesen (wie die Delaware oder die Cherokee). Wahrscheinlich waren die Stämme zugewandert; denn ihre Sprache weist keine Ähnlichkeiten mit der anderer Indianerstämme dieser Gegend auf, die alle einer anderen Sprachfamilie, der der Algonkin, angehören. Dieser Irokesenbund befand sich nun seit über 300 Jahren im Dauerkrieg mit seinen Nachbarn. Zwar gelang es den Irokesen im Laufe dieser langen Zeit, mindestens einen der Nachbarstämme, die Huronen, fast völlig auszurotten, aber dabei verloren auch sie so viele Männer, dass sie das Institut der Adoption als Voraussetzung für die Weiterführung ihrer kriegerischen Existenz einführten. Männliche Kriegsgefangene wurden den Frauen des Irokesen-Bundes zur Adoption angeboten und bei Gefallen mit minderen Rechten in den Stamm aufgenommen. Spätere Ethnologen sahen hierin den Grund für die Entwicklung des Matriarchats in dieser – übrigens besonders kriegerischen – Gesellschaft: Nur den Frauen konnte eine durch Abstammung angelegte Loyalität gegenüber dem eigenen Stamm zugetraut werden, nicht jedoch den zum großen Teil adoptierten Männern und deren Nachkommen.[11] Daraus wurde in späterer Betrachtung die politische Vorherrschaft der Frauen in Friedenszeiten abgeleitet.

Die Stufentheorie der Familienentwicklung bei *Morgan* ist nur noch von historischem Interesse (Morgan 1877). Von bleibender Bedeutung ist die zentrale Stellung, die hier dem Verwandtschaftssystem beigemessen wird. Marxisten schätzen weiter an ihm, was sie als seinen materialistischen Ansatz deuten.[12]

Der englische Rechtshistoriker *Henry Sumner Maine* (1822–1888) begründete eine Lehre von der Evolution der Rechtsordnung. In einfachen Gesellschaften finde sich „ein Zustand der Gesellschaft, in der alle Beziehungen der Personen Familienbeziehungen sind“ (Maine 1960: 99 ff.). Diesen Zustand der Regelung nannte *Maine* „Status“. Er stellte sich dabei das Familiensystem vor, wie es sich etwa *Augustus* (63 v. Chr.–14 n. Chr.) gewünscht hatte: als eine autoritäre Grundeinheit, bestimmt durch die *patria potestas*. Die Regeln sind hier Folge des Status eines Individuums, es sei denn, dass neue Regeln als Anordnung aus der *patria potestas* erlassen werden. Dieses Familiensystem wird nach ihm sukzessive ersetzt durch ein Sys-

11 Sie sind die Vorbilder für die Bilderbuchindianer, wie sie durch Karl May (1842–1912) bekannt wurden.

12 Siehe dagegen das „kapitalistische“ Werk Morgans 1852.

tem kodifizierter Sätze, deren Grundlage Vereinbarungen sind (bei *Maine*: contracts). Vorbild ist für *Maine* die römische Gesellschaft zur Zeit von *Justinian* (527–565 v. Ch.). So kann *Maine* formulieren: „Wir können sagen, dass die Entwicklung fortschrittlicher Gesellschaften bis heute eine Bewegung vom Status hin zu Vereinbarungen ist" (Maine 1960: 100). In der einfachsten Form der Gesellung wird Ordnung durch einen König mit Macht von Gottes Gnaden hergestellt. Ihn verdrängt eine Aristokratie, welche bei Streitigkeiten fallweise Entscheidungen durchsetzt. Daraus erwächst schließlich ein „common law", wie es heute noch im Selbstverständnis der Juristen in England vorherrscht. Auf die Entwicklung der Schrift folgt das Zeitalter der Kodifizierung. Damit geht ein Gegensatz zwischen dem Wandel in der Gesellschaft und den festgeschriebenen Kodizes einher. Dieser Widerspruch muss zu wiederkehrenden Konflikten führen. Überwunden werden kann dieser Gegensatz durch eine jeweilige Anpassung der Kodizes an den neuen Zustand der Gesellschaft.

Im deutschen Sprachbereich werden Stufenlehren als evolutorische Reihen von den Vertretern der Schule vorgestellt, die sich die „ältere" und die „jüngere" „Historische Schule der Nationalökonomie" nennt. Diese verstand sich als Alternative zur Modell-Ökonomie der Klassik, indem sie die konkreten Lebensumstände nicht als „Verunreinigung" von rational konstruierten Modellen behandelte, sondern als Voraussetzung zur Erklärung von Abläufen (Brinkmann 1956: 121–126). Die Unterscheidung in eine ältere und jüngere Richtung ist etwas willkürlich, ist späteren Datums und muss hier nicht weiter interessieren.[13] Kennzeichnend gegenüber den Stufenlehren der Evolutionisten im englischen Sprachbereich ist für die Stufenlehren der Anhänger der Historischen Schule das Fehlen eines Bezugs zum Darwinismus und zur optimistischen Grundhal-

---

13 Die Unterscheidung geht zurück auf Wagner 1892.

tung der Aufklärung. Insoweit philosophische Bezüge vorlagen, dann zur Romantik. In den USA war die Parallelentwicklung der Institutionalismus.

Durchweg wurde in den Stufenlehren der Historischen Schule versucht, eine theoretische Begründung für die vorgeschlagenen Unterscheidungen zu geben. So unterschied *Wilhelm Roscher* (1817–1894) Entwicklungsstufen nach der relativen Bedeutung der drei Produktionsfaktoren der klassischen Nationalökonomie. Das ergab für die Frühzeit ein Vorherrschen des Faktors Natur, für das Mittelalter eine Dominanz von Arbeit als Faktor und schließlich für die Neuzeit ein Vorherrschen des Faktors Kapital (Roscher 1843).

Sein Zeitgenosse *Bruno Hildebrand* (1812–1886) lehnte als Kriterien die Art der Gütererzeugung und der Konsumption ab; denn hier sei empirisch keine Gleichentwicklung bei den verschiedenen Völkern zu beobachten. Stattdessen war für ihn die Art der Verteilung dominant. Hieraus ergaben sich die folgenden Wirtschaftsstufen:

- Vorstufe: Tauschlosigkeit
- Wirtschaftsstufe 1: Naturalwirtschaft
- Wirtschaftstufe 2: Geldwirtschaft
- Wirtschaftsstufe 3: Kreditwirtschaft (Hildebrand 1864).

Allgemein sozialwissenschaftlicher ist der Ansatz bei *Gustav von Schmoller* (1838–1917). Er versteht die Wirtschaft lediglich als einen Teil der Gesellschaft, entscheidend abhängig von den politischen Rahmenbedingungen (um dies in heutiger Sprache auszudrücken). So kann es denn auch keine vornehmlich wirtschaftlich bedingten Stufen geben, sondern nur Teile, in denen ein „Zusammenhang des wirtschaftlichen Lebens mit den wesentlichen und leitenden Organen des sozialen und politischen Lebens … in Anlehnung der jeweiligen wesentlichen wirtschaftlich-sozialen Einrichtungen an die wichtigsten oder einzelne wichtige Körper“ betont wird (Schmoller 1901, 1904,

Kellenbenz 1956: 263). Mit dieser Sichtweise begründet *Schmoller* die folgende Unterscheidung:

- Dorfwirtschaft,
- Stadtwirtschaft,
- Territorialwirtschaft und
- Volkswirtschaft.

Ein damals einflussreicher Versuch der Deutung von Entwicklung als eine Abfolge von Stufen, die jede für sich notwendig ist und bei der eine jede die Vorbedingung für die nächste ist, findet sich in dem Werk von *Albert Schäffle* (1885/86). *Schäffle* – der übrigens in der Geschichte der volkswirtschaftlichen Lehrmeinungen vorrangig als Organizist aufgeführt wird – war staatsgläubig bis hin zur Befürwortung einer Art von Staatssozialismus. Entsprechend ist für ihn die staatliche Gesamtverfassung vorrangig bei der Unterteilung der Entwicklung in Stufen – woraus sich „fünf Weltgeschichts- und Völkergeschichts-Hauptstufen“ ergeben:

- Völkerschaftszeitalter,
- feudale stände-staatliche oder ämterstaatliche Zeitalter,
- zivilisierte Bürgerschafts- oder stadtstaatliche Zeitalter,
- länderstaatliche oder territorialistische Zeitalter und schließlich noch einmal
- die modernen großstaatlichen Verfassungsgebilde.

Der bekannteste Stufentheoretiker, der sich von den erwähnten anderen zusammen mit *Adolph Wagner* (1835–1917) – einem der großen Systematiker neben *Lorenz von Stein* (1815–1890) und *Albert Schäffle* – als jüngere Historische Schule absetzt, ist *Karl Bücher* (1847–1930). Er findet seine Entwicklungsstufen in der Kritik an *Schmoller*, dem er vorwirft, er habe die Verkehrslosigkeit früherer Zeiten in ihrer Wirkung unterschätzt. Seine eigene Stufenlehre geht zurück auf die Art des Tausches und die Länge des Weges vom Produzenten bis zum Konsumenten als Gliederungsprinzipien. Daraus ergeben sich folgende Stufen:

- Tauschlosigkeit,
- unmittelbarer Austausch,
- Güterumlauf als Schritt hin zur
- Geldwirtschaft.

Sein Hauptschema ist jedoch das folgende:

- Geschlossene Hauswirtschaft bis zum 12. Jahrhundert,
- Periode der Stadtwirtschaft bis zum 18. Jahrhundert und die
- Periode der Volkswirtschaft seither (Bücher 1893).

In *Büchers* Werk kulminiert die deutsche Historische Schule, die sich als Alternativprogramm für die Modellökonomie verstand, welche im angelsächsischen Sprachbereich vorherrschte. Allerdings gab es auch dort – wie erwähnt – als eine Gegenentwicklung den „Institutionalismus", dessen soziologischster Vertreter *Thorstein Veblen* (1857–1929) war. *Werner Sombart* (1863–1941) kritisierte zurecht, dass in den Stufenlehren durchweg die Wirtschaft zu wenig als Teil des Gesellschaftssystems verstanden wurde (Sombart 1902).

Von heute aus gesehen werden diese Stufenlehren das Opfer einer immer genaueren Kenntnis des Alltagslebens in der Vergangenheit. Entwicklung ergibt sich hiernach nur als langfristige allgemeinste Tendenz – manchmal über viele hunderte Jahre hinweg – der menschlichen Gesellungen. Der historischen Wirklichkeit dürfte es meist besser entsprechen, dies als Paradigmenwechsel zu verstehen: Heute wird in Abschnitten der Menschheitsgeschichte gedacht, die keineswegs Stufen wie die einer Treppe sind, sondern in denen jeweils bestimmte Elemente betont werden, die sich auch aus dem kulturellen Austausch und der Rivalität von Staaten ergeben.

Für die Stufentheorien insbesondere des Evolutionismus waren die Vorstellungen von einem Urzustand entscheidend. War der Urzustand bekannt, so konnte Entwicklung gedacht werden als Linie vom Null-Zustand über bekanntere historische Lebensformen hin zu einer vermutbaren Zukunft. Von heute aus wissen wir, dass dies vom Ansatz her schon auf zweifache Weise fehlerhaft war.

Einmal war es fehlerhaft, die Mehrzahl der bis damals vorgefundenen schriftlosen Gesellschaften als Urzustand menschlichen Zusammenlebens zu deuten. Heute kennen wir als Restbestände noch ältere Bevölkerungen als die der am wenigsten entwickelten Länder der Dritten Welt. Bevölkerungen wie die Ainu in Japan, die Ifugao auf der Insel Luzon (Philippinen), einige Stämme der Drawiden in Südindien, die Aborigines in Australien sowie die Hottentotten und die Buschmänner in Süd- und Südwestafrika werden als noch ältere Formen menschlichen Zusammenlebens inzwischen nicht selten „Vierte Welt“ genannt. Und selbst diese dürften ziemlich weit von einem Urzustand entfernt sein, wenn es diesen als eine einheitliche Lebensweise je gegeben haben sollte. Wenn überhaupt, dann wäre dieser in abgeschiedenen Gegenden von Papua-Neuguinea und den Urwäldern des Amazonas-Gebietes noch am ehesten zu finden – und von diesen Lebensformen lässt sich keine evolutorische Linie zu den Aborigines oder den Ainu ziehen.

Der zweite Fehler bestand darin, diese Völker nur wegen ihrer Schriftlosigkeit als geschichtslos zu deuten. Am Fall der Irokesen wird deutlich, wie dramatisch unterschiedlich die Lebensform einer schriftlosen Bevölkerung im Ablauf der Jahrhunderte, ja selbst von Jahrzehnten sein kann. Gerade die Indianerkulturen erwiesen sich nach Übernahme des Pferdes von den Spaniern als ungeheuer wandlungsfähig.

Von allen Stufenlehren war die der jüngeren deutschen Historischen Schule diejenige, die mit dem damaligen Material empirisch am besten begründet war. Sie ist im Kern eine Aussage über

(1) die notwendige Richtung bei der immer weitergehenden Arbeitsteilung und
(2) der gleichzeitigen Zusammenfügung (!) des Differenzierten zu Wirtschaftsweisen. Letzteres ist eine entscheidende Einsicht: Evolution nämlich nicht mehr nur zu sehen als Differenzierung, sondern auch als Vereinigung von Elementen.

Dabei sind heute die Lehren in den einzelnen empirischen Aussagen nicht mehr haltbar; denn die verschiedenen Elemente der bisherigen Existenzform der Menschheit passen nicht so systematisch zusammen, wie dies in den Stufentheorien unterstellt ist. Es gibt Völker mit hoch entwickelter Anbautechnik für Reis mit einem im Vergleich dazu absolut unterentwickelten Verkehrswesen. Eine hoch entwickelte Staatsform wird bei Völkern mit mäßiger Entwicklung des Gewerbes beobachtet. Große Fortschritte in der Kriegstechnik kommen gemeinsam mit einer weitgehenden Entwicklungslosigkeit im Bereich des Wirtschaftens vor. Eine solche Lockerheit der Elemente von Sozialsystemen, wie sie historisch vorgefunden wurde, war jedoch für die Sozialwissenschaftler im 19. Jahrhundert nicht vorstellbar und ist auch heute in den Sozialwissenschaften noch nicht allgemein akzeptiert.

Schließlich ist zu beanstanden, dass in den Stufenlehren erst gar nicht versucht wurde, die Hochkulturen vor zwei- bis dreitausend Jahren mit in die Betrachtungen einzubeziehen. Erklärungsbedürftig wäre die Dauer solcher Kulturen wie die der Hethiter, der Minoer oder auch der Ägypter. Und ebenso zu beanstanden ist das Fehlen eines gleichgewichtigen Nachdrucks auf Erklärungen des Niedergangs etwa beim Imperium Romanum oder der Städtebündnisse der Mayas, der sich über sehr viele Jahrzehnte hinweg vollzog.[14] Für die meisten Hochkulturen der Vergangenheit reicht allerdings auch heute unser historisches Wissen für solche Diagnosen nicht aus; aber dann sollte vor Verallgemeinerungen der Art, wie sie in den verschiedenen sozialhistorischen Erklärungen des 19. Jahrhunderts angestellt wurden, bewusst bleiben, dass die Perspektive eurozentrisch war. Nützlich bleibt an diesen Lehren allerdings, dass hier – anders als in der heutigen Wirtschaftstheorie – die soziale Einbettung der Wirtschaftsweisen deutlich wird.

4. Der Scheitelpunkt des Evolutionismus

Der Scheitelpunkt eines allgemeinen Evolutionismus i.e.S., der sich nicht mit Stufenlehren begnügt, sind die Schriften von *Auguste Comte* und *Herbert Spencer*. Für *Comte* (1798–1857) ist die Soziologie lediglich Teil, wenn auch der vornehmste, des Gebäudes der positivistischen Philosophie (Comte 1830–42, Aron 1971: 71–130, König 1976b: 592–603, Massing 1976: 19–61). Und diese ist im Kern eine allgemeine Evolutionslehre. Schon bei *Comte* ist Entwicklung gleichbedeutend mit Differenzierung: Aus einer einfachen Zelle wird ein Mehrzeller; aus Mehrzellern werden Lebewesen, schließlich Menschen und so fort bis hin zum Entstehen von einfachen Stammeskulturen und später komplexen Gesellschaften.

Jeder dieser Entwicklungsstufen des Lebens entspricht eine Wissenschaft. Wissenschaftlich „erklärt" ist etwas, wenn Prozesse auf einer höheren Stufe der Entwicklung auf Prozesse einer niedrigeren Stufe zurückgeführt werden. So ist ein chemischer Ablauf „erklärt" (um ein Beispiel aus dem heutigen naturwissenschaftlichen Wissen zu nehmen), wenn er auf Vorgänge der Kernphysik zurückgeführt werden kann. Beim Menschen werden psychische Erscheinungen „erklärt" durch die

14 Teilweise auszunehmen von dieser Kritik ist die Sozialgeschichte des Wirtschaftens bei einigen englischen Autoren, die sich eingehend mit dem Zerfall des Imperium Romanum auseinandersetzen.

Physiologie der Sinneswahrnehmung (was in der Psychologie bis heute noch immer seinen Ausdruck findet in entsprechenden Vorlesungen über das Auge und das Ohr). Soziale Prozesse werden dann nach *Comte* „erklärt" durch psychische Verläufe bei den Individuen, aus denen sich ein Sozialsystem zusammensetzt. In der Methodenlehre heißt dieser Ansatz Reduktionismus und wird in der heutigen Richtung der Wissenschaftslehre als methodischer Individualismus weiter geführt.

Die Entwicklung der sozialen Existenz folgt nach *Comte* einem „Drei-Stadien-Gesetz", das er in Anlehnung an den französischen Staatsmann und Wirtschaftstheoretiker *Anne Robert Turgot* (1727–1781) konzipiert. Das erste Stadium ist das theologisch-fiktive, seinerseits wiederum untergliedert in Fetischismus und Monotheismus. Alle Erscheinungen werden hier als übernatürlich verstanden. Vor allem wird hier die Natur selbst zum Ausdruck übernatürlicher Kräfte. Als zweites Stadium nennt *Comte* das metaphysisch-abstrakte. Vernunft, Wissenschaft und nicht zuletzt explizite Verträge werden für die Gesellschaft konstitutiv. Das gilt allerdings noch nicht für das Verständnis des Sozialen, bei dem immer noch unwissenschaftliche Deutungen vorherrschen. Das dritte und letzte Stadium ist das wissenschaftlich-positive. Jetzt sind alle Wissenschaften „positiv" (d.h. rational) geworden, auch die von der Gesellschaft.

Die Abfolge der Entwicklung von den Wissenschaften entspricht der Evolution in der Realität. Die Soziologie als letzte Wissenschaft, die vom Positivismus umgeformt wird, ist damit die höchste in der Hierarchie (Korte 1993: 33 f.). Für heute noch interessant ist eine Bindung der Entwicklung von Wissenschaft an die Entwicklung in der Natur. Diese Rangfolge der Wissenschaft erklärt *Comte* zum „enzyklopädischen Gesetz". Hierin kann eine Art Wissenschaftstheorie gesehen werden – die erste übrigens (Korte 1992: 35).

Im weiteren Verlauf seines Denkens wird dann *Comte* selber zum Religionsstifter, zum Gründer einer positivistischen Religion. Die Art von Positivismus bei *Comte* hat übrigens nichts damit zu tun, was in den Auseinandersetzungen zwischen Neomarxismus und kritischer Wissenschaftslehre oder Neopositivismus von den Neomarxisten den Vertretern der kritischen Wissenschaftslehre als Positivismus vorgeworfen wird. Bei *Comte* ist der Positivismus eine Lehre mit inhaltlichen Aussagen, eine Ontologie; im Neopositivismus als Wissenschaftslehre dagegen ist er ein bloßes methodisches Prinzip.

Für die Lehre von *Vilfredo Pareto* als soziologisches System sind seine Taxonomien für Verhaltensweisen zentral. Er unterscheidet grundlegend zwischen logischen Handlungen, die wir rational nennen würden, und nicht logischen, wobei diese jeweils mehrfach unterteilt sind. Die nicht logischen Handlungen sind für ihn der eigentliche Erklärungsgegenstand der Soziologie. Sie folgen aus dem, was er in einer merkwürdigen Wortwahl „Residuen" nennt (Pareto 1916). Residuen sind dem Bewusstsein vorgelagerte, nicht-hinterfragte Selbstverständlichkeiten des Fühlens und Handelns. Die verstandesgemäße Verarbeitung des Nicht-Hinterfragten, die das Bedürfnis nach Sinngebung befriedigten, nennt *Pareto* „Derivate". Sie dienen der Mobilisierung von Gefühlen und der Instrumentalisierung der Residuen.

In unserem Zusammenhang ist aber etwas anderes an den Lehren von *Pareto* wichtiger, nämlich seine eigentliche Lehre vom sozialen Wandel. Gesellschaften werden – wie bereits zu Anfang ausgeführt – nach ihm von Eliten beherrscht, welche dazu neigen, ihre Position durch Ideologien abzusichern. Werden diese Eliten überständig, so werden sie durch eine Gegenelite verdrängt, die ihren Anspruch, die Interessen der gesamten Bevölkerung zu vertreten, erfolgreich verbreitet. Nach Übernahme der Kontrolle von Gesellschaften entfernen sich aber die neuen Eliten von denen, die sie zu vertreten vorgeben, bis das Spannungsverhältnis so groß wird, dass die Machtergreifung durch die nächste Gegenelite möglich wird. So wird die

Geschichte nach *Pareto* zum „Friedhof der Aristrokratie" (§ 2053). In dieser Sicht ist sozialer Wandel unaufhörlich, aber ohne ein letztliches Ziel (Pareto 1916). Die Evolution der Lebensvorgänge hat mit den differenzierten menschlichen Gesellschaften ein Ziel erreicht.

Herbert Spencer dominierte einmal die Soziologie ebenso, wie es in den fünfziger Jahren verpönt wurde, sich als Soziologe auf ihn zu berufen. Er ist der konsequenteste Vertreter einer Evolutionslehre der Gesellschaft in Analogie zur Evolution in der Natur – so wie diese Ende des 19. Jahrhunderts verstanden wurde. Die Evolutionslehre von *Spencer* war nicht nur für die Sozialwissenschaftler seiner Zeit die wichtigste Theorie, sondern galt darüber hinaus in der Gesellschaft allgemein als eindrucksvollste Erklärung in der ganzen englisch-sprachigen Welt um die Wende zum 20. Jahrhundert. Er stand damit nicht allein im Zentrum der Aufmerksamkeit. Das galt auch für andere herausragende Sozialwissenschaftler seiner Zeit wie *Ferdinand Tönnies* (1855–1936) oder *Emile Durkheim* (1857–1917) oder *Edward Alsworth Ross* (1866–1951). Beispielsweise sandte die *New York Times* Reporter in die Vorlesung von *Ross* an der Yale University und veröffentlichte die Besprechungen an prominenter Stelle. Das Hauptwerk von *Tönnies* hatte zwölf Auflagen. *Durkheim* beherrschte damals in Frankreich alle Wissenschaften vom menschlichen Verhalten. *Max Weber* (1864–1920) war in intellektuellen Kreisen weithin bekannt, so wie *Georg Simmel* (1858–1918) eine zentrale Figur der Berliner Salons war. Diese Bedeutung haben Sozialwissenschaftler später nie wieder erlangt. Um so bemerkenswerter ist, wie vergessen *Spencer* inzwischen ist – es sei denn, der Leser versteht es, in *Talcott Parsons* (1902–1979) ein verstecktes und teilweises Weiterführen der Evolutionslehre von *Spencer* zu erkennen.

Bei *Spencer* werden die beiden Leitmotive der „klassischen Zeit" besonders deutlich: Wandel als Auflösung von Bindungen und als gesellschaftliche Differenzierung. Wie andere bedeutende Sozialwissenschaftler des 19. Jahrhunderts hat auch er keine Antwort auf die Frage, was denn nach den Auflösungserscheinungen nun als Bindekräfte für ein neues Sozialsystem auszumachen ist. Dagegen ist *Spencer* in seinen Antworten auf einzelne Fragen für seine Zeitgenossen und eine darauf folgende Generation von Soziologen der große Steinbruch für Grundeinsichten geblieben. Von allen Theoretikern des sozialen Wandels ist dieser im Verlauf des 20. Jahrhunderts vergessene Soziologe derjenige mit den umfassendsten Erklärungen gewesen (Kellermann 1976: 159–200, Boudon/Bourricaud 1992: 532–540, Bernsdorf / Knoske 1980: 406–408).

Die allgemeinste Formel für seine Lehre des sozialen Wandels formuliert *Spencer* in seinen „First Principles“: „Entwicklung ist definierbar als ein Wandel von unzusammenhängender Gleichartigkeit zu zusammenhängender Verschiedenartigkeit, der die Zerstreuung der Bewegung und die Integration der Materie begleitet“ (Spencer 1862–93: 291, 1876–97, Boudon / Bourricaud 1992: 532–540).

„Unzusammenhängend“ bedeutet in diesem Zusammenhang, dass wegen der Gleichartigkeit die Elemente – hier die Menschen – nicht sachlich aufeinander angewiesen sind; das Zusammenhängende bei der Verschiedenartigkeit soll sprachlich wiedergeben, dass eben wegen der Verschiedenartigkeit nun eine sachliche Abhängigkeit gegeben ist. Es ist offensichtlich die gleiche Grund-idee in anderer sprachlicher Fassung, die später die zentrale Vorstellung bei *Durkheim* von mechanischer und organischer Solidarität ist. Obwohl *Durkheim Spencer* immer wieder scharf angegriffen hat, ist die Abhängigkeit seiner Gedanken von diesem (Erstes Gesetz der Evolution *Spencers*) offensichtlich.

Spencer beschränkte sich wie *Comte* keineswegs auf Sozialwissenschaften, und auch bei ihm lässt sich eine allgemeine Theorie der Ausbildung der verschiedenen Wissenschaften ausmachen: eine Entwicklung, die zunächst anorganische, dann organische und später überorganische Ausprägungen zeigt, wobei mit letzterem soziale Entwicklungen gemeint sind. Dieser Aspekt seiner Entwicklungstheorien darf als allzu zeitbezogen übergangen werden.

Spencer wird öfters als Organizist verstanden, weil er Analogien zur Biologie als Mittel der Veranschaulichung benutzt. Mit diesen Verweisungen wollte er aber lediglich das Verständnis erleichtern. Er war allerdings Evolutionist – ohne jedoch Evolution deterministisch zu verstehen: Nach seiner Meinung wird die Evolution gleicherweise in Natur und Gesellschaft wirksam. Dabei unterscheidet er zwischen dem System und der Struktur einer zu erklärenden Sache sowie der „Funktion" der Elemente – eine Sichtweise, die später bei *Parsons* dominiert. Von heute aus gelesen wirkt allerdings seine Taxonomie von Entwicklungsstadien der Gesellschaft befremdlich. Sie sei hier zunächst unkommentiert angeführt.

In den Principles of Sociology behauptet *Spencer* definitive Entwicklungsstadien, die durch wachsende Komplexität der sozialen Organisation gekennzeichnet sind. Hierin unterscheidet er vier Haupttypen, innerhalb derer er jeweils wieder Subtypen differenziert.

- Typus Nummer eins ist die einfache, *primitive Gesellschaft*, bei der es vier Unterstadien gibt: Stadium 1 als Existenz ohne politische Autorität, Stadium 2 als Existenz mit nur vorübergehender politischer Autorität, Stadium 3 als ungefestigte politische Autorität und Stadium 4 als Institution mit politischer Autorität auf Dauer. Sie können sowohl als nomadische wie auch als ansässige Gesellschaften vorkommen. Für diese insgesamt acht Typen ist jeweils kennzeichnend, dass es keine zwischen den Individuen und den Autoritäten existierenden Institutionen gibt.
- Der zweite Typus der Gesellschaft ist umgekehrt durch eben solche Institutionen gekennzeichnet, und deshalb spricht

Spencer von *zusammengesetzten Gesellschaften*. Innerhalb dieser Existenzweise unterscheidet er wiederum nach der Dauerhaftigkeit der Autorität und der Existenzform nomadisch oder ansässig.

- Der dritte Typus ist die *doppelt zusammengesetzte Gesellschaft,* in der sich weitere Elemente ineinander verschachteln. Hier existieren entwickelte Städte, es haben sich Arbeitstechniken verfestigt, und es gibt Transportmittel sowie ein positives Recht.
- Als letzte Stufe nennt *Spencer* die *dreifach zusammengesetzten Gesellschaften.* Damit meint er alle Hochkulturen. Die gegenwärtigen Industriegesellschaften stellen deren höchste Entwicklungsform dar.

In der heutigen Ausdrucksweise gelten solche Gesellschaften als primitiv, in denen es keine mediatisierenden Instanzen zwischen Individuum und Sozialsystem gibt. „Zusammengesetzte" Gesellschaften existieren anders. Diese Sozialsysteme bestehen nicht nur aus der Addition von Individuen, sondern werden entscheidend durch Institutionen als vermittelnde Instanzen geprägt. Gibt es ein unmittelbares Zusammenwirken zwischen Individuen und den sie repräsentierenden Institutionen sowie deren Einfluss wiederum auf das Sozialsystem, dann ist das eine *einfach zusammengesetzte* Gesellschaft. Sie wird dann als *doppelt zusammengesetzt* verständlich, wenn die Institutionen wiederum in Institutionen eingebunden sind. In moderner Terminologie trifft dies auf die Vereinigung eines Wirtschaftszweiges zu, deren Mitglieder Verbände mit verschiedenen beruflichen Spezialitäten sind. *Dreifach zusammengesetzt* sind solche Gesellschaften, in denen es Institutionen gibt, die sich nicht auf Mitgliedschaften reduzieren lassen und hohe Eigendynamik entwickeln. In heutiger Betrachtungsweise kann die sprachlich merkwürdige Klassifikation von *Spencer* verstanden werden als eine Abfolge zunehmender Mediatisierung der Individuen durch Institutionen.

Wichtiger für die politische Philosophie von *Spencer* ist eine zweite Klassifikation – wiederum mit missverständlichen Bezeichnungen. *Spencer* stellt „militärische" (military) und „industrielle" (industrial) Gesellschaften einander gegenüber. „Industrielle Gesellschaften" ist für ihn nicht die Bezeichnung für Gesellschaften, die durch industrielle Produktion bestimmt werden; vielmehr meint dieser Begriff alle Gesellschaften, die von der Herstellung und dem Tausch von Gütern bestimmt sind.[15] Als „militärische" Gesellschaften werden solche Systeme verstanden, für die der Zwangsapparat konstitutiv ist. In der langfristigen Entwicklung gehört nach *Spencer* die Zukunft allein den industriellen Gesellschaften, in denen soziale Bindungen aus individueller Zustimmung hervorgehen. Das Militär bzw. Zwangsapparate allgemein sind dann nur noch spezielle Institutionen und nicht mehr bestimmende Einrichtungen. Diese Lehren spiegeln die politisch extreme Auffassung eines Laissez-faire-Liberalismus bei *Spencer.*[16]

Die Stadien bei *Spencer* sind – übrigens im Gegensatz zu *Marx* – als gedankliche Konstrukte gemeint. Sie sind angemessen zu deuten als Idealtypen. Daneben verstand sich *Spencer* auch als Empiriker, der in einem auf sehr viele Bände angelegten Werk, der „Descriptive Sociology", Unmengen an Fakten zusammenstellte. Das Werk wurde von ihm nie vollendet, und weil die Fakten veralteten auch bald völlig vergessen.

Der Evolutionismus des 19. Jahrhunderts war später für diejenigen Ethnologen, die sich als Kulturanthropologen verstanden,

---

15 Die englische Bezeichnung „industrial society" ist übrigens weniger mißverständlich als deren übliche Übersetzung ins Deutsche mit „Industriegesellschaft". „Industry" würde angemessener übertragen mit „Gewerbe unter Marktbedingungen"; entsprechend wird auch von „tourism industry" gesprochen, was für uns sprachlich nicht nachvollziehbar ist. Wir selbst ziehen es vor, „industrial society" mit „Wirtschaftsgesellschaft" zu übersetzen.

16 Die Encyclopaedia Britannica (Ausgabe 1964, Band 21) ordnet die durch Darwin popularisierte Formel „Survival of the fittest" als Leitlinie der Evolutionslehre von Herbert Spencer zu.

besonders anstößig, weil er eine Abwertung von Kulturen implizieren konnte. Aber nicht allein darum wurde *Spencer* von den Sozialwissenschaftlern später weitgehend vergessen. Entwicklung konnte nämlich empirisch nicht als ein Prozess des gerichteten Fortschreitens belegt werden. *Spencer* wirkte jedoch zunächst weiter. Seinerzeit berühmte Soziologen wie *Lester Frank Ward* (1841–1913), *Franklin Henry Giddings* (1855–1931), *Albion Woodbury Small* (1854–1926) und *William Graham Sumner* (1840–1910) haben sich ausdrücklich zu *Spencer* bekannt. Im deutschen Sprachbereich hatte er nachhaltigen Einfluss auf *Franz Oppenheimer* (1864–1943), *Gustav von Schmoller* sowie *Leopold von Wiese und Kaiserswaldau.* Prägend blieb für den angelsächsischen Bereich die starke Berücksichtigung ethnologischen Materials sowie der internationale und historische Vergleich als Teil des Vorgehens einer empirisch begründeten Soziologie, sowie sein oft unausgesprochener Funktionalismus bei der Deutung von Fakten (Crouch 1980: 406–408).

Wenn der Evolutionismus sich als Übernahme eines Grundprinzips der Veränderung von Natur versteht, dann steht die Ausführung des Programms bei *Spencer* im Widerspruch zu unseren heutigen Kenntnissen über Evolution in der Natur: Es gibt keine allgemeine Geradlinigkeit in der Entwicklung der einzelnen Gattungen, sondern höchstens als Resultante einer Fülle von „Versuchen". Die meisten Entwicklungen in der Natur erweisen sich als Sackgassen. Ein Prinzip der Evolution in der Natur scheint es zu sein, mit verschwenderischer Vielfalt die ganz große Mehrzahl der Gattungen als Fehlschläge untergehen zu lassen. Wäre tatsächlich soziale Entwicklung nur möglich als natürliche Entwicklung, so wäre es der statistische Normalfall, dass Gesellschaften folgenlos untergehen; eine Weiterentwicklung aus einem Ansatz zu einer neuen Struktur wäre dann die große Seltenheit.

Vielleicht hat es auf dem Erdball bisher tausend verschiedene Kulturen im Sinne eigener Sozialstrukturen gegeben, vielleicht auch einige mehr (Murdock 1949). Würden sich weiterhin Veränderungen als bloßes Ausprobieren von Möglichkeiten vollziehen, wobei die Sackgasse und das anschließende Untergehen der Normalfall ist, so wären die Hochkulturen der letzten 5.000 Jahre kaum denkbar. Sie sind nur verständlich, wenn unterstellt wird, dass ein Maß an Selbststeuerung in diesen Kulturen erfolgt, dass sie lernfähig sind und aus dieser Lernfähigkeit immer neue Anpassungen an Problemsituationen folgen. Merkwürdigerweise ist das nicht die Art, wie *Spencer* Evolution am Vorbild der Entwicklung in der Natur selbst modelliert hat.

Darüber hinaus ist aber der Grundgedanke von Evolution als die Entwicklung vom Einfachen zum Komplexen dann nicht akzeptabel, wenn diese als Gleichschritt aller Lebensbereiche eines sozialen Systems gelten soll. Sicherlich war die Zivilverwaltung im byzantinischen Reich eine wesentlich komplexere Organisation als alles das, was bis vor etwa 200 Jahren an Verwaltungsorganisation im „Abendland" entwickelt wurde. Griechische und römische Städte waren technisch höher entwickelte Organisationen als europäische Städte bis in das 19. Jahrhundert hinein. Beispielsweise gab es nach der Zerstörung der römischen Rheinbrücke Kölns 1.600 Jahre lang keinen festen Rheinübergang mehr. Die Stadt Pergamon vermochte es, die Bürger mit je 250 Liter frischen Wassers pro Tag zu versorgen, wogegen der Verbrauch in der Bundesrepublik heute bei etwa 150 Liter pro Tag und Person liegt. Ende des ersten Jahrhunderts wurden die Bürger Roms mit einer Pro-Kopf-Menge von 600 Liter pro Tag versorgt – was zu allerlei Wasserspielen, der Anlage künstlicher Seen, Seeschlachten als Spiele, sowie für Termen und Springbrunnen ausreichte.[17]

17 „Die Wasserversorgung antiker Städte", herausgegeben von der Frontinus-Gesellschaft, Mainz 1987. Bezeichnend für den Kulturpessimismus, der sich als Umweltbewusstsein ausgibt, ist die Klage über den hohen Wasserverbrauch in der Bundesrepublik. Gemessen an diesen antiken Zuständen erscheinen wir als zurückhaltende Verbraucher.

Die Residenzstädte der Mogulen (Red Forts) waren wesentlich komplexere Gebilde als eine westeuropäische Stadt im 18. Jahrhundert oder als eine gegenwärtige indische Stadt. „Das Leben in hochentwickelten industriellen Gesellschaften ist in einigen Lebensbereichen wesentlich unkomplizierter als in sogenannten primitiven Gesellschaften; weder wären wir in der Lage, ein so kniffliges Verwandtschaftssystem wie das der eingeborenen australischen Völker zu handhaben, noch könnten wir es uns leisten, viel Mühe auf ein Nachdenken über die Kompliziertheit eines klassifikatorischen genealogischen Systems zu verwenden und gleichzeitig genügend Aufmerksamkeit auf die Komplikationen eines industriellen Systems mit Papiergeld zu richten. Es ist definitiv unmöglich, für alle sozialen Institutionen eine Bewegung vom Einfachen zum Komplexen beizubehalten..." (Scheuch / Sussmann 1970: 241).

Von *Talcott Parsons* heißt es in „The Structure of Social Action“: *Spencer* ist tot (Parsons 1937: 3). Neben der heutigen Unbrauchbarkeit des historischen und des ethnologischen Materials soll das für *Spencers* Fortschrittsglauben und seinen extremen Individualismus sowie die sozialdarwinistischen Wertungen gelten. Angesichts des Umfangs, mit dem auch moderne Sozialwissenschaftler *Spencer* als Steinbruch von Ideen benutzen, ist dies allerdings irreführend.

Weitgehend übersehen von der heutigen Soziologie ist bei *Spencer* das Ansprechen dessen, was später von *Robert K. Merton* (1910–2003) als „latente Funktionen“ bezeichnet wird (Merton 1949). Nach *Spencer* ist es in einfachen Gesellschaften möglich, aus den Absichten die Wirkungen eines Verhaltens zu erwarten. Je komplexer die Gesellschaften, umso unrealistischer ist eine solche Vorstellung. Nebeneinander planen unkoordiniert in einer differenzierten Gesellschaft sehr unterschiedliche Personen ihr Handeln. Was dann aus dem Nebeneinander absichtsgeleiteter, aber unkoordinierter Handlungen schließlich als soziale Wirkung folgt, ist nicht durch Absichten eines Einzelnen bestimmt und durchweg auch gar nicht einmal von einem Außenstehenden voraussagbar.

Wir selbst meinen, dass aus diesem Sachverhalt die Differenzierung zwischen Privatwelt und Öffentlichkeit folgt. In der Privatwelt gewinne ich den Bezug zwischen Absichten und Folgen eines Verhaltens eher wieder zurück. Für die darüber hinausgehende soziale Realität bleibt nur das Vertrauen der Individuen in die Institutionen und die Hoffnung, eine Situation richtig einzuschätzen. *Spencers* Überlegungen zu den unbeabsichtigten Effekten absichtsvollen Verhaltens, die im Widerspruch zu den Vorstellungen stehen, durch moralische Ermahnungen seien soziale Wirkungen zu steuern, wurden in der *Spencer*-Rezeption weitgehend übersehen.

Wie für *Comte* und *Spencer* so ist auch für *Leonard T. Hobhouse* (1864–1929) als dem dritten Sozialwissenschaftler, der die damals vorliegenden Befunde aus den verschiedenen Einzeldisziplinen zusammenfasst, Ziel eine menschheitsgeschichtliche Theorie der Entwicklung. In seinem Hauptwerk „Morals in Evolution" fasst er Ergebnisse von Religionswissenschaft, Geschichte sowie vor allem Ethnologie und Tierversuchen zusammen zu einer als Fortschritt zu verstehenden Evolution (Hobhouse 1906). Anders als die in Kapitel drei vorgestellten Evolutionisten unterstellt *Hobhouse* keine geradlinige Entwicklung, hält aber doch an der Vorstellung fest, dass Entwicklung, die von ihm als durch Menschen bewusst (!) gestaltet verstanden wird, in einem rationalen System gipfelt. „Am Anfang ist die Sitte mit ihrer Mischung des Ethischen und des Unethischen akzeptiert ohne Kritik und das Leben führend ohne System oder allgemeinen Plan. Am Ende steht die rationale Ordnung des Verhaltens gegründet auf die Bedingungen der menschlichen Entwicklung und gerichtet auf die Förderung dieser Entwicklung als ihrem obersten Ziel" (Hobhouse 1906: 631).

Entwicklung vollzieht sich nach *Hobhouse* insgesamt und nicht als Teilentwicklung (Hobhouse 1924: 303), wobei er detailliert eingeht auf den Zusammenhang von Institutionen auch in einfachen Gesellschaften (Hobhouse, Wheeler/Ginsberg 1915). Diese Entwicklung wird bestimmt

(a) durch den Umfang (Ressourcen, scale) einer Gesellschaft,
(b) durch die Gezieltheit (efficiency), mit der Entwicklung angestrebt wird,
(c) durch Freisetzung von Menschen (freedom) für Entwicklung und
(d) durch das Zusammenspiel (mutuality) der gesellschaftlichen Teilbereiche.

Diese Gesamtheit des Entwicklungsprozesses lässt sich auch erkennen in der Veränderung religiöser und ethischer Normen. *Hobhouse* stellt hierfür eine Stufenlehre auf und unterscheidet

(1) das Stadium bloßer Sitte von
(2) dem der Anerkennung begründbarer Rechte und Pflichten,
(3) das übergeht in das Stadium ethischer Ideale, das sich
(4) weiterentwickelt hin zu den Moralsystemen der großen Weltreligionen und endet
(5) im Stadium eines moralischen Rationalismus.

In seinen Vorstellungen über Stadien bezieht sich *Hobhouse* auch auf *Auguste Comte*, aber der Akzent seiner Aussagen ist doch insgesamt dem von *Max Weber* ähnlicher.

Der starke ethische Akzent der Veröffentlichungen von *Hobhouse* und seine philosophische Sprache waren wohl mitverantwortlich dafür, dass *Hobhouse* bei den auf ihn folgenden Soziologen meist ohne Wirkung blieb. In der Literatur wird allerdings darauf verwiesen, dass er das wichtigste Werk von *Thomas H. Marshall* (1893–1982) (Marshall 1949) – auf das später einzugehen ist – stark beeinflusst habe.

Zwischenbilanz

Die in Kapitel drei und vier erwähnten Autoren werden heute überwiegend als bloße Vorbereiter der Soziologie i.e.S. gewertet. Die meisten ihrer Thesen und sonstigen Aussagen sind nicht in den Corpus des soziologischen Wissens über Gesellschaft eingegangen. Die wahrscheinlich wichtigste Botschaft ist der Fehlschlag, direkte Beziehungen zwischen biologischen und sozialen Sachverhalten nachzuweisen. Sicherlich haben biologische Sachverhalte auch soziale Folgen – als Beispiel sei verwiesen auf die lange Abhängigkeit unserer Neugeborenen von der Fürsorge Erwachsener; oder die verhältnismäßig lange Lebensdauer; oder die Ausbildung von nur zwei Geschlechtern. Aber selbst körperliche Erscheinung und Lebensdauer erweisen sich als nachhaltigst sozial beeinflusst.

Zentral für das Verständnis von sozialen Sachverhalten ist Kultur als die vom Menschen selbst geschaffenen Umstände seiner Lebensführung. So muss sich der Evolutionismus als Übernahme des zeitgenössischen Darwinismus als völliger Irrweg erweisen. Auch darüber hinaus ist von den damaligen Versuchen, die heutigen Gesellschaften historisch abzuleiten, nicht viel als Einsichten in die Soziologie eingegangen – auch wenn der Evolutionismus nicht so gänzlich tot ist, wie man nach dem Streit mit den Diffusionisten um die Wende zum 20. Jahrhundert glauben mochte.

Unter den in den Kapiteln drei und vier hervorgehobenen Autoren galt es als ausgemacht, dass Kulturen/Gesellschaften/Sozialsysteme sich aus sich selbst heraus entwickeln. Dem widersprechen die „Diffusionisten", die darauf verweisen, dass viele Elemente von Kulturen aus anderen Kulturen übernommen wurden, also diffundierten. So heißt es bei dem vormaligen Präsidenten der American Anthropological Association, *Alfred L. Kroeber* (1876–1960): „... die ganz große Mehrheit der Elemente einer jeden Kultur wurde von anderen Bevölkerungen der Vergangenheit oder Gegenwart erlernt. ... Es gibt a priori allen Grund zu erwarten, dass die Diffusion einen sehr bedeutenden Teil an der Entwicklung sowohl der primitiven und barbarischen wie auch der fortgeschrittenen Kulturen hatte“ (Kroeber 1923: 197–198). Das ist seinerseits etwas spitz formuliert, aber zweifelsfrei ist Diffusion neben Evolution von großer und angesichts der Medien von zunehmender Bedeutung. Allerdings ist die bloße Übermittlung durch Medien noch kein Grund, das Übermittelte per Akkulturation auch in die eigene Kultur zu integrieren. Unter welchen Bedingungen dies erfolgt, ist Gegenstand auch heutiger Forschung.

Wenngleich die Stufentheorien sich als nicht haltbar erwiesen haben und die Suche nach den Urgesellschaften ein Irrweg blieb, werden heute einige wertvolle Einsichten übergangen. Hierzu gehören u.E. bei *Herbert Spencer* die Betonung der mittleren Ebene von Gesellschaften als konstitutiv für deren Eigenheiten wie auch dessen funktionalistische Ansätze zu den zu Unrecht missachteten Beiträgen dieses Abschnitts in der Entwicklung des Faches.

Teil II: Die Klassiker

1. Leitmotive des Wandels

Gegen Ende des 19. Jahrhunderts setzte sich in der Soziologie verschiedener Länder – Frankreich, Deutschland und den USA – eine weithin übereinstimmende Perspektive durch, wie das Leitmotiv des Wandels im 19. Jahrhundert zu deuten war. Dieses Leitmotiv ist die Versachlichung von zwischenmenschlichen Beziehungen, die vordem persönlich geprägt waren. Daraus folge eine „kühlere" Gesellschaft. Die verschiedenen Sozialwissenschaftler erfassten das unterschiedlich nach der Art, wie dieser Wandel ausgelöst wird, in der theoretischen Begründung und vor allem in ihren Begriffen.

1.

Die berühmteste, aber auch häufig fehlinterpretierte Konzeption dieser Benennungen und Deutung des Vorgangs ist die Verwendung des Begriffspaars „Gemeinschaft" und „Gesellschaft" bei *Ferdinand Tönnies*. *Tönnies* stellte das Begriffspaar Gemeinschaft – Gesellschaft zuerst in einem Jugendwerk gleichen Titels 1887 vor. Allgemeinere Akzeptanz in Deutschland fand diese Konzeption erst mit der zweiten Auflage 1912; amerikanische Soziologen hatte er dagegen unmittelbar beeinflusst. Bis 1935 erschienen dann sechs weitere Auflagen in Deutschland.

Mit Gemeinschaft meinte *Tönnies* alle Gebilde, in denen Beziehungen um ihrer selbst willen bejaht werden. Gemeinschaften sind gekennzeichnet durch ein Gefühl der Zusammengehörigkeit, der fraglosen Hinnahme. Hier wird nicht getrennt zwischen Mittel und Zweck, sondern beide gehören zusammen. Als charakteristische Gebilde nennt *Tönnies* die Blutsbande, die Nachbarschaft und die Freundschaft – er hätte auch noch das Dorf hinzufügen können. *Gesellschaft* ist dagegen gekennzeichnet durch die Trennung von Mittel und Zweck, durch die Versachlichung der Beziehungen zwischen den Menschen – bis hin zu einer Vereinzelung in der modernen Gesellschaft. Geleitet wird hier das Handeln durch Interessen. Wird die Übereinstimmung der Überzeugungen in Gemeinschaften durch Religion ausgedrückt, so ist das Analogon hierzu für Gesellschaften die öffentliche Meinung.

Tönnies war psychologischer Reduktionist, und entsprechend verstand er soziale Gebilde als Folge psychologischer Orientierungen. Demgemäß musste dem Gegensatzpaar Gemeinschaft und Gesellschaft ein psychisches Gegensatzpaar entsprechen, das allerdings als Begriff weniger bekannt wurde. Grundlage gemeinschaftlicher Beziehungen ist nach Tönnies der *Wesenswille*, dem bei der Gesellschaft als psychische Orientierung der *Kürwille* entspricht. Wesenswille soll ein Wille heißen, der vom Handelnden nicht reflektiert ist, sondern ihm die selbstverständlichste Sache der Welt scheint. Kürwille ist demgegenüber ein Wille aus Überlegung, entsprechend der Interessensorientierung der Menschen aneinander in einem gesellschaftlichen Gebilde.

Wahrscheinlich beeinflusste diese Gegenüberstellung von Wesenswillen und Kürwillen *Max Weber*; jedenfalls findet sich bei ihm ein ähnliches Gegensatzpaar. Tatsächlich ist ja auch Wesenswille nichts grundsätzlich anderes als Steuerung des Verhaltens durch unreflektierten Traditionalismus, während der Kürwille den Vorstellungen *Webers* über rationales Handeln sehr nahe kommt. Und auch die Grundidee bei *Weber*, dass sich der „Westen" durch Rationalisierung entwickelt, ist bereits bei *Tönnies* vorfindbar, wenn dieser argumentiert, in der Veränderung von Wesenswillen zum Kürwillen drücke sich die abendländische Form der Rationalisierung aus (Korte 1993: 82).

Nach *Tönnies* sind Gemeinschaft und Gesellschaft rein ideelle Typen. In der Wirklichkeit, insbesondere in der Gegenwartsgesellschaft, bestimmen sie die meisten sozialen Gebilde in einem dialektischen Wechselspiel. Ein jegliches Gebilde kann mehr zu einer Gemeinschaft oder zu einer Gesellschaft hin tendieren, ist aber typischerweise durch Elemente beider Orientierungen bestimmt – und zwar nicht als vorübergehender Zustand einer Entwicklung von Gemeinschaft zur Gesellschaft, sondern als eine für den Charakter des jeweiligen Gebildes bestimmende Dialektik.[18]

In diesem Sinn wurde das Gegensatzpaar Gemeinschaft – Gesellschaft insbesondere in der Öffentlichkeit nicht übernommen, sondern als Typen, die real flächendeckend vorkommen. In der Kulturkritik wurde darüber hinaus Gemeinschaft gleichgesetzt mit naturwüchsig, emotional und antirational, dagegen Gesellschaft als ein dekadenter Zustand verstanden. Darüber war *Tönnies* sehr erzürnt und warf den so argumentierenden Autoren vor, sie könnten ihn nicht lesen. Allerdings hat er sich in Schriften mit der von ihm auch vorgeschlagenen evolutorischen Reihe Kommunismus – Kapitalismus – Sozialismus missverständlich ausgedrückt, wenn er den Kapitalismus als extremes Stadium von Gesellschaft charakterisiert. Ausdrücklich heißt es auch, er könne in der Gesellschaft nicht das Optimum der Menschheitsgeschichte sehen.

Sozialer Wandel beginnt mikrosoziologisch mit dem Denken, das zugleich eine Entfremdung des Menschen von sich selber ist. So kann Wandel zustande kommen, weil eben Indivi-

18 Diese Sicht des Nebeneinanders von gemeinschaftlichen und gesellschaftlichen Elementen als kennzeichnend für westliche Gegenwartsgesellschaften wird heute u.a. von Jan Nederveen Pieterse (1994) und uns selbst behauptet – worauf später noch näher eingegangen wird. Und sie ist davor Leitmotiv bei Parsons bei der Konstruktion seiner „Pattern Variables" (1937).

duen keine Kopien ihrer Vorgänger sind. Makrosoziologisch wird Wandel in Gang gebracht durch das Institut des Handels. Im Fernhandel, im Geschäftsverkehr zwischen Stammesfremden ortet *Tönnies* das Entstehen von gesellschaftlichen Bezügen. Die Industriegesellschaft ist ihm nichts grundsätzlich Neues, wohl aber der Kapitalismus. Ihn versteht er als die Anwendung kommerziellen Denkens auf die Technik.

Weniger bekannt wurde die universalhistorische Perspektive bei *Tönnies*. Auch er sieht langfristig sozialen Wandel durch einen Dreischritt bestimmt: Aus den ursprünglich kommunistischen Gemeinschaftsverhältnissen entsteht als Extremfall von Gesellschaftlichkeit schließlich der Kapitalismus, der aber ein bloßer Übergang bleiben muss. Auf ihn folgt der Sozialismus, den *Tönnies* sich als eine genossenschaftsähnliche Gesellschaftsform dachte.

Die Veränderung vom Wesens- zum Kürwillen ist für *Tönnies* die abendländische Variante des Prozesses der Rationalisierung. Damit fallen auch Mittel und Zweck auseinander: Zweckrationalität bestimmt die Orientierung der Menschen im Alltag (die Nähe von *Max Weber* wird hier besonders deutlich). Die Entwicklung der westlichen Modernisierung beginnt mit dem Einfluss der Händler auf die lokalen Gemeinschaften. Der Händler ist ein freier Mensch, der seinen privaten Nutzen zu mehren versucht. Dieses Nebeneinander der beiden Orientierungen Wesenswillen und Kürwillen (= Händler) erleichtert die Entwicklung der Industrialisierung. Vorstufen hierfür sind Heimarbeit und Verlagswesen. Mit der eigentlichen Industrialisierung kommt es dann zur typischen Trennung von Wohnort und Arbeitsstätte. Auch der Charakter der Arbeit ändert sich: Sie wird abstrakter. Das Arbeitsergebnis ist ohne die zwischen Mensch und Produkt tretende Maschine nicht denkbar. Damit wird dann auch die ständische Gesellschaft aufgelöst. „Sehr wider den Willen der Gebildeten, insofern als diese mit der kapitalistischen Gesellschaft identisch sind, wird dadurch das zum 'Proletariat' verwandelte Volk zum Denken und zur Bewusstheit gefördert über die Bedingungen, durch welche es auf dem Arbeitsmarkte gefesselt ist“ (Tönnies 1887: 142).

In den zwanziger und dreißiger Jahren wurde das Gegensatzpaar Gemeinschaft und Gesellschaft zu einer zentralen Figur der Kulturkritik. Die Nationalsozialisten lasen *Tönnies* als Vertreter einer kulturpessimistischen Suche nach Gemeinschaft. Sein Eintreten in die SPD 1930 kann als ein Protest gegen diese Vereinnahmung seiner Vorstellungen durch eine Bewegung gesehen werden, die er als genossenschaftlicher Sozialdemokrat entschieden ablehnte. Die Nationalsozialisten verboten ihm denn auch später Lehre und Forschung und kürzten seine Pension auf ein Drittel seiner regulären Bezüge. Ihn einzukerkern erschien ihnen unklug angesichts seiner weltweiten Berühmtheit.

Das Werk „Gemeinschaft und Gesellschaft“ ist nur derjenige Teil der wissenschaftlichen Tätigkeit von *Tönnies*, den er als Geisteswissenschaft verstand. Zugleich arbeitete er auch empirisch mit der Absicht, soziale Gesetzmäßigkeiten aufzeigen zu können. Hier sind seine kriminalsoziologischen Arbeiten in Schleswig-Holstein von besonderem Interesse. *Tönnies* wollte eine ursächliche Beziehung aufzeigen zwischen gesellschaftlichen Verhältnissen und sozialen Pathologien, wobei er im Unterschied zu *Emile Durkheim* statt Selbstmord für Letztere Kriminalitätsraten wählte. Die Korrelationen zwischen dem Charakter von Gebietseinheiten und der Häufigkeit von Kriminalitätsraten konnte er auch empirisch belegen, jedoch nicht die Frage beantworten, ob die Enge der Beziehungen eine bloß zufällige Ähnlichkeit der Veränderungsraten ausschlösse. *Tönnies* experimentierte mit Tabellen, aber ihm fehlte eine Maßzahl, wie sie kurz nach der Wende zum 20. Jahrhundert in England gefunden wurde: das Chi-Quadrat: Mit dieser Maßzahl ist es möglich, eine reine Zufallsverteilung und die Verteilung beobachteter Werte gegenüberzustellen; aus der Abweichung beider Reihen wird der Grad an Zufälligkeit errechnet (Bellebaum 1966, Scheuch / Rüschemeyer 1956: 272–291). Bedeutend ist auch der Beitrag von *Tönnies* zu einer Lehre über die öffentliche Meinung als einer sozialen Institution. Es ist bezeichnend, dass bei der *Tönnies*-Rezeption dieser Teil seiner Arbeiten ausgeblendet ist – auch in der späteren sozialwissenschaftlichen Literatur. Dagegen blieben in dem zeitgenössischen Schrifttum, später in der Kulturkritik und schließlich auch bei *Talcott Parsons* mit seinen „pattern variables", die Evolutionsansichten von *Tönnies* von großem Einfluss.

In der deutschen Soziologie hat es immer sehr viele Kritiker des Gegensatzpaares Gemeinschaft und Gesellschaft gegeben, nachdem sich diese Begriffe allgemeiner verbreiteten. Zum Zeitpunkt ihrer ersten Publikation entsprachen sie jedoch dem Zeitgeist unter Intellektuellen und auch bei den Sozialwissenschaftlern. *Max Weber* brauchte hin und wieder ein ähnliches Gegensatzpaar als Bezeichnung für Prozesse: Vergemeinschaftung und Vergesellschaftung. Viel später versuchte sich *Theodor Geiger* (1891–1952) mit einer Variante dieses Gegensatzpaares. Er griff dabei die Idee von *Tönnies* auf, dass Gemeinschaft und Gesellschaft keine realen Erscheinungen, sondern Elemente von Gebilden sind. Dieser Aspekt der Lehren von *Tönnies* war bezeichnenderweise nicht Teil der Wirkung bei Intellektuellen.

2.

Emile Durkheim stützt sich fast nur auf ethnologisches Material – Ausnahmen sind seine Untersuchungen über den Selbstmord. Entsprechend wurde ihm auch von Kritikern vorgeworfen, er versuche nicht einmal die modernen Gesellschaften zu verstehen. An seinen späteren Reformvorschlägen wird deutlich, dass *Durkheim* tatsächlich gegenüber modernen Entwicklungen ziemlich ratlos war. Das ändert aber nichts daran, dass er in der Neuzeit mit den bedeutendsten Beitrag zum Verständnis des sozialen Wandels vorlegte.

Durkheim verstand wie die meisten seiner sozialwissenschaftlichen Zeitgenossen die Gegenwart als eine Übergangsgesellschaft. Auch für ihn war an der Entwicklung der Gesellschaften hin zu Industriegesellschaften der Prozess zentral, der (missverständlich eingeengt) Arbeitsteilung genannt wurde. Der Sache nach war damit ein etwas viel Weitergehendes gemeint als das, was wir heute mit dem Wort verbinden: nämlich ein allgemeiner Prozess gesellschaftlicher Differenzierung, wobei sich allerdings dieser Vorgang in besonderer Weise im Wirtschaften ausdrückt.

Die Art der Entwicklung bringt *Durkheim* auf das Begriffspaar „mechanische“ und „organische“ Solidarität. Mit diesen sehr missverständlichen Bezeichnungen sind zwei unterschiedliche Arten des Zusammenhangs von Sozialsystemen gemeint: im Falle der mechanischen Solidarität ein Zusammenhalt auf der Grundlage der Gleichheit von Überzeugungen und Verhaltensweisen; und im Falle der organischen Solidarität ein Zusammenhalt durch gegenseitige sachliche Abhängigkeit.

Es ist unschwer erkennbar, dass dieses Gegensatzpaar im Grunde identisch ist mit dem bei *Herbert Spencer*, zur Konfusion vieler Studenten aber bedauerlicherweise mit vertauschter Bedeutung für die Bezeichnungen „organisch“ und „mechanisch“. Nach *Durkheim* ist die traditionelle Agrargesellschaft dadurch gekennzeichnet, dass die meisten Menschen – 80 bis 90 Prozent – die gleichen Tätigkeiten verrichten. Aus der Gleichheit ihres Tuns, insbesondere aus der Gleichheit ihrer Arbeit, folgt Verständnis füreinander und eine weitgehende Übereinstimmung im Denken und Handeln. Die Gesellschaft dieser Art kann als Addition gleich fühlender Menschen verstanden werden. Für die Existenz als Gesellschaft sind Religion und andere Überzeugungen konstitutiv; denn wenn nicht durch die Gleichheit der Wertvorstellungen und anderer Glaubenssätze Zusammenhalt bewirkt wird, wodurch denn sonst? Für diese Art des Zusammenhalts wählte *Durkheim* dann das Wort mechanische Solidarität.

Bei weitergehender Arbeitsteilung, bei immer größerer Spezialisierung in Berufen, ist dann schließlich jeder auf jeden angewiesen. Das ist zwar ein starkes rationales Element für ein Zusammenarbeiten, zerstört aber gleichzeitig die Gemeinschaftlichkeit von Überzeugungen und auch Alltagshandeln. Angehörige eines Berufes verstehen die anderen Berufe nicht mehr. Die Kohäsion aus vernünftiger Einsicht in die Nützlichkeit der wechselseitigen Kooperation nennt *Durkheim* organische Solidarität (Durkheim 1977).

Die treibende Kraft der Entwicklung ist nach *Durkheim* zunächst die demographische Entwicklung. Ein Anwachsen der Bevölkerung erhöht auch die gesellschaftliche Dichte, indem sie einen Fortschritt in der Arbeitsteilung erzwingt, die wiederum eine größere moralische Dichte („densité morale") nach sich zieht. Dabei wird selbstverständliches Übereinstimmen zunehmend ersetzt durch vertragliche Vereinbarungen.

Für die weitere Entwicklung ist dann *Durkheim* eher noch skeptischer als später *Max Weber*. Eine immer weitergehende Differenzierung erhöht die Erpressbarkeit eines jeden durch einen jeden und vergrößert die Schwierigkeit einer Gesellschaft als kollektives Unternehmen. Mit dieser Diagnose, aber eigentlich aus seiner Überzeugung, dass nur Gleichheit der Erfahrung moralisch verlässliche Bindekräfte zur Folge habe, wurde *Durkheim* zum Befürworter einer berufsständischen Ordnung.[19] Die Gleichheit der Lebenserfahrung innerhalb eines Berufes lasse nur noch die Berufsgruppen zu den sozial intakten Einheiten werden. Gesellschaft wäre dann zu organisieren als ein formales (= organisches) Beziehungsnetz zwischen diesen Berufs-

19 Siehe speziell das Vorwort „Quelques remarques sur les groupements professionnels" in Durkheim 1893.

gruppen der Gleichheit von Lebensführung (= mechanische Solidarität).

Mit dieser Vorstellung, dass auf den Konkurrenzkapitalismus der Industriegesellschaft des 19. Jahrhunderts eine berufsständische Ordnung zu folgen habe, reiht sich *Durkheim* in eine dominante Zukunftsperspektive des Zeitgeistes in der Politik ein. Die Vorstellungen eines sozialistischen Rätesystems (Einheit von Arbeiten, Wohnen und Freizeit), einer berufsständischen Ordnung (wie bei *Ottmar Spann* (1878–1950) (Spann 1930) und dem politischen Katholizismus) oder des Faschismus bei *Benito Mussolini* (1883–1945; Fascio di combattimento) sind Versionen dieser Vorstellungen einer Architektur der Gesellschaft als berufsständische Ordnung.

Bei *Durkheim* wird der Entwicklungsprozess gedeutet als ein Anwachsen des Individualismus und des Egoismus. Dies ist für ihn die entscheidende Ursache der sozialen und der wirtschaftlichen Krisen seiner Zeit. Empirisch versuchte *Durkheim* dieses Anwachsen von Egoismus an der Zunahme des „egoistischen Selbstmordes“ aufzuzeigen. Selbstmorde hat es selbstverständlich immer gegeben; Folge der Entwicklung bzw. Modernisierung ist dagegen das Ansteigen von Selbstmorden aus egoistischen Motiven, d.h. zur Befreiung von einer eigenen, privaten, nicht mehr ertragbaren Belastung. Die amtliche französische Statistik erlaubte *Durkheim* eine Aufgliederung der Arten des Selbstmordes nach Gebietseinheiten und deren Ordnen nach dem Grad der Entwicklung. Damit konnte er eine Korrelation zwischen der Modernität einer Umwelt für die Individuen und der Wahrscheinlichkeit aufzeigen, dass dies zu einem Selbstmord führt, den er als „egoistisch“ deutete: Das Glück des Einzelnen hängt danach ab von der Stärke der Bindungen zwischen Person und Kollektiv. Beim Leben in einer Umgebung, in der „organische Solidarität“ vorherrscht, wird die emotionale Einbindung des Individuums gering und die Anforderung an eigene Entscheidungen sehr hoch. An der Rate des egoistischen Selbstmordes zeigt sich für *Durkheim* der problematische Charakter der entwickelten Gesellschaft (Durkheim 1897).

Mechanische und organische Solidarität, ebenso wie das entsprechende Gegensatzpaar bei *Spencer*, sind dem engstens verwandt, was *Ferdinand Tönnies* „Gemeinschaft und Gesellschaft" nannte (Tönnies 1887). *Durkheim* hat *Tönnies* im Original gelesen, wie umgekehrt *Tönnies* in der von *Durkheim* herausgegebenen Zeitschrift publizierte. Gemeinschaft und Gesellschaft fand als Gegensatz elementar unterschiedlicher Situationen für Menschen im Gefolge der gesellschaftlichen Entwicklung Eingang in das Vokabular der allgemeinen intellektuellen Diskussionen der Zeit. Damit verlor dann die Profession jegliche Kontrolle über die Inhalte und erwies sich als machtlos, Umdeutungen beim Eingehen des Begriffspaars in den Zeitgeist zu kontrollieren.

3.

Die vielleicht bedeutendsten Nachfolger – der Begriff „Schüler" wäre angesichts der Eigenständigkeit der Autoren problematisch – hatte *Spencer* in den USA. Einer von ihnen ist *William Graham Sumner*, der hier schon deshalb nicht übergangen werden kann, weil er zu seiner Zeit in der amerikanischen Öffentlichkeit als herausragender Vertreter der sich neu entwickelnden Soziologie galt. Seine Vorlesungen wurden in Zeitungen wie den führenden Blättern New Yorks weithin beachtet. *Sumner* verstärkt den Liberalismus von *Spencer* bis hin zu der Behauptung, die Gesellschaft benötige vor allem, von solchen Leuten frei zu sein, die in Abläufe hineinpfuschen wollen. Er vertritt unter den amerikanischen Autoren am entschiedensten die These *Adam Smiths*, Entwicklung sei Folge des Wirkens einer „unsichtbaren Hand". Der amerikanischen Tradition des Protektionismus widersprach *Sumner* mit der Behauptung, dieser sei nicht nur ein Irrtum, sondern eine „Sünde". Entsprechend empfand *Sumner* den Sozialismus als zutiefst unmoralisch; denn nach ihm war der *Darwin*'sche Kampf ums Überleben keine menschliche Zuschreibung, sondern Naturgesetz. *Lewis A. Coser* (geb. 1913) deutet *Sumners* Doktrin als einen wirtschaftlichen Determinismus, der an Unduldsamkeit und Ausschließlichkeit den von *Marx* noch übertrifft (Coser 1978: 295).

Nicht in den benutzten Begriffen, wohl aber in dem Verständnis der Entwicklungsrichtung fügt sich die Konzeption von *Sumner* in das Evolutionsverständnis um die Wende zum 20. Jahrhundert ein (Sumner 1907).[20] Zentral für sein Lehrgebäude ist der Begriff „Folkways" – ein Kunstwort, dessen wörtliche Bedeutung „Wege des Volkes" ist und das wir mit „Brauch" wiedergeben. Unter Brauch versteht *Sumner* die Selbstverständlichkeiten in einer Kultur, das „bewusstlose" Nachahmen von Verhaltensmustern. In schriftlosen Gesellschaften dominieren diese Folkways als Steuerungsmechanismen für Verhalten. *René König* (1906–1991) definiert: „Brauch wird befolgt, bloß weil er in Übung ist, eine weitere Begründung gibt es nicht für ihn" (König 1967a: 258). Er bleibt auch wichtig in modernen Gesellschaften als Demonstration der Eigenart eines Kollektivs gegenüber der Gruppen-Außenwelt. Beispiele sind Begrüßungsriten oder Kleidungssitten oder Privatsprachen in einer Gruppe.

Während nach *Sumner* Brauch „bewusstlos" befolgt wird, werden auf einer weiteren Entwicklungsstufe die „Sitten" als bewusste Verhaltensvorschriften bekräftigt, vorrangig durch öffentliche Meinung. Zur Abgrenzung gegenüber seinem Kunstwort „Folkways" verwendet *Sumner* hierfür im Original das lateinische Wort „Mores". Im alltäglichen Sprachgebrauch werden im Englischen das, was bei *Sumner* „Folkways" und

---

20 Später ausführlicher zu den anderen Begriffen seiner evolutorischen Reihe Sumner / Keller 1927–1928.

„Mores“ heißt, sonst einheitlich „customs“ genannt. Indem er sprachlich differenziert, kann *Sumner* unterscheiden zwischen den Selbstverständlichkeiten des Alltags und bewussten Regelungen.[21]

Die Verhaltensregeln der Sitte sind wirksam, insoweit die Handelnden sich nach der „öffentlichen Meinung“ richten. Hierzu wird von *Sumner* nicht nur das gerechnet, was in der Politik unter öffentlicher Meinung verstanden wird – etwa opinion de tous oder opinion du peuple. Gemeint ist bei *Sumner* darüber hinaus die Meinung bzw. Reaktion aller über den Kreis der eigenen Primärgruppe hinaus gehenden Mitmenschen.

Das Ordnungprinzip der Sitte ist um so wirksamer, je kontinuierlicher, gefestigter und überschaubarer ein Sozialsystem ist. Sitte ist durchaus noch vereinbar mit hohen Differenzierungsgraden eines Sozialsystems – etwa mit der ständischen Gliederung der mittelalterlichen Gesellschaft. Nimmt jedoch die Differenzierung lediglich die Form situationsspezifischer Regelungen an, ist also nicht mehr das Individuum primär als Kategorie (Adeliger, Bauer) gesamthaft das Objekt von Regeln, sondern nur jeweils als Teilnehmer an einer Situation (z.B. Konsument, Arbeitnehmer), so ist das Ordnungsprinzip Sitte nicht mehr so effektiv. Als Pendant zu der Differenzierung nach situationsspezifischen Regelungen entsteht „Anonymität“ für diejenigen Eigenschaften, die in einer Situation irrelevant sein sollen. Die Kontrollinstanz „öffentliche Meinung“ ist um so unwirksamer, je mehr Individuen bestimmte Eigenschaften als „privat“ vor der Sichtbarkeit durch unerwünschte Dritte schützen können. Mit diesen Erwägungen sollte deutlich werden, dass der Begriff Sitte besonders gut geeignet ist für Sozialsysteme wie die des

21 Erving Goffman (1922–1982) entwickelt einen eigenen Forschungsansatz, indem er die Erwartungen der Folkways verletzen lässt, um aus der daraus folgenden Fassungslosigkeit Regelungssysteme für Verhaltensweisen sichtbar werden zu lassen, die sonst als Regelungssysteme unbewusst bleiben (Goffman 1959).

mittelalterlichen Europas, in denen die Akteure als Gruppenmitglieder und damit gesamthaft als Kategorien behandelt werden (Scheuch / Kutsch 1975: 246).

Mit hoher Mobilität, zunehmender Urbanisierung, aber auch mit der Notwendigkeit von Regeln, die nicht mehr durch öffentliche Meinung in dem vorerwähnten Sinn gedeckt sind, muss dann Verhaltenskontrolle durch unpersönliche Instanzen folgen, insbesondere durch staatlich sanktioniertes Recht. Hierfür verwendet *Sumner* als dritten Begriff seiner evolutorischen Reihe wieder ein Kunstwort: „Stateways". Wörtlich heißt dies „Wege des Staates", kann jedoch ohne Bedeutungsverlust wiedergegeben werden als „Recht". Recht als System formeller Regeln ist im Vergleich zu den vorerwähnten Regelungssystemen vor allem durch zwei Eigenschaften gekennzeichnet: In idealtypischer Ausformung ist Recht universalistisch, und die Anwendung des Rechts ist speziellen Instanzen zugewiesen. Mit der Wendung universalistisch ist gemeint, dass bei der Anwendung des Rechts zunächst ein Sachverhalt beurteilt wird; spezifische Eigenschaften eines Individuums werden lediglich hilfsweise herangezogen. Die Zuweisung an spezifische Instanzen bedeutet eine Einengung der Sanktionsrechte; öffentliche Meinung dagegen verurteilt in erster und letzter Instanz; Sanktionieren mag ein jeder, der dazu faktisch in der Lage ist.

Recht als formelles System von Geboten und Verboten, erlassen und garantiert durch staatliche Instanzen, ist in dieser Form nur von einigen Hochkulturen ausgebildet worden. Es scheint vor allem dann notwendig zu werden, wenn große Heterogenität innerhalb eines Herrschaftsverbandes existiert; Recht schafft dann allgemein gültige Verbindlichkeiten. In diesem Sinn ist etwa die Ausbildung eines Rechtskodex im Assyrischen Reich 2.500 vor Christi als Folge eines Überschichtungsvorganges gedeutet worden. Analoge Funktionen hatte das Recht im Imperium Romanum. Im letzteren Fall wird noch ein zweiter auslösender Umstand deutlich: Durch Zentralisierung von Herrschaftsmitteln entstehen Voraussetzungen für eine Strukturpolitik; Recht wird ein Mittel zur Umformung bestehender Verhältnisse (Scheuch / Kutsch 1975: 247).

Die Dreiteilung in der Abfolge „Brauch" – „Sitte" – „Recht" ist bis heute Standard in amerikanischen Textbüchern der Soziologie. Standard ist auch die evolutorische Behauptung: "from folkways to stateways" – allerdings meist ohne die von *Sumner* dafür angeführte sozialdarwinistische Erklärung. "Everything in the mores of a time and place must be regarded as justified with regard to that time and place. Good mores are those which are well adapted to the situation. Bad mores are those which are not so adapted. ... People in mass have never made or kept up a custom in order to hurt their own interests ... but they have always aimed to serve their interests as well as they could" (Sumner 1927: § 65). Konkurrenz treibt die Prüfung zwischen Ordnungsprinzipien des Zusammenlebens an.

Die Konkurrenz als Antrieb für Wandel wird verstärkt durch die Tendenz der Menschen, sich nach Gruppenmerkmalen voneinander abzugrenzen. Hierfür verwendet *Sumner* die Begriffe „ingroup" und „outgroup" (Dazugehörigkeit oder Nichtdazugehörigkeit). Die damit verbundene Neigung, nach innen in erster Linie Erfreuliches zu sehen, die Außenwelt jedoch als eher unerfreulich, wenn nicht feindselig wahrzunehmen, bezeichnet er als Ethnozentrismus. Diese drei Begriffe und die damit verbundenen Sachaussagen sind Standard in Lehrbüchern englischer Sprache. Allerdings sind Unterscheidungen zwischen Gruppen nicht durchweg feindlich. Wenn der entsprechende institutionelle Rahmen gegeben ist, kann sich „antagonistische Kooperation" entwickeln. Damit lassen sich die vorherrschenden Abläufe in modernen Wirtschaftsgesellschaften kennzeichnen.

Verbunden mit dieser Entwicklung ist die Ausbildung von Institutionen. *Sumner*: „Eine Institution besteht aus einem Konzept und einer Struktur" (Sumner 1907: 53). Mit „Konzept" sind solch verschiedene Dinge gemeint wie eine Idee, eine Doktrin, ein Glaube oder ein Interesse. „Struktur" als zweites Element der Definition umfasst Organisationen zwischen Menschen, aber auch die materiellen Substrate, die mit dem Konzept verbunden sind. „Die Struktur stützt das Konzept der Institution und definiert Instrumente, um damit in der Welt der Tatsachen zu operieren" (Coser 1978: 296).

Sumner unterteilt Institutionen in „crescive" (übersetzt: allmählich und ungeleitet) und „enacted" (übersetzt: verordnet). „Crescive" Institutionen entwickeln sich beim Dominieren von Brauch und Sitte als Ordnungsprinzipien, während „enacted" Institutionen bei Vorherrschen von Recht bewusst geschaffen werden. Die bewusst geschaffenen Institutionen finden ihre Grenze in den Sitten; denn jeder Versuch, Gesetze zu erlassen, die nicht durch Sitten unterstützt werden, muss fehlschlagen. Diese Sicht folgt aus der extrem sozialdarwinistischen Orientierung von *Sumner*.

Wandel versteht *Sumner* als kontinuierlich und gerichtet, bei zunehmender Bewusstheit des Lebens als Leitmotiv. Während *Charles Horton Cooley* (1864–1929) das schliessliche Vorherrschen der Sekundärgruppen-Beziehungen bestenfalls ambivalent beurteilte, ist *Sumner* Optimist. Er kann auch damit als „Schüler" von *Herbert Spencer* verstanden werden, der dessen Lehren von der Zwangsläufigkeit einer Entwicklung zu einem Laissez-faire-Liberalismus radikalisierte. Eine bleibende Bedeutung liegt nicht so sehr in den Auffassungen über den sozialen Wandel, denn diese sind nicht sonderlich originell, wohl aber in dem Nachdruck, mit dem er die Bedeutung sozialer Institutionen für die Evolution herausstellt.

4.

Wie erwähnt hatte *Ferdinand Tönnies* in der amerikanischen Soziologie – und übrigens auch der französischen – zeitlich früher als in Deutschland einen erheblichen Einfluss. Das erklärt sich nicht zuletzt aus der in Deutschland späteren Herauslösung der Soziologie aus den Sozialwissenschaften im Vergleich zu Frankreich und den USA. Weniger verantwortlich für diese Verspätung ist der Inhalt seiner Lehren, die von heute aus gesehen doch sehr stark auch in diesen Ländern mit dem Zeitgeist in Kreisen der Kulturkritik übereinstimmte. Das galt vor allem für die Einbettung der amerikanischen Soziologie in die damaligen intellektuellen Strömungen der dortigen Kapitalismuskritik.

Charles Horton Cooley erkannte die Eignung der Begriffe Gemeinschaft – Gesellschaft, sich in seine kulturkritisch gemeinte Evolutionslehre einzufügen, wobei er das Begriffspaar – anders als *Tönnies* – als kennzeichnend für reale Zustände verstand. Das von ihm popularisierte Gegensatzpaar „Primärgruppe“ und „Sekundärgruppe“ markiert den Anfang und den zeitgenössischen Endpunkt gesellschaftlicher Entwicklung.[22]

Die Beziehungen in Primärgruppen sind diejenigen, die auch heute noch das Kind als erste gesellschaftliche Bezüge erfährt: Familie, Spielgruppen, Nachbarschaft. In der „Primärgruppe“ stehen (nach der ursprünglichen Vorstellung) alle Personen untereinander in unmittelbarem Kontakt. Konstitutiv sei die „intimate face-to-face-association“, dass also die Mitglieder nicht über Zwischenglieder interagieren. Beispiel: Das Individuum tritt über die Einheit „Ortsverein“ einer Partei zu anderen Mitgliedern der Einheit „Partei“ in eine unmittelbare Beziehung; im Gegensatz dazu verlaufen Interaktionen in der Sekundärgruppe „Landesverband“ der Partei über Zwischenglieder. Mit „primär“ und „sekundär“ soll angedeutet werden, dass die Gesellschaften in ihrer Entwicklung – und heute noch die Indi-

22 Das Hauptwerk für diesen Aspekt der Lehren von Charles Horton Cooley ist: Cooley 1909.

viduen im Verlauf ihres Lebens – zunächst durch den einen, weniger komplexen Typ von Assoziation geprägt sein sollen und später durch den „unpersönlichen" Typ.

Der Begriff der Sekundärgruppe ist sehr unscharf. Er ist von *Cooley* eigentlich nur als Gegensatz zur Primärgruppe definiert worden. Gemeint wurde jedoch immer noch „Gruppe" in dem Sinn eines Minimums an Wir-Gefühl plus einer Struktur. Heute wird im journalistischen Sprachgebrauch Gruppe in einem blasseren und weitergehenden Sinn verwandt: für Menschen, die ein Merkmal gemeinsam haben – gleichgültig, ob sie selbst das als eine Verbindung sehen und ob sie sonst etwas eint. Für solche Gruppierungen von Menschen nach einem Merkmal (unter vielen anderen ihrer Eigenschaften) wie „Arbeiter", oder „Konsumenten von X", ist die Verwendung des Begriffs Gruppe aber problematisch. In der Soziologie herrscht entsprechend die Tendenz vor, solche Gruppierungen nach klassifikatorischen Merkmalen als „Quasi-Gruppen" zu bezeichnen; das Individuum gehört solchen Kollektiva eben als Kategorie und nicht als Person an.

Die Unterscheidung in Primär- und Sekundärgruppen wird auch unter dem Gesichtspunkt der Sozialisation bedeutsam. Die Primärgruppenkontakte sind als unvermittelte „face-to-face"-Kontakte definiert. Diese Kontakte können über das ganze Leben bestehen; die Bedeutsamkeit der einzelnen Gruppen wechselt jedoch bzw. sie wird im Lebensablauf ausgetauscht. Geht man davon aus, dass Primärgruppenkontakte auch wesentlich als Sozialisationsfaktor wirken, so wird deutlich, dass diese Einwirkung das ganze Leben hinweg besteht und entsprechend Sozialisation, verstanden als „Erziehung" (oder besser als „Prägung" der Person), nicht nur in der Jugend erfolgt.

Zu dem Merkmal „face-to-face-association" der Primärgruppen argumentiert *Ellsworth Faris* (1874–1953), dass „intimate associations" auch ohne persönlichen Kontakt möglich sind (Faris 1932). Diese Beobachtung machten auch *William I. Tho-*

mas (1863–1947) und *Florian Znaniecki* (1882–1958). Bei der Analyse von Briefwechseln stellten sie fest, dass polnische Einwanderer nach den USA über Jahre hindurch per Korrespondenz mit den Bewohnern der alten Heimat Kontakt hielten (Thomas / Znaniecki 1918, 1919). *Faris* sowie *Thomas* und *Znaniecki* belegen also, dass das Merkmal „Intimität" dem Merkmal „Raum" übergeordnet ist, Intimität aus Raum folgen kann, aber nicht muss.

Entwicklung bedeutet nach *Cooley* die wachsende Bedeutung von Sekundärgruppen auch für den Alltag der Menschen. Zwar erfolge nach wie vor die psychisch entscheidende Prägung der Menschen in Primärgruppen, aber der Ton des öffentlichen Lebens bestimme sich durch die Dominanz der Sekundärgruppen.

Nicht so sehr in der Außenwirkung wie *Sumner*, wohl aber in der Bedeutsamkeit für die Soziologie als Universitätsfach ist der Stellenwert eines weiteren *Spencer*-„Schülers", *Lester Frank Ward*, anzusehen. *Sumner* hatte von den vielfältigen Vorstellungen *Spencers* die sozialdarwinistische Komponente radikalisiert: Gesellschaftliche Prozesse sind nach ihm durch bewusste Kontrollen der Menschen nicht zu beeinflussen. *Ward* vertrat die Gegenposition: Aus sozialem Wandel folge, dass im Laufe der Entwicklung die Fähigkeit zur gesellschaftlichen Steuerung von Veränderungen zunimmt – eine Fähigkeit, die *Ward* mit dem Neologismus „social telesis" bezeichnet (Ward 1897). Diese Position im Gegensatz zur Ablehnung von Eingriffen in Wandel bei *Sumner* stand zwar im Widerspruch zum allgemeinen Zeitgeist, dem die Lehren von *Sumner* entsprachen; sie beeinflusste aber nachdrücklich die sozialreformerische Komponente, welche in der Soziologie vorherrschte. So ist erklärlich, dass der erste Präsident der neu gegründeten American Sociological Society *Ward* und nicht *Sumner* wurde.

Nach *Ward* wird die soziale Entwicklung zunächst nur durch Begierden bestimmt. Dieser Naturzustand wird überwunden durch den Intellekt, der dieser Veränderung Sinn und Richtung gibt. Fortschritt ist dann zu verstehen als die Zunahme der Fähigkeit, Entwicklung zu beeinflussen. Für *Ward*, der in Biologie geschult war, verläuft Entwicklung aber nicht linear, sondern wie in den Ergebnissen der Biologie als eine vielfache Verzweigung in erwünschte und weniger erwünschte Richtungen. Durch die Fähigkeit – in heutiger Sprache – zur Reflexion der sozialen Wirklichkeit mündet Entwicklung schließlich in einer „Soziokratie". Mit letzterem Begriff meint *Ward* die Herrschaft der Gesellschaft über sich selber, in der dann auch Armut und Ausbeutung unter Kontrolle gebracht worden sind.

Um sozialen Wandel zu verstehen, ist nach *Ward* – wie auch bei *Sumner* – eine Untersuchung der sozialen Institutionen vorrangig. Erst durch Institutionen wird es möglich, Entwicklungen nach sozialen Wünschbarkeiten zu beeinflussen. Dabei misst *Ward* der Bildung durch Erziehungsinstitutionen eine zentrale Bedeutung bei: „Die unterste Ebene der Gesellschaft, das Proletariat, die Arbeiterklasse…, ja sogar die Bewohner der Slums … sind von Natur aus gleichrangig mit der prahlerischen 'Aristokratie der Gehirne'" (Hofstadter 1955: 83).

Wie bei so vielen Klassikern sind deren Grundgedanken weiter wirksam, auch wenn bei späteren Autoren die Herkunft nicht mehr gewärtig ist. Im Fall von *Ward* ist die Ähnlichkeit mit der Vision der Kommunitaristen von *Amitai Etzioni* (geb. 1929) den heutigen Zeitgenossen nicht offensichtlich (Etzioni 1968).

Edward A. Ross (1866–1951) verstand sich als Schüler von *Ward*. In der heutigen Soziologie ist *Ross* noch immer wirksam durch seine Lehren der sozialen Kontrollen, der „Zähmung des menschlichen Raubtiers durch Gesetz und Sitte" (Ross 1901); Fortschritt besteht nach *Ross* darin, dass im Laufe der Entwicklung von gesellschaftlicher Existenz die äußere Kontrolle zum eigenen, inneren Antrieb wird. Dabei kann es nicht nur sozialen Fortschritt, sondern auch Rückschritt geben, der aus „Verknöcherung" einer Gesellschaft zur Dekadenz führt. Wie dieser

Prozess abläuft, der in der psychologischen Fachsprache „Internalisierung“ genannt wird, ist bei *Ross* allerdings nicht systematisch, sondern eher metaphorisch ausgeführt (Scheuch 1992: 417–429).

Kein amerikanischer Soziologe ist in der Öffentlichkeit so erfolgreich gewesen wie *Edward A. Ross.* Seine Bücher erreichten eine Auflage von über 300.000. Er selbst sah seine Hauptaufgabe darin, die Tradition der „Staubaufwirbler“ (Muckraker) fortzusetzen (Coser 1980: 357 f.) – wie die investigativen Journalisten damals geschimpft wurden. Heute würde man ihn einen hemmungslosen Populisten nennen.

Allgemein verstanden sozialwissenschaftlich orientierte Intellektuelle in den Vereinigten Staaten die Entwicklung hin zur Moderne ähnlich wie in Europa: Selbstverständlichkeiten werden zu Fragwürdigkeiten, fraglose Bindungen zu vertraglichen Vereinbarungen. So konnte *Robert E. Park* (1864–1944) in den Schriften von *Tönnies* eine überzeugende Formulierung der Entwicklungsrichtung bei der Veränderung sozialer Beziehungen finden (Park / Burgess 1921). Sein Schüler *Robert Redfield* (1897–1958) prägte als analoge Gegensatzpaare *secret* vs. *secular* oder *folk* vs. *urban society* (Redfield 1953).

Obwohl sich *Robert Redfield*, der neben *Bronislaw Malinowski* (1884–1942) entscheidend für den Durchbruch des Struktur-Funktionalismus in den Sozialwissenschaften war, ausdrücklich auf *Tönnies* beruft, versteht er sein eigenes Begriffspaar „Volksgesellschaft“ vs. „städtische Gesellschaft“ nicht als Endpunkte eines Kontinuums.[23] Vielmehr stellt er dies – nicht unähnlich *Simmel* – als Alternativen vor. „Volksgesellschaft“ bedeutet reflexionsfreies Leben, städtische Gesellschaft dann eben das Gegenteil.

Auffällig oft wird in den Schriften über sozialen Wandel als Bewegung hin zu „gesellschaftlichen“ Verhältnissen in den USA auf ethnologisches Material zurückgegriffen. Das gilt auch für die frühen Schriften von *Franklin Henry Giddings.*

Sein Evolutionismus ist eklektisch, und dabei verarbeitet er Anregungen von *Spencer, Ward*, aber auch von *Morgan, Comte* und *Durkheim* (Giddings 1898). Seine Stufenlehre ist allerdings nur noch als historische Kuriosität anzusehen. Hiernach kann die Evolution in drei große Abschnitte unterteilt werden: in den Abschnitt der tierischen Gesellschaften, den des Übergangsstadiums zur menschlichen Gesellschaft und den der menschlichen Gesellschaft. Letztere wird von *Giddings* weiter unterteilt, wobei er sich an *Comte* orientiert: einen militärisch-religiösen Abschnitt (wie in den alten orientalischen Gesellschaften oder unser frühes Mittelalter); dem Stadium mit Rechtsordnung (mit den Beispielen Griechenland und Rom sowie Europa bis zur Aufklärung); und einem wirtschaftsorientierten sowie ethischen Zeitabschnitt seit Beginn der industriellen Revolution.

Giddings versteht Gesellschaft als ein psychisches Phänomen; Gesellschaft wird zusammengehalten durch ein „Artbewusstsein". Evolution bedeutet ein Ersetzen des Herdentriebs durch die Erkenntnis, dass soziales Verhalten zu einem menschlich adäquateren Leben führt. Die Soziologie soll nach *Giddings* diesen Prozess der Zunahme des Sozialen quantitativ durch die Analyse von Stimulus-Situationen erklären. Vernünftige Einsicht in die Notwendigkeit sozialer Regelungen soll – anders als bei *Durkheim* – zur Konstituierung von Gesellschaft ausreichen.

---

23 Es wurde bereits darauf verwiesen, dass Tönnies selbst das Missverständnis nahelegt, Gemeinschaft und Gesellschaft seien als einander entgegengesetzte reine Typen gemeint gewesen. Tönnies versteht jedoch real vorkommende Gesellschaften als widersprüchlich in ihren Ordnungsprinzipien. So benutzt dann auch später Parsons seine Umsetzung der Begriffe Gemeinschaft und Gesellschaft in „pattern variables". Allerdings hat sich Redfield vorwiegend mit sehr einfachen schriftlosen Gesellschaften beschäftigt, und die dürfte man so lange als kaum widersprüchlich betrachten können, wie die Verbindungen zu komplexeren Außenwelten schwach sind.

Zwischenbilanz

Die Vorstellung einzelner Soziologen und deren Lehren über sozialen Wandel sei an dieser Stelle wieder unterbrochen, nun durch den Versuch, die hier angeführten Denker als Beobachter ihrer sozialen Umwelt zu deuten. Ihre Aussagen werden jetzt nicht als Meinungen, sondern als Erfahrungen und Beobachtungen über Zeit gelesen. Alle diese „Klassiker" reagierten ja auf eine gesellschaftliche Situation, die von den zeitgenössischen Sozialwissenschaftlern als Übergang von einer früheren hin zu einer neuen Form von Gesellschaft verstanden wurde. Acht Aspekte dieser von ihnen erlebten Realität provozierten sie zu Aussagen, wobei an dieser Stelle von der Unterschiedlichkeit, ja Gegensätzlichkeit der Antworten abstrahiert werden soll. Hier geht es nur darum zu begründen, welche Aspekte an der erfahrenen sozialen Realität ihnen als besonders bemerkenswert zur Erfassung des sozialen Wandels erschienen.

Streitfrage Nr. 1: Ist der beobachtete soziale Wandel Ausdruck einer natürlichen Evolution wie allgemein in der Natur oder einer Eigendynamik in der sozialen Existenz des Menschen? Umgekehrt formuliert: Ist das Soziale vorwiegend eine Ausdrucksform biologisch determinierter Vorgänge oder eine neue, durch den Menschen bewirkte Realität?

Streitfrage Nr. 2: Sind die wahrgenommenen sozialen Veränderungen durch den Menschen gestaltbar (wie bei *Lester Frank Ward*) oder müssen sie hingenommen werden (wie bei *William Graham Sumner*) – entweder weil daran doch nichts zu ändern ist oder beim Versuch der Änderung eine Verschlechterung die Folge ist?

Streitfrage Nr. 3: Ist diese Entwicklung linear oder verläuft sie in Wellenformen?

Streitfrage Nr. 4: Sind zu einem jeweiligen Zeitpunkt die Verzweigung unterschiedlicher Veränderungen in ihren Wirkungen für die Zukunft bereits erkennbar oder verstehen wir sie durchweg nur im Nachhinein?

Streitfrage Nr. 5: Folgt der Wandel festgelegten Stufen, wobei eine höhere Stufe nur dann erreicht wird, wenn eine vorherige Stufe als notwendig für Entwicklung durchlaufen ist, oder gibt es Rückfälle in frühere Stufen, oder sogar Entwicklungssprünge?

Streitfrage Nr. 6: Kann sozialer Wandel als Fortschritt begriffen werden (wie bei *Auguste Comte, Herbert Spencer, William Graham Sumner* oder *Lester Frank Ward*), oder gibt es die Gefahr eines Zerfalls (wie bei *Emile Durkheim* oder *Edward Alsworth Ross*)?

Streitfrage Nr. 7: Lässt sich die Veränderung in der Qualität des Zusammenlebens verstehen als eine Entwicklung von gemeinschaftlichen Formen hin zu gesellschaftlichen Formen?

Streitfrage Nr. 8: Ist eine zunehmende Rationalität und damit Kompetenz zur Steuerung das Leitmotiv des Wandels, oder ist auch das Gegenteil, nämlich die Selbstzerstörung, durch ein Verjagen der Rationalität (wie teilweise bei *Max Weber*) ebenso möglich?

Von heute aus gesehen ist der nachhaltigste Eindruck: Die Zeitgenossen können durchweg die Widersprüchlichkeit als Systemeigenschaft entwickelter Gesellschaften des 19. Jahrhunderts nicht akzeptieren. Dagegen werden Widersprüchlichkeiten bis in die Gegenwart hinein und mit ziemlicher Sicherheit weiter in der Zukunft das Kennzeichen dieser „westlichen" Gesellschaften bleiben – Gesellschaften, die auf Wandel hin angelegt sind.

Als wichtigste Widersprüche, so wie wir sie sehen, seien die folgenden hervorgehoben:

- Der Gegensatz zwischen der Rechenhaftigkeit der sich ausbildenden Wirtschaftsgesellschaft und der Romantik, die sich in vordem eher sachlichen Bereichen (wie Familie) durchsetzt. Die Sachlichkeit in den Bezügen zwischen Menschen und Institutionen ist als Rochade zu kennzeichnen: Im Nahbereich verinnerlicht sich, was vordem eher sachlich war. Im Fernbereich aber verblassen die emotionalen Bindungen und werden durch Sachlichkeit ersetzt.

- Revolution und Bürgerkriege sind mit Ausnahme Englands (dessen Revolution liegt weiter zurück) sozial folgenreich, auch wenn sie politisch ein Mißerfolg sind. Gewaltanwendung kann den Wandel nicht verhindern. Dazu trägt bei, dass Dauer und Intensität bewaffneter Konflikte zu Beginn immer falsch eingeschätzt wurden.
- Während des gesamten 19. Jahrhunderts besteht eine Spannung zwischen dem Nationalstaat als Organisationsprinzip und politischen Gebilden, deren Element der Bindung das Legitimitätsprinzip ist. Am Ende bleibt als akzeptiertes Organisationsprinzip nur noch der Nationalstaat, dessen eigenartige Bedeutsamkeit für die soziale Ordnung im Gegensatz zum Legitimitätsprinzip meist nicht gesehen wurde.
- Die von der Technik ausgehenden Folgen werden durchweg nicht vorausgesehen. Beispiele hierfür sind das Eisenbahnwesen oder die Mechanisierung der Textilproduktion.
- Als Element der Dynamik wird unterschätzt, wie bedrückend für große Teile der Bevölkerung die vormoderne Sozialordnung war. Eine der wichtigen Ausnahmen ist *Alexis Charles de Tocqueville* (1805–1859) (Tocqueville 1835). Bei sehr vielen Sozialwissenschaftlern wird der Nutzen der neu heraufziehenden, durch sekundäre Institutionen bestimmten Gesellschaft für einen Großteil der Zeitgenossen unterschätzt.

Die Urteile über die Gestaltungsmöglichkeit des Wandels oder das Fehlen einer solchen Möglichkeit werden zu abstrakt diskutiert. Das Genossenschaftswesen und die zögerliche Einführung des Wohlfahrtsstaates im 19. Jahrhundert zeigen Gestaltungsmöglichkeiten auf. Dabei wird die Bedeutung der Mesoebene für die neue Gesellschaft überwiegend nicht gesehen. Eine wichtige Ausnahme ist *Max Weber*.

Bis heute ist im „Westen" das Sozialsystem als Ergebnis weiterbestehender Gegensätzlichkeiten im Fluss. Aus der Internationalisierung und teilweisen Globalisierung folgen neue Hauptkonfliktlinien.

Von den Analytikern des Wandels arbeiteten am ehesten *Max Weber* und *Georg Simmel* die Qualität der neu entstehenden Gesellschaften heraus. Ihre Analysen sind damit zeitloser als die der anderen Soziologen der klassischen Zeit dieser Disziplin.

2. Modernisierungstheorien der „Klassiker"

1.

Max Weber versteht einen großen Teil seines kulturhistorisch vergleichenden Werks als Antwort auf die Thesen von *Karl Marx*, insbesondere auf dessen Historischen Materialismus in seiner ursprünglichen Form. International berühmt wurde *Webers* Schrift über die Entstehung des Kapitalismus aus dem Geist des Calvinismus (Weber 1969, 1924). Erklärungsbedürftig ist hiernach, warum lediglich unter geographisch und sozial eingrenzbaren Umständen im Westen eine Entwicklung zur modernen Wirtschaftsgesellschaft hin erfolgt; denn viele Voraussetzungen hierfür existierten auch zu anderen Zeiten und an anderen Orten. So gab es im Barock in den katholischen Gebieten bedeutende Überschüsse, mit denen wirtschaftliche Entwicklung hätte in Gang gebracht werden können. Aber diese Überschüsse wurden überwiegend umgesetzt in Bauten, Kunstförderung und für Zwecke der politischen Machterweiterung.

Vor allem in China waren die Vorbedingungen für die Entwicklung einer expandierenden Wirtschaft vor mehr als einem halben Jahrtausend viel günstiger als in Europa: hoch entwickeltes Handwerk, eine geordnete Staatsverwaltung, in einem Teil des Reiches ein gut entwickeltes Straßennetz, riesige Absatzgebiete für Güter statt europäischer Zollgrenzen, sowie bereits Papiergeld (Weber 1988: 529 ff.). Der in China herrschende Konfuzianismus war jedoch eine Religion der Weltanpassung, die keinen Anreiz zur Entwicklung rationaler Wirtschaftsordnung und rationaler Technik mit sich brachte. Die damit verbundene Selbstgenügsamkeit zumindest der herrschenden Schicht führte zu einem Rückfahren des Fernhandels und sogar einem Einstellen des Seehandels sowie schließlich der Aufgabe der früher einmal gewaltigen Flotte.

Dass *Max Weber* in den großen Religionen und den mit ihnen verbundenen Wirtschaftsethiken den Auslöser für die Entwicklung des Kapitalismus und damit der Entwicklung hin zur modernen Wirtschaftsgesellschaft suchte, war selbstverständlich eine Kampfansage an den Historischen Materialismus, der die Religionen als bloßen „Überbau" versteht. *Weber* war selbst nicht religiös, wuchs aber auf als Angehöriger eines deutsch-englischen-niederländischen Familienclans wohlhabender Handelsherren und Großbourgeois, bei denen die dort vorkommenden gegensätzlich protestantischen Richtungen kontrovers erörtert wurden (Roth 2001). Wir meinen, gerade weil *Weber* mit international wirtschaftlicher Verflechtung aufwuchs, hatte er ein besseres Verständnis für die nicht-wirtschaftlichen Elemente wirtschaftlicher Antriebe als *Karl Marx,* Sohn eines Justizrates aus einer Kleinstadt.

Als das kritische Unterscheidungsmerkmal zwischen den Hochreligionen, als deren differentia specifica, macht *Weber* die Weltzuwendung aus. Dies sei nur in Richtungen des Judentums und des protestantischen Christentums erfolgt. Die Verbindung zwischen religiösen Auffassungen und einer Wirtschaftsgesinnung, die zum Kapitalismus führt, untersucht *Weber* dann im Einzelnen beim Calvinismus.[24]

Für die Entstehung des Kapitalismus war nach *Weber* die Wirtschaftsgesinnung der Calvinisten auslösend. Nach deren Vorbestimmungslehre („Prädestinationslehre“) zeigt Gott den Menschen schon auf Erden, ob sie nach dem Tod das Heil erwarten dürfen. Ob eine Heilserwartung angemessen ist, erweist sich am Erfolg des beruflichen Handelns. Ein für Gott wohlgefälliges Leben bedeutet aber, die Überschüsse aus wirtschaftlichem Tun nicht zum Wohlleben zu verwenden, sondern zur weiteren Mehrung des Erfolges. Nur ein Leben der „innerweltlichen Askese“, des Konsumverzichts und des Primats der Berufsarbeit, ist Gott wohlgefällig. Und nur ein weiteres Streben nach Mehrung des bereits erzielten Erfolges wird durch weiteren Erfolg belohnt. Aus dieser Perspektive wird die treue Berufserfüllung zu einer Art von Gottesdienst. Der offensichtliche Erfolg einer solchen Erwerbsorientierung begünstigt angesichts der allgemeinen Aufgeschlossenheit für rationales Handeln im Westen die Übernahme dieser Wirtschaftsgesinnung.

Auch *Marx* sah das Besondere an der kapitalistischen Wirtschaftsweise in der Reinvestition von Gewinn statt dessen Verwendung für Zwecke des Konsums. Bei *Weber* wird das mit einem nicht materiellen Antrieb für die Entwicklung dieser Wirtschaftsgesinnung begründet. Bei *Marx* dagegen bleibt ungeklärt, wann und warum in der menschlichen Entwicklung Überschüsse nicht mehr konsumiert, sondern reinvestiert wurden.

Selbstverständlich hat es in der Folgezeit Auseinandersetzungen über viele Einzelheiten der Beweisführung von *Max Weber* gegeben. Grundsätzliche Einwände gegen die behauptete Paral-

24 Weber hat zwar auch über das antike Judentum publiziert, geht aber auf diese wirtschaftsethischen Fragen nicht weiter ein. Er hätte auch in seinen Schriften über Buddhismus und Hinduismus auf die Minderheiten-Religionen in Indien eingehen können. Im letzteren Fall hätte sich die Frage nach der Ursächlichkeit des Calvinismus für den Kapitalismus um die Frage erweitert, warum die Lehre des Calvinismus sich über die Anhänger dieser religiösen Richtung hinaus verbreiten konnte – im Gegensatz zu der der Parsen in Indien.

lelität zwischen räumlicher und zeitlicher Ausbildung religiöser Vorstellungen sowie der Wirtschaftsentwicklung gibt es aber kaum, wohl aber bei der Deutung nach dem Problem Henne oder Ei: War der Geist des Calvinismus und insbesondere der wirtschaftliche Erfolg als Signal bei der Deutung der Prädestinationslehre Konsequenz oder Ursache der Veränderung? So verweisen sowohl *Lujo (Ludwig Joseph) von Brentano* (1844–1931) wie auch *Richard H. Tawney* (1880–1962) darauf, dass *Max Weber* die vorausgegangenen strukturellen Änderungen für die Entwicklung der Wirtschaftsauffassungen der Calvinisten in ihrer Bedeutung unterschätzt. Zu diesen Voraussetzungen gehören nicht zuletzt die überseeischen Entdeckungen in der frühen Neuzeit. Dabei verneint *Tawney* keineswegs, dass Mentalitätsfaktoren für die weitere Entwicklung bedeutsam waren (Tawney 1926). Das ist für *Weber* aber eher zweitrangig; denn ihm ging es in erster Linie um den Nachweis der Wichtigkeit kultureller Faktoren für wirtschaftlichen Wandel.

Talcott Parsons übersetzte und propagierte diesen Essay von *Weber* über den Calvinismus, der dann im englisch-sprachigen Bereich lange gleichgesetzt wurde mit den Lehren von *Max Weber*. Tatsächlich hat aber *Weber* in seiner Untersuchung der Wirtschaftsgesinnung und der Wirtschaftsentwicklung bei verschiedenen Kulturen andere Bestimmungsgründe als religiöse hervorgehoben. In seinem Werk über China stellt sich *Weber* die Frage, warum in China kein Kapitalismus entstand. Der Kern seiner Antwort ist politisch. China wurde de facto politisch beherrscht durch die Kaste der Mandarinen in Allianz mit ihrer Herkunftsschicht, der Gentry der Landstädte.[25] Die Mandarinen befürchteten in dem Entstehen einer Unternehmer-

25 Die Mandarinen als die Leitungsebene eines Beamtenstaates wurden durch Prüfungswettbewerbe rekrutiert. Überprüft wurde dabei „Kultiviertheit" im Sinne der Hochkultur, neben speziellerem Sachwissen. Das führte in der Praxis zu einem kaum einholbaren Konkurrenzvorsprung derjenigen, die als Kinder der Gentry mit „kulturellem Kapital" aufwuchsen.

schicht eine Konkurrenz zu ihrem Herrschaftsanspruch und verstaatlichten jedes Unternehmen, das die Größe eines Kleinbetriebes überschritt. Organisiert als staatliche Manufaktur wurden technische Neuerungen durchaus umgesetzt; diese führten aber nicht zu einem neuen Wirtschaftssystem.

Zentral für das Verständnis *Webers* von Wirtschaftsentwicklung ist die Vielfalt der Bestimmungsgründe:

- Naturgegebenheiten (wie beim antiken Judentum),
- Herrschaftssysteme (wie in China),
- religiöse Orientierungen (wie bei der Berufsethik der Calvinisten).

Insofern ist sein Werk der Nachweis, dass *Marx* die Bestimmungsgründe für Veränderungen auf dogmatische Weise einengte. Das sahen auch *Marx* und *Engels* später, immunisierten aber ihre Theorien, indem sie diese so allgemein umformulierten, dass sie kaum durch ihnen widersprechende empirische Argumente widerlegbar sind.

Das für *Weber* zentrale Anliegen ist anders, als es bei der Rezeption in den USA verstanden und nach dem Zweiten Weltkrieg nach Europa transportiert wurde. *Weber* geht es vor allem um den Nachweis der einmaligen Entwicklung von Rationalität im abendländischen Kulturkreis – und zwar nicht nur im Sinn einer rationalen Wirtschaftsordnung.[26] Aus dieser Perspektive analysiert *Weber* auch die abendländische Musik mit ihrer Harmonielehre und der Verschriftung von Ton (Weber 1921), die Ausbildung von Herrschaftssystem sowie Verwaltung und eben auch Besonderheiten der religiösen Entwicklungen. Die intellektuelle tour de force seiner Calvinismus-Erklärung ist hier nur ein Erklärungsstrang unter mehreren.

26 Siehe hierzu insbesondere das posthume und unvollendete Werk „Wirtschaft und Gesellschaft“, Tübingen 1922. Die noch im Erscheinen begriffene Max-Weber-Gesamtausgabe in Tübingen dürfte allerdings zu Korrekturen führen.

Für den Prozess der Rationalisierung als Leitmotiv der abendländischen Entwicklung konstruierte *Weber* eine Taxonomie, die sich inzwischen weitgehend durchgesetzt hat:

- *Traditionales* Handeln ist für ihn ein solches Verhalten, das sich als Selbstverständlichkeit versteht.
- Mit der Suche nach Begründungen für Verhalten wird *wertrationales* Handeln vorherrschend. Dies ist ein Handeln, bei dem die letzten Zwecke nicht hinterfragt werden, für deren Erreichen aber rationales Abwägen zwischen verschiedenen Möglichkeiten kennzeichnend ist, eine rationale Analyse der Zweck-Mittel-Verhältnisse.
- Wird auch der Zweck des Handelns Gegenstand von Reflexionen und das Ziel nicht mehr nur traditional übernommen, dann nennt *Weber* dieses Handeln *zweckrational.*

Parallel zu dieser Taxonomie von Handlungsorientierungen, die *Weber* als Idealtypen und nicht als Beschreibung versteht, ist seine Lehre von den reinen Prinzipien von Herrschaft zu lesen. Wie bei ihm üblich folgt *Weber* einer Routine von Juristen für die Definition von Begriffen. Er beginnt mit einem Primitivum, das bei ihm kaum etwas ausschließt, nämlich mit der Definition von Macht. Macht bedeutet bei ihm jede Chance, in einer sozialen Beziehung den eigenen Willen auch (!) gegen Widerstand durchzusetzen, gleichviel worauf diese Chance zur Durchsetzung des eigenen Willens beruht. Das schließt mithin solches Durchsetzen mit ein, das keinen Widerstand findet. Demgegenüber bedeutet bei *Weber* Herrschaft eine geregelte Machtausübung, eine durch Institutionalisierung eingeengte Ausübung von Macht. „Herrschaft soll heißen die Chance, für einen Befehl bestimmten Inhalts bei angebbaren Personen Gehorsam zu finden" (Weber 1922: 16). Herrschaft setzt beim Beherrschten die Bereitschaft voraus, das Ausüben von Macht durch den Mächtigen als legitim zu deuten. Jede Herrschaft suche zur Stabilisierung den Glauben an die Legitimität zu erwecken und zu verstärken.

„Je nach der Art der beanspruchten Legitimität aber ist auch der Typus des Gehorchens, des zur Garantie dessen bestimmten Verwaltungsstabes und der Charakter der Ausübung von Herrschaft grundverschieden. … Mithin ist es zweckmäßig, die Arten der Herrschaft je nach dem ihnen typischen Legitimitätsanspruch zu unterscheiden“ (Weber 1922: 122).

Traditionale Herrschaft beruht auf dem Glauben an die Heiligkeit von Traditionen und Herrschaftspositionen. Dieser traditionale Typ kann *gerontokratisch* (Herrschaft der Alten), *patriarchalisch* oder *patrimonial* sein. Für letzteres ist nach *Weber* die konstitutionelle Monarchie exemplarisch. Neben dem Glauben an die Heiligkeit der Herrschaft wird hier entscheidend, dass der Herrscherwillen durch einen Verwaltungsstab umgesetzt wird, dessen Loyalität dem Herrscher und nicht dem Gesetz gilt.

Aus traditionaler Herrschaft entwickelt sich die *rationale* Herrschaft. Grundlage ist der Glaube an legale Ordnungen und der Respekt für Anweisungen durch die Inhaber von gesetzlich fixierten Positionen (= Ämtern). Die Exekutive ist Sache einer unpersönlichen Bürokratie, und bei Anweisungen sind sowohl die hierfür Befugten als auch die sie Ausführenden in gleicher Weise dem Gesetz unterworfen (Weber 1973b: 151–166).

Traditionale und rationale Herrschaft mit ihren Untergliederungen sind als eine Ordnung steigender Rationalität zu verstehen; daneben wirkt nach *Weber* ein völlig anderes Prinzip: die *charismatische* Herrschaft. Hier gibt es für den Herrscher weder legale Beschränkungen noch solche der Sittlichkeit. Grundlage des Gehorsams ist die Identifizierung mit dem Herrscher, der einen Zustand außeralltäglicher Hingabe bewirkt. Auf Dauer ist für *Weber* allerdings eine charismatische Herrschaft nicht vorstellbar. Irgendwann wird sie zum neuen Alltag und verliert ihre Faszination des Außeralltäglichen.

Die Entwicklung bürokratischer Stäbe ist nach *Weber* eine Voraussetzung rationaler Herrschaft. Nur mit dieser Arbeitsweise werde die Umsetzung eines Herrschaftswillens voraussagbar. Da das Werk „Wirtschaft und Gesellschaft", in dem *Weber* auf diesen Topos ausführlicher eingeht, posthum erschien, ist seine Charakterisierung bürokratischen Handelns nicht ganz einheitlich. Öfters werden genannt:

- Amtshierarchie (wg. Eindeutigkeit des Befehlsweges)
- Kompetenzzuteilung (wg. Eindeutigkeit von Verantwortung)
- Dienstwege und Aktenführung bzw. Schriftlichkeit eines Vorgangs (wg. Nachprüfbarkeit)
- Bindung an Verfahrensregeln (wg. Ausschließung von Willkür)
- Hauptberuflichkeit (wg. Sicherung der Unabhängigkeit, was bei Sporteln und Nebenverdiensten gefährdet ist)
- Laufbahnprinzip (wg. Unabhängigkeit vom Dienstherren)
- Fachkompetenz (konstitutiv für den französischen, nicht für den preußischen Bürokratietyp).[27]

Das ist nun keinesfalls zu lesen als eine Beschreibung dessen, was in der Realität der damaligen kapitalistischen Gesellschaften vorzufinden war, und erst gar nicht bei der preußischen Bürokratie im Kaiserreich. Am ehesten entsprach diesem Idealtyp noch die Bürokratie in Frankreich und in Bayern.

Die preußische Verwaltung war dagegen noch mitgeleitet von der Vorstellung, der Beamte sei in erster Linie ein Diener des Königs. Entsprechend zählte hier Treue sehr viel, Fachverstand viel weniger – was sich nicht zuletzt im Juristenmonopol für die Leitungsebene ausdrückte. Nicht einmal die Hauptberuflichkeit ließen sich die bornierten Hohenzollern abtrotzen: Bis zum Ersten Weltkrieg forderte das Herrscherhaus, dass Beamte sich ca. ein Drittel des Unterhalts für die nach ihrem Rang

27 Dieser Katalog wurde angeregt durch die Darstellung von Stammer 1969: 149.

erwartete Lebensführung durch Heirat, Erbschaft oder Nebenverdienst beschafften.[28]

Zwar stellt *Max Weber* die Bürokratie in den Zusammenhang mit einer Zunahme der Rationalität von Herrschaft, aber keineswegs mit Rationalität des Vollzugs im Sinne von sachlicher Effizienz. Für das Altertum konstatiert er, der staatliche Herrschaftsapparat habe den sich entwickelnden Kapitalismus erstickt (Weber 1909: 181). Für die Gegenwart sagte er voraus: „Die Bürokratisierung der Gesellschaft wird bei uns aller Voraussicht nach irgendwann ebenso Herr werden wie im Altertum“ (Weber 1909: 182). Und in einer Ansprache in der Universität Wien 1917 beschwört er als Schreckensszenario die Vereinigung der Bürokratien der Privatwirtschaft mit der des Staates im Sozialismus (Heins 1992: 377–393).

Zunehmende Rationalität bedeutet nicht, dass Menschen in modernen Gesellschaften in allen Lebensbereichen und fortwährend tatsächlich rational handeln. Vielmehr verweist diese Charakterisierung darauf, dass wir an die rationale Begründbarkeit auch dessen glauben, was wir bloß gewohnheitsmäßig vollziehen; dies ist durchweg nur ein kultureller Standard, der als rational begründbar gilt.

Weber bringt als Beispiel das Erlernen der Grundrechenarten, die zahlentheoretisch begründet werden können, vom Schulkind aber als bloße Regeln mechanisch erlernt werden. „Das Einmaleins wird uns als Kindern ganz ebenso 'oktroyiert' wie einem Untertan eine rationale Anordnung eines Despoten. Und zwar im innerlichsten Sinn, als etwas von uns in seinen Gründen und selbst Zwecken zunächst ganz Unverstandenes, dennoch aber verbindlich 'Geltendes'. ... Dies findet sich auf allen Gebieten wieder: so wenn wir einen elektrischen Tram-

28 Die Zahlen hierzu verdanken wir *Herbert Reinke*, damals vom Institut für angewandte Sozialforschung. Dieser wiederum beschaffte sie sich vom Kaiserlichen Reichsamt (Reinke 1979).

wagen oder einen hydraulischen Lift oder eine Flinte sachgemäß benutzen, ohne von den naturwissenschaftlichen Regeln, auf denen ihre Konstruktion beruht, irgend etwas zu wissen, in welche selbst der Tramwagenführer und Büchsenmacher nur unvollkommen eingeweiht sein können. Kein normaler Konsument weiß heute auch nur ungefähr um die Herstellungstechnik seiner Alltagsgebrauchsgüter, meist nicht einmal darum, aus welchen Stoffen und von welcher Industrie sie produziert werden" (Weber 1973a: 147 ff.).

An anderer Stelle des gleichen Aufsatzes verweist *Weber* darauf, dass auch die Vorstellung unzutreffend ist, der Mensch der heutigen Gesellschaft lebe deshalb eine rationalere Existenz, weil er mehr über seine Existenzbedingungen wisse. Nach *Weber* weiß der „Wilde" von den sozialen und wirtschaftlichen Bedingungen seines Weiterlebens unendlich viel mehr als wir in den heutigen komplexen Gesellschaften. Hier liegt auch eine Schwachstelle der modernen Gesellschaften; denn bei dieser allgemeinen Ignoranz über unsere Überlebensbedingungen ist Offenheit für alle möglichen Heilslehren gegeben, die entweder als Unheilslehren eine verbreitete latente Unsicherheit über die Verlässlichkeit des Weiterlebens ansprechen oder sinnstiftend auf charismatische Weise über die bloße Nützlichkeit des Alltags hinwegweisen.

Der Prozess der Rationalisierung wird von den davon Betroffenen auch als eine „Entzauberung" verstanden. Dabei nimmt der Anteil dessen, was wir tatsächlich wissen, relativ zu dem, was wir wissen könnten, fortwährend ab – so dass also mit der Zunahme der objektiven Kenntnisse ein Steigen der tatsächlichen Unkenntnis folgt. Daraus kann Unsicherheit, ja das Gefühl der Hilflosigkeit und damit die Bereitschaft folgen, sich charismatischen Figuren als Sinnstifter anzuschließen. Nach *Weber* ist bei fortschreitender Rationalisierung der Einbruch des Charisma auf jeder Stufe möglich.

Die Behauptung zunehmender Rationalität kann nicht als bloße Beschreibung des tatsächlichen Bewusstseins verstanden werden. Vielmehr bedeutet zunehmende Rationalität vor allem eine Veränderung des Begründungsstils für Verhalten: „Die zunehmende Intellektualisierung und Rationalisierung bedeutet also *nicht* eine zunehmende allgemeine Kenntnis der Lebensbedingungen, unter denen man steht, sondern sie bedeutet etwas anderes: das Wissen davon oder den Glauben daran: dass man, wenn man *nur wollte*, es jederzeit erfahren *könnte*, dass es also prinzipiell keine geheimnisvollen unberechenbaren Mächte gebe, die da hineinspielen, dass man vielmehr alle Dinge – im Prinzip – durch *Berechnung beherrschen* könne. Das aber bedeutet: die Entzauberung der Welt" (Weber 1973c: 317).

Mit dem jederzeit möglichen Erfolg charismatischer Bewegungen und irrationalen Aufbegehrens ist aber die Notwendigkeit des Fügens in rationale Lebensweise und ein rationales Seinsverständnis nicht aufgehoben. *Dirk Kaesler* (geb. 1944) meint sogar, dass jede Kulturrevolution nur den Prozess der Rationalisierung noch beschleunigt; denn in den unakzeptablen Folgen eines bloß antirationalistischen Aufbegehrens wird die Unerlässlichkeit des Rationalen um so deutlicher. So stärke jede Kulturrevolution auch die Entwicklung zur Existenz in bürokratisierten Bezügen (Kaesler 1978: 55 ff.).

In seinen eher pessimistischen Spätschriften sieht *Weber* in der Bürokratisierung des Alltags die Zukunft der europäischen Gesellschaften. „Im Verein mit der toten Maschine ist sie (die Bürokratie) an der Arbeit, das Gehäuse jener Hörigkeit der Zukunft herzustellen, in welche vielleicht dereinst die Menschen sich wie die Fellachen im altägyptischen Staat ohnmächtig zu fügen gezwungen sein werden, wenn ihnen eine rein technisch gute und das heißt: eine rationale Beamtenverwaltung und -versorgung der letzte und einzige Wert ist, der über die Art der Leitung ihrer Angelegenheiten entscheiden soll. Denn das leistet die Bürokratie ganz unvergleichlich viel besser als jegliche andere Struktur der Herrschaft“ (Weber 1958: 835).

Ob die düstere Zukunftsvision zutrifft, ist allerdings für uns zweifelhaft. Allzu offensichtlich ist das bürokratische Prinzip, das als Organisation von Herrschaft so zweckmäßig sein kann, als Organisationsprinzip für Leistungen sehr oft eine Parodie der eigenen Ansprüche. Und da die Ausdehnung der Staatstätigkeit in erster Linie Vergrößerung von Dienstleistungen ist, muss diese Erweiterung die Bürokratie-Verdrossenheit erhöhen. Aber das ist hier nicht der Ort, um in eine Sachdiskussion hierüber einzutreten.[29]

Gilt es real vorkommende Situationen zu analysieren, wie etwa den Ständestaat oder freie Reichsstädte oder die Bürokratie der Hohenzollern, so sind dies nach *Weber* alle Mischformen unterschiedlicher Ordnungsfiguren. So versteht *Weber* beispielsweise seine Analyse der vorfindbaren Beamtenschaft keineswegs als bloße Anwendung seiner Konzeption von Bürokratie als rationaler Herrschaft. Die Hohenzollern verstanden ja den Verwaltungsstab des Reiches auf patrimoniale Weise – anders als etwa die französische Republik den ihren. *Webers* Analyse der Bürokratie in Deutschland darf durchaus auch als Kritik am preußischen Verwaltungsstab als Instrument rationaler Herrschaft verstanden werden. Insgesamt kann *Webers* Gebrauch von Geschichte weniger gedeutet werden als Historiographie, sondern als der Versuch, den besonderen Charakter der Entwicklung hin zur Moderne herauszuarbeiten.

2.

Dagegen gilt *Georg Simmel* als der eigentliche Soziologe des Zustands der Moderne selbst (Schnabel 1976: 267–311). *Simmels* Anschauungsobjekt war vor allem sein Geburts- und Le-

29 Näheres hierzu in Scheuch 1978: 157–189.

bensort, das Berlin der Wende zum 20. Jahrhundert mit all den schmerzlichen Problemen der Moderne zur „Gründerzeit“. Wie ein Ethnograph arbeitet *Simmel* dies an alltäglichen Vorgängen und Gegenständen heraus. So sind für ihn der Konsum ebenso wie die Kleidung sowie der Umgang mit Zeit Anschauungsgegenstände, an denen analytisch die Besonderheit der Moderne erkennbar wird.[30]

Simmel wird in den Lehrbüchern der Geschichte der Soziologie gewöhnlich als Hauptvertreter der formalen Soziologie vorgestellt.[31] Es ist heute üblich, in der Betrachtung auf Personen als Akteure abzustellen – sowohl im Struktur-Funktionalismus als auch bei Rational Choice. Zentral für *Simmel* ist dagegen die soziale Beziehung. Sie ist das sozial Standardisierte, und die Personen sind hier (beschränkt) auswechselbar. Die Grundidee, dass Gesellschaft aus dem Geflecht von Beziehungen und nicht aus der Addition von Personen verstanden werden kann, wurde bei *Leopold von Wiese* in seiner Beziehungslehre durch sehr differenzierte Taxonomien weitergeführt (von Wiese 1933). Dieser Grundgedanke der sozialen Beziehung als Element sozialer Systeme wurde – mit der Ausnahme von *Wieses* – bisher nicht zureichend beachtet.[32] Netzwerke von Beziehun-

30 Siehe hierzu folgende Schriften von Simmel in nicht-wissenschaftlichen Veröffentlichungen: „Zur Psychologie der Mode“. In: Die Zeit, Wien, Jg. 5, 12. Oktober 1895; „Soziologie der Ästhetik“. In: Die Zukunft, Jg. 17, 1896; „Das Geld in der modernen Kultur“. In: Neue Freie Presse, Wien 1896; „Zur Psychologie der Scham“. In: Die Zeit, Jg. 29, Wien, 19. November 1901; „Soziologie der Konkurrenz“. In: Neue Deutsche Rundschau, Jg. 14 (1903), S. 1009 f.; „Psychologie der Diskretion“. In: Der Tag, Jg. 2. Berlin, 4. September 1906; „Zur Philosophie des Schauspielers“. In: Morgen, Jg. 2 (1908), S. 1685 f.

31 Grundlegend kritisch hierzu Steinhoff 1925: 214–259.

32 Die Netzwerkanalysen seit den sechziger Jahren vornehmlich in den USA können als eine quantitativ fassbarere Form der Analyse von Beziehungssystemen verstanden werden. Von *Edward O. Laumann* (geb. 1938) wird auch eine Beziehung zur Modernisierungstheorie begründet mit dem Gegensatzpaar „offene“ und „geschlossene“ Netzwerke. Siehe hierzu Laumann 1973.

gen sind in der Gesellschaft über Zeit hinweg in ihren Formen relativ stabil. Allerdings entstehen dann im Verlauf gesellschaftlicher Entwicklung immer weitere dieser Beziehungssysteme zwischen Personen, zwischen Personen und Gebilden und dann mit steigender Komplexität zwischen Gebilden und Gebilden. Aus der Regelhaftigkeit von sozialen Beziehungen ergeben sich schließlich soziale Strukturen, deren Formen nicht durchweg von ihrem Inhalt bestimmt werden (Simmel 1908); auch deshalb: formale Soziologie.

In Lehrbüchern wird immer wieder auf einen Aspekt dieser formalen Soziologie verwiesen, nämlich Beziehungen zwischen der Zahl einer Gruppe und deren Charakter. Sicherlich ist eine Zweiergruppe (= Diade) der Struktur von Interaktionen nach etwas anderes als eine Triade, und diese wieder etwas anderes als eine Gruppe mit einer größeren Zahl von Personen. Numerisch kann allerdings dieser Unterschied jenseits der Triade nicht mehr einfach ausgedrückt werden. Nicht zuletzt erhält die Zahl von Gruppenmitgliedern ihre Bedeutung durch den Kontext. Ein Polizist in einem Dorf mit 400 Bewohnern ist auf die Akzeptanz des Dorfes angewiesen. Tausend Polizisten für 400.000 Personen sind eine schwer kontrollierbare Streitmacht, obgleich die Relation von Polizei zu Bewohnern die gleiche ist. All dies ist zur Kennzeichnung von Verhältnissen in der Moderne nützlich, wird auch öfters als Beitrag von Simmel zur Disziplingeschichte erwähnt, ist aber für sein Verständnis der Moderne peripher. Hierfür ist demgegenüber die Schrift von Simmel mit dem etwas mißverständlichen Titel „Philosophie des Geldes“ zentral (Simmel 1958).

Geld besitzt ursprünglich einen Materialwert, insbesondere beim Naturaltausch. Ein solcher weist handgreifliche Nachteile gegenüber Austauschbeziehungen auf, die sich eines symbolischen Mittels bedienen, nämlich des Geldes in seinen verschiedenen Ausprägungen. Als Beispiel verweist *Simmel* auf den Vorgang der Verpachtung unter den Bedingungen des Naturaltausches. Für das Recht, die Fruchtbarkeit des Bodens nutzen zu dürfen, vereinbart der Pächter mit dem Grundherrn Naturalleistungen. Tritt an die Stelle der Naturalleistung – teilweise oder ganz – aber die Vereinbarung einer Geldzahlung, dann bedeutet dies für beide größere Handlungsspielräume. Jetzt kann der Bauer selbst entscheiden, was er anbauen will, um aus dem Verkauf des Ertrages seine Pacht zu bezahlen. In der Geschichte wehrten sich immer wieder Grundherren, als Entgelt für die Nutzung von Land Geld zu akzeptieren, da dieses ihre Kontrolle über den Pächter mindert.

Bei Geld mit Materialwert – von Kauri-Muscheln über Kupferplatten bis zu Gold und Silber – können die Tauschenden noch die Illusion haben, das Tauschmittel sei mehr als das, habe einen Eigenwert.[33] Mit dem Druck von Papiergeld wird dann Geld vollends erkennbar zum Symbol. Das hat individualisierende und atomisierende Effekte, weil mit der Reduzierung auf bloße gegenseitige Leistungen, die in dem symbolischen Geld ausgedrückt werden, die Beziehungen sachlich eingeengt werden. Käufer und Verkäufer sind sich nur die Vertragserfüllung in geldwerter Leistung schuldig – sonst nichts.

Mit der Monetarisierung der Gesellschaft, die in Deutschland nicht einmal 200 Jahre alt ist – beispielsweise wurden Lehrer in Preußen zum Teil noch im späten 18. Jahrhundert ganz überwiegend vom Dorf in Naturalien entlohnt –, werden die Beziehungen zwischen den Menschen rechenhaft. Das ist eine besondere Art von Rationalität, die *Simmel* hier herausarbeitet:

33 Das ist insofern eine Illusion, als der Materialwert keine unverrückbare Eigenschaft ist, sondern selbst ein Preis. Ein dramatisches Beispiel aus der Wirtschaftsgeschichte ist der Verfall des Silberpreises in Spanien als Folge der kolonialen Ausbeutung Mittelamerikas im 17. Jahrhundert. Das erbeutete Silber wurde als Reichtum mißverstanden, bescherte aber tatsächlich dem Land eine schlimme Inflation, durch welche die sich entwickelnde gewerbliche Wirtschaft dort ruiniert wurde. England und Holland konnten zu führenden Wirtschaftsmächten aufsteigen, wogegen Spanien sich arm geraubt hatte und zum rückständigen Land wurde.

eine kalkulierende Rationalität mit der Zielsetzung, den eigenen Vorteil zu maximieren. Der Begriff der Rechenhaftigkeit zwischenmenschlicher Beziehungen, der die Besonderheit der kapitalistischen Gesellschaft bereits um die Wende zum 20. Jahrhundert ausdrücken soll, ist offensichtlich spezieller gemeint als der Begriff der Rationalität bei *Max Weber*.

Simmel diagnostiziert eine „völlige Fremdheit des Geldes gegen ideale Werte" (Simmel 1958: 417). Aus dieser Art von Rationalität folge eine Minderung der Gefühlsmäßigkeit von Beziehungen bei Individuen und eine Tendenz zur Charakterlosigkeit. Die Lebensstile würden „objektiver". Dies übertrüge sich auf den Menschen. Dem modernen Menschen komme dabei der Endzweck abhanden. „So hat sich eine Unübersteiglichkeit von Mittelbarkeiten, technischen Errungenschaften, Fähigkeiten, Genießbarkeiten" zwischen ihm als Eigenwesen und die gesellschaftliche Existenz geschoben (Simmel 1958: 674). Als die treibende Kraft dieser gesellschaftlichen Entwicklung hin zur Moderne gilt *Simmel*, wie vielen der hier erwähnten „Klassikern", die gesellschaftliche Arbeitsteilung (Simmel 1890).

Die Erklärung von Prozessen ist bei Simmel der bei *Weber* nicht unähnlich – wobei *Weber* sich wohl eher von *Simmel* beeinflussen ließ (Schnabel 1976: 295 f.). „Erklärung" nennt *Weber*, ein Handeln als sinnhaft zu deuten. Das ist bei *Weber* nun keineswegs im Sinne psychischer Prozesse der einzelnen Handlungen gemeint. Sinn wird hier verstanden wie bei der zeitgenössischen Justiz: Aufgrund der äußerlichen Beschreibung wird dem Handeln der in dem kulturellen Kontext standardisierte Sinn als Oktroi von außen zuerkannt (Girndt 1967). *Simmel* verweist ebenfalls darauf, dass es nicht möglich ist, für jede individuelle Handlung eine realistische Erklärung zu geben. Erklärungen eines Verhaltens sind Deutungen, die sich aus einem Modell des Verhaltens ergeben. Dieses Verhalten ist dann keineswegs unmittelbarer Ausdruck individueller Wünsche, sondern eine Orientierung von Personen am Kontext des Verhaltens und insbesondere am Verhaltenspartner. *Simmel* formuliert: „Das Apriori des empirischen sozialen Lebens ist, dass das Leben nicht ganz sozial ist" (Simmel 1992: 53). Eine Person geht dabei also nicht in ihren Handlungen auf, sondern behält im Handeln einen Rest ihrer Besonderheit, weil dieses eben – wie es in heutiger Sprache heißt – kontingent ist. Das Verhalten ist also in dieser Vorstellung sozial mediatisiert (Nolte 1998: 226). Deshalb also muss die Deutung von Verhalten eine Konstruktion bleiben (Boudon / Bourricaud 1992: 461). Für ein solches Leben mit fortwährender innerer Distanz zum eigenen Verhalten wird heute als Begriff „Rollendistanz" benutzt.

Gelegentlich wird in *Simmel* der Ethnologe für die Moderne als Dekadenz gesehen. Insofern die Gebrochenheit von Menschen Ausdruck in ihrem Handeln findet, ihr Selbstverständnis aus der vermuteten Reaktion der anderen folgt, trifft *Simmel* hier sicherlich eine Besonderheit des Lebens in der Moderne, nämlich mit Widersprüchen in den Anforderungen auch auf Distanz zu sich selbst zu leben. Wie Menschen mit solchen Widersprüchen und Unsicherheiten als alltägliche Aufgabe fertig werden, zeigt *Simmel* aber als Normalität auf, nicht als Dekadenz, wie dies bei der Orientierung an einem idealistischen Verständnis von Personen erscheinen mag. Gesellschaft ist nach *Simmel* ein „Gebilde aus Wesen, die zugleich innerhalb und außerhalb ihrer stehen" (Simmel 1992: 27).

In dieser Kennzeichnung der Alltagsaufgabe für Menschen in modernen Gesellschaften kann auch die Antwort auf die Frage nach dem Zusammenhalt der Gesellschaft geortet werden. Bei aller Differenzierung richten sich die Menschen nicht zuletzt auch nach der antizipierten Beurteilung des anderen aus – siehe hierzu das spätere „Spiegel-Ich" bei *George H. Mead* (1863–1931). Das ist eine Form sozialer Kontrolle, aber unter diesen gesellschaftlichen Bedingungen nicht nur durch die

Verinnerlichung sozialer Maßstäbe, sondern auch als durch Anpassung des Verhaltens an die jeweiligen Umstände. Diese überindividuellen Prozesse stehen in einer Wechselwirkung mit der Individualisierung. Die Ausdifferenzierung gesellschaftlicher Funktionsbereiche bedeutet zugleich die Ausdifferenzierung der Möglichkeiten individuellen Handelns. Das führt dazu, dass die traditionelle Bindung des Einzelnen an die Gesellschaft insgesamt ersetzt wird durch ein Geflecht von Beziehungen.

Zusammengehalten werden dann moderne Gesellschaften durch die „Kreuzung sozialer Kreise“ (Simmel 1992).[34] Damit bezeichnet *Simmel* die unterschiedlichen Gruppen bzw. Milieus, mit denen Individuen jeweils gleichzeitig in Be-ziehung stehen. In vorindustriellen Gesellschaften sind solche Gruppen tendenziell konzentrisch angeordnet: Familie, Nach-barschaft, Dorf. Kleinere Einheiten sind Teil größerer Zu-sammenhänge, die gegenüber den kleineren Einheiten nicht antagonistisch sind. In weitgehend ausdifferenzierten Gesell-schaften gehören Personen gleichzeitig mehreren Kreisen an, in die sie aber nur segmentär als Rollenträger eingebunden sind. Aus der Verschiedenheit dieser Kreise folgen unterschiedliche Erwartungen an die Mitglieder, die sie dann vor Zwänge zum Abwägen stellen (Tenbruck 1961: 13 f.). So ergibt sich aus gesamtgesellschaftlichen strukturellen Verände-rungen eine Öffnung für Prozesse der Individualisierung (Simmel 1992: Kapitel 6).

Die hohe Differenzierung der Gesellschaft führt mithin nicht zu einem beziehungslosen Nebeneinander, sondern mehrheitlich zu einer Vielfalt der sozialen Erfahrungen. In modernen Gesellschaften bewegen sich ja Personen nicht mehr nur in festgefügten Verkehrskreisen, die durch die Einheitlichkeit des

34 Vgl. den Abschnitt „Exkurs über das Problem: Wie ist Gesellschaft möglich?“.

Binnen-Milieus gekennzeichnet sind, sondern als Zirkulation zwischen verschiedenen Milieus. Dass soziale Kohäsion aus der Alltagserfahrung folgt, mit unterschiedlichen Verkehrskreisen umgehen zu können, ist eine befriedigendere Antwort auf die Frage nach dem Zusammenhang als etwa die von *Durkheim* gegebene. Die Denkfigur „Kreuzung sozialer Kreise“ folgt aus der Betonung der Beziehung statt des Akteurs als Einheit des Sozialsystems. Sie ist eine Eigenheit der *Simmel*'schen Soziologie, die in ihrer Konsequenz oft wenig betont wird.

Auch *Simmel* versteht seine Soziologie als den Versuch, den besonderen Charakter der Existenz unter den Bedingungen der Neuzeit herauszuarbeiten. Im Übergang vom Feudalismus in seiner absolutistischen Phase hin zum 19. Jahrhundert bestimmen schrittweise zunehmend abstrakte Kollektive und überpersönliche Prozesse die Lebenseinheiten des Nahbereichs.[35] Mit dem Begriff der Gesellschaft werden die Erfahrungen einer Fremdbestimmtheit der Lebenswelten gebündelt (Simmel 1922, 1992: 4 f.).

Wie *Max Weber* versteht *Simmel* das Leitmotiv der Entwicklung als janusköpfig: Die Versachlichung führt zur Entfremdung, andererseits aber fördert diese Versachlichung das Autonomiestreben der Individuen. Janusköpfig ist nach *Simmel* auch die parallele Veränderung von Herrschaft (Simmel 1992: 101 ff.). Die Verhältnisse von Über- und Unterordnung (so die Terminologie bei *Simmel*) werden „objektiver“ (i. S. von „Verrechtlichung“), und das ist nach *Simmel* eine würdigere Form; andererseits wird der Mensch zu einer Funktionseinheit im Produktionsprozess (Simmel 1992: 144 ff.). Einerseits sieht *Simmel* in der Zahl der „sozialen Kreise“, an denen eine Person zur gleichen Zeit teil hat, den Maßstab für kulturellen Fortschritt; zugleich kann dies zur Herrschaft der Experten führen. Letzteres wäre nach *Simmel* eine „Tragödie der Kultur“, die

35 Siehe hierzu ausführlicher Simmel 1970: 68–98.

dann eben nicht mehr seinen Hoffnungen von Kultur als Lebensvollendung entspräche.

Simmels Beiträge zur Soziologie erschöpfen sich bei weitem nicht in den hier angeführten Aussagen. Die Vielfalt der Themen seiner öfters kleinen Schriften ist charakteristisch für ihn. Gerade in diesen Aufsätzen und eingestreuten Passagen begründet er ganze spätere Arbeitsgebiete. In seinen Schriften über den Streit nimmt er beispielsweise sehr viel von dem vorweg, was später „Konflikttheorie" heißen wird (Simmel 1992: 186 ff.). Mit den Passagen über „den Fremden" kann *Simmel* als der erste Theoretiker des Tourismus gelesen werden (Simmel 1992: 685–691).

Von seinen zahlreichen methodologischen Anregungen ist die Umdeutung der Beziehung zwischen Kausalität und Funktion in ihrer Bedeutung für die Profession noch nicht erkannt worden (Luhmann 1962: 617 f.). Kausalität wird von *Simmel* verstanden als Sonderfall der Funktionalität – was gut übereinstimmt mit dem für die Wahrscheinlichkeitstheorie grundlegenden Satz, dass Kausalität der Grenzwert der Wahrscheinlichkeit ist. Einen besonders starken Einfluss hatten seine Aussagen auf die Chicago-Schule um *Robert E. Park*, wodurch *Simmel* noch indirekt ganze Forschungsgebiete beeinflusst. Hier war jedoch im Schwerpunkt über den Beitrag *Simmels* zum Verständnis von sozialem Wandel zu berichten.

3.

Als Schüler von *Gustav von Schmoller* und zum weiteren Umkreis der jüngeren Historischen Schule gehörend (*Wilhelm Roscher, Bruno Hildebrand, Karl Bücher*) versucht *Werner Sombart* die Moderne als Endpunkt einer europäischen Geschichte ab ca. 800 zu kennzeichnen. Diese Entwicklung ist für ihn insbesondere eine Wirtschaftsentwicklung mit den wichtigsten Stufen Eigenwirtschaft, Handwerk und schließlich Kapitalismus (Sombart 1902). Schon bald ersetzte *Sombart* jedoch den stark deskriptiven Begriff der Wirtschaftsstufen durch den Begriff des „Wirtschaftssystems“. Ein Wirtschaftssystem ist gekennzeichnet durch eine Wirtschaftsgesinnung, eine Wirtschaftsordnung und durch Technik (Sombart 1925). *Sombarts* Auffassungen ähneln passagenweise denen von *Max Weber*. Anders als *Weber* ist allerdings für *Sombart* die für den Kapitalismus einmal bestimmend werdende Wirtschaftsgesinnung in erster Linie nicht Folge der calvinistischen Prädestinationslehre. Vielmehr folge die besondere Art des zunächst wirtschaftlichen Rationalismus aus Lehren des Alten Testaments (Sombart 1911). Das ist deshalb nicht unplausibel, weil die Calvinisten sich ja in ihrer religiösen Überzeugung auch stärker als die meisten Richtungen des Christentums auf das Alte Testament stützen.

Das Leitmotiv der Entwicklung hin zum Kapitalismus ist wie bei *Weber* und *Simmel* die Versachlichung. Dies mündet in einer Prioritätenordnung, die wirtschaftlichen Erwägungen Vorrang vor anderen Inhalten einräumt. Aber auch darüber hinaus werden allgemein seelische Inhalte versachlicht, heißt es bei *Sombart* (Sombart 1902). Kennzeichnend für die Wirtschaftsgesinnung des Kapitalismus sei es, dass Ziel des Wirtschaftens nicht mehr die Versorgung war, sondern der Gewinn. In der vorkapitalistischen Gesellschaft folgte Reichtum aus den politischen und sozialen Positionen der Mächtigen, die damit „Machtreichtum“ begründen konnten. Jetzt aber ergebe sich soziale Macht aus Reichtum, herrsche „Reichtumsmacht“. Wirtschaftlich entscheidend wird hier das Kreditwesen (Sombart 1913b).

Wie bei *Weber* ist für *Sombart* das Entstehen von Sekten für die Entwicklung hin zur Moderne entscheidend. *Sombart* führt hierzu aber noch eine zusätzliche Begründung an, die als strukturelle Erklärung über die theologischen Inhalte hinaus ein wichtiger Beitrag ist. Die Sekten sind nach *Sombart* ursächlich für die Trennung von Staat und Kirche. Für das „Abendland“ ist das plausibel. Es erklärt allerdings nicht, warum der gleiche Prozess der Säkularisierung im Islam unterblieb, der doch auch beim Fehlen einer zentralen Kirche wie der Katholischen in zahlreichen Sekten ausgeformt wurde. Ein Beispiel ist das Zinsverbot. Dies bleibt als allgemeines Verbot für die verschiedenen Richtungen des Islam bis heute im Prinzip bestehen – auch wenn das im Alltag umgangen wird. Demgegenüber war das Zinsverbot bei mittelalterlichen Katholiken nicht weniger explizit. Im 12./13. Jahrhundert konnte ein Verstoß gegen das Zinsverbot sogar mit dem Tod auf dem Scheiterhaufen geahndet werden (Mikl-Horke 1999: 187). Warum konnte das Zinsverbot in Westeuropa verblassen und mit dem Verblassen die Entwicklung des modernen Kapitalismus ermöglichen?

Wie *Tönnies, Weber* und dann auch *Joseph Schumpeter* (1883–1950) sieht *Sombart* im Kapitalismus die Vorstufe zu einer weiteren Wirtschaftsordnung: dem Sozialismus. Allerdings ist das für ihn erst eine fernere Zukunft, wie er sie im Abschlusskapitel seines Werks über den Kapitalismus „Das Wirtschaftsleben der Zukunft“ in Band 3 beschreibt. In den frühen zwanziger Jahren des 20. Jahrhunderts ist nach *Sombart* nicht einmal der Kapitalismus in Westeuropa voll ausgebildet. Er errechnet, dass nur ein Viertel bis ein Drittel der Beschäftigten in den Kapitalbetrieben eine proletarische Existenz aufweisen, in den USA etwa zwei Fünftel. Allerdings befinde sich diese gegenwärtig vorfindbare Wirtschaftsverfassung doch schon in der Weiterentwicklung hin zum Spätkapitalismus. Spätkapitalismus bedeutet für ihn neben weitergehender Rationalisierung Bürokratisierung, Staatsinterventionismus und wachsende Bedeutung von Kartellen. Diese Eigenschaften ließen sich dann in einer sozialistischen Planwirtschaft systematisieren. Den darauf folgenden Sozialismus versteht *Sombart* als eine Form der Staatswirtschaft. Sein entsprechendes Buch fand bei Theoretikern des Nationalsozialismus zunächst Beifall (Sombart 1932).

Wirtschaftsgeschichte wird bei *Sombart* als Sozialgeschichte geschrieben. Die Soziologie hat dabei keinen eigenen Gegenstand der Analyse, sondern lediglich eine andere Perspektive als die Wirtschaftsgeschichte. Sie wird bestimmt durch die Identifizierung mit einer Grundgesinnung, die gekennzeichnet ist durch den Primat von Ordnung und Technik (Sombart 1913b). Mit dieser Akzentuierung sollte allerdings nicht verdeckt sein, dass *Werner Sombart,* der im Verlaufe seiner Veröffentlichungen vielerlei Standpunkte vertrat, dem Wunsch nach Wohlleben als Antrieb für den Kapitalismus ebenfalls einen hohen Stellenwert zurechnete. In einer weniger beachteten Schrift erklärt *Sombart* sogar die Entwicklung des Kapitalismus aus der Nachfrage nach Luxusgütern zunächst in höfischen Kreisen Westeuropas (Sombart 1913a).

Joseph Schumpeter wird in der Literatur gewöhnlich als der Sozialwissenschaftler angeführt, der dem Unternehmer die zentrale Bedeutung für sozialen Wandel beimisst (Schumpeter 1942). Dies wird als bloße Behauptung wiedergegeben, ohne den Grund zu erklären. Insbesondere ist hinderlich, dass *Schumpeter* zu wenig von seiner beruflichen Erfahrung her interpretiert wird.

Es ist üblich, den Beginn der Moderne gleichzusetzen mit der industriellen Revolution und diese wiederum mit der Entwicklung des Kapitalismus. *Schumpeter* dagegen sieht in der Entwicklung des modernen Kreditwesens den Beginn der kapitalistischen Entwicklung. Für ihn treiben nicht Erfindungen technischer Art die kapitalistische Entwicklung voran, sondern die Anwendung der Technik. Erfindung als Tüfteln bewirkt zunächst wenig; sie wird erst als Innovation wirksam. Darunter versteht *Schumpeter* die kreative Kombination von Wirtschaftsfaktoren zu einer Unternehmung. Die bei ihm vorgenommene Trennung zwischen Erfindung und Innovation ist kein unnötiges akademisches Kästchendenken, sondern folgt aus einer zentralen Überlegung: Erst in der Anwendung entscheidet sich, was aus dem verfügbaren Wissen und den Techniken wirtschaftlich folgt. *Schumpeter* kann dahingehend interpretiert werden, dass das Besondere an modernen Gesellschaften die Institutionalisierung von Innovation ist. Erst damit wird aus dem Erfinden im engeren Sinn die Triebkraft eines dynamischen Kapitalismus (Schumpeter 1926).

Nacheinander war *Schumpeter* 1919 österreichischer Finanzminister und 1921 in Wien Bankpräsident. Von 1925 bis 1930 bekleidete er den Lehrstuhl für Finanzwissenschaft in Bonn. Daraus wird nachvollziehbar, dass er der Kreditwirtschaft eine zentrale Bedeutung beimisst. Erst mit der Kreditwirtschaft wird der zur Innovation bereite „Unternehmer“ in die Lage versetzt, dynamisch zu wirken. Mit Kredit wirtschaften – also auf „Pump“ – kann der Unternehmer, weil er bei erfolgreicher Anwendung einer Neuerung vorübergehend eine Monopolrente bezieht. Kredit im modernen Sinn zusammen mit der Institutionalisierung von Innovation ist also das, was die kapitalistische Wirtschaft von den früheren Wirtschaftsweisen unterscheidet. Das illustriert dann *Schumpeter* an der Wirtschaftsgeschichte Englands, der USA und Deutschlands. Diese verläuft nicht geradlinig, sondern in Zyklen. Letzteres ergibt sich schon daraus, dass Innovation auch immer gleichzeitig ein Prozess der Zerstörung ist. *Schumpeter* verweist hierzu auf die Geschichte des Automobils, durch das ganze Berufs- und Wirtschaftszweige ruiniert wurden, die vom Bau und dem Betrieb der Pferdewagen lebten. Dabei war zu Beginn gar nicht so eindeutig, dass Automobile wirtschaftlicher sein würden. Die Unternehmer, die auf das Automobil als Transportmittel setzten, konnten im Kapitalismus auf Ressourcen zurückgreifen – Mittel für den Straßenbau[36] –, die bei ihnen selbst nicht existierten.

Modernität kann bei *Schumpeter* verstanden werden als Notwendigkeit zu entscheiden, ob etwas zwar noch Funktionsfähiges, aber doch vermutbar Überständiges zu reformieren oder zu zerstören ist. Beispiele aus der Wirtschaftspolitik von Ländern des Westens sind die Verkehrspolitik und die Energiepolitik. In den USA entschieden die Verkehrspolitiker sich für die einseitige Förderung des jeweils neuesten Verkehrsmittels auf Kosten der bereits vorhandenen. So wurde mit Beginn des Eisenbahnwesens das mit großem Aufwand entwickelte System von Schifffahrtskanälen aufgegeben; als Straßentransport und Luftfahrt hoch effizient wurden, ließen die USA ihr Eisenbahnnetz verfallen. Demgegenüber bevorzugten Frankreich und Deutschland ein Mischsystem aller Verkehrsträger durch Investitionen auch in die „unmodernen" Verkehrsmittel Kanäle und Schienenwege.

In der Energiepolitik setzten die USA auf Öl als Energiequelle, ergänzt durch Kernenergie. Demgegenüber hielten die Energiepolitiker in Deutschland an der Steinkohle fest, obwohl sie in diesem Land nicht mehr wirtschaftlich gefördert werden kann, und an der Braunkohle, die bekanntlich eine schmutzige und landschaftszerstörende Energiequelle ist. In der Verkehrspolitik erscheint in längerfristiger Betrachtung die in Frankreich und Deutschland getroffene Entscheidung wirtschaftlicher; in der Energiepolitik gaben politische Erwägungen den Ausschlag, und hier muss noch abgewartet werden, ob die wirtschaftlichen Vorteile der US-Politik auch politisch vertretbar sind.

Erweist sich eine zerstörende oder auch stark reformierende Politik als falsch und schlagen Teile der Innovationen fehl, so wirkt das inflationär. Halten sich dagegen etwa die Unterneh-

---

36 Straßenbau erfolgte in England und in den USA zu Beginn der Modernisierung der Infrastruktur der Länder auch durch Private, die für Investitionen eine Maut erheben durften; aber selbst in den kapitalistischsten der Länder wie England und den USA blieb das für das Volumen der insgesamt erforderlichen Mittel nachrangig. Auch der Bau der Eisenbahnen, in vielen Ländern ebenso wie im Deutschen Reich zunächst in privatwirtschaftlicher Rechtsform, wurde durch öffentliche Mittel massiv unterstützt. In den USA hatte das die Form gewaltiger Landschenkungen an die privatwirtschaftlich betriebenen Eisenbahngesellschaften.

mer zurück und geben in ihrer Geschäftspolitik der Rückzahlung von Krediten den Vorrang (nach dem Motto „auf sicher gehen"), so sind Deflationen die Folge. Die letztlich auf Steuern und auf Krediten beruhende Entwicklung führt zu Ungleichmäßigkeiten im Wirtschaftsverlauf, eben zum Schwanken zwischen Expansion und Rezession. Jedenfalls gibt es keine Moderne ohne Hinnahme von Schwankungen und Bereitschaft zum Risiko.

Kennzeichnend für das *Schumpeter*'sche Verständnis von wirtschaftlich-sozialem Wandel ist der „Prozeß der schöpferischen Zerstörung" (Schumpeter 1972: 137 f.). Nur indem große marktbeherrschende Unternehmen kleine Produzenten aus dem Markt drängen und damit neue Herstellungsverfahren und Produkterneuerung allgemein durchsetzen, gibt es fortwährend Wachstum. *Schumpeter* sieht keine Nachteile in der Unvollkommenheit des Wettbewerbs bei Monopolen und Oligopolen. Die entscheidende Schwäche wäre das Fehlen von Gründerpersönlichkeiten und der Verzicht, Herausforderungen anzunehmen. Die Trennung von Eigentümern und Managern versteht *Schumpeter* als eine Gefahr für das Weiterleben der kapitalistischen Wirtschaftsordnung. „Indem der kapitalistische Prozess ein bloßes Aktienpaket den Mauern und den Maschinen einer Fabrik substituiert, entfernt er das Leben aus der Idee des Eigentums. ... Ein Eigentum, das von Person und Materie gelöst und ohne Funktion ist, macht keinen Eindruck und erzeugt keine moralische Treupflicht" (Schumpeter 1972: 230).

Kritisch steht *Schumpeter* zu einer populistischen Demokratie. Das Volk könne nur Regierungsaufträge erteilen, nicht aber über Inhalte befinden (Schumpeter 1972: 416 ff.).

Schumpeter war selbstverständlich noch kein Keynesianer und wurde es auch später nicht. Letztere glauben, dass die eben erwähnten Schwankungen durch Steuerung der effektiven Nachfrage kontrollierbar sind. Gegenwärtig ist dieser Glaube abgelöst von der Vorstellung, durch Einflussnahme auf das Angebot seien Konjunkturzyklen beherrschbar. Ob diese Überzeugungen der „Steuerung durch Nachfrage“ oder „Steuerung durch Angebot“ geglaubt werden, ist in unserem Zusammenhang nicht so wichtig. *Schumpeter* jedenfalls sieht keine Notwendigkeit, dass der Kapitalismus aus wirtschaftlichen Gründen zu einem Ende kommt.

Für *Schumpeter* ist die Selbstzerstörung des Kapitalismus, die er voraussagt, nicht Folge der Innovationen als „kreative“ Zerstörung, sondern der Rationalisierung des Alltags. Der Unterschied zwischen den Erfordernissen der kapitalistischen Wirtschaft, den Normen der politischen Ordnung und der Kultur bewirkt, dass emotionale Impulse freigesetzt werden, die das System zerstören. „Für *Schumpeter* ist entscheidend, dass nicht der Unterbau – wie bei *Marx* – den Untergang bestimmt, sondern die sich ändernde Haltung zum Kapitalismus und seinen Werten“ (Richter 1980: 381). Dieser Mechanismus wird dann wieder in den siebziger Jahren als „neue“ Idee in die sozialwissenschaftliche Literatur eingeführt, wenn *Daniel Bell* (geb. 1919) den Untergang des Kapitalismus aus den von ihm bewirkten kulturellen Widersprüchen für wahrscheinlich hält (Bell 1976a). Tatsächlich zieht jetzt aufgrund eines anderen Mechanismus diese Bedrohung herauf, nämlich als Folge der Globalisierung, durch die die nationalen Besonderheiten in die Defensive geraten.

Von *Schumpeter* wirkt weiter die Bedeutung, die er dem Unternehmer als Funktion für den sozialen Wandel beimisst. Sehr wichtig ist auch seine Lehre, dass Wandel Zerstörung bedeuten muss – Zerstörung selbst dessen, was zu einem gegebenen Zeitpunkt noch funktioniert. Seine Ausführungen über Kreditwirtschaft sind allerdings zu sehr aus der Perspektive eines Bankiers abgeleitet, indem er einseitig den Kredit betont zulasten der Vielfalt von Finanzierungsarten.

Zwischenbilanz

Der Versuch einer Zwischenbilanz erscheint zunächst hoffnungslos bei Autoren, die weithin beziehungslos nebeneinander leben[37] und deren Biographie so unterschiedlich war – mit Ausnahme der Gemeinsamkeit einer sozialen Herkunft aus dem Großbürgertum. Lesen wir sie jedoch als Zeitzeugen, die auf Zustände gegen Ende der Gründerzeit bis zum Ende des Ersten Weltkrieges reagieren, so sind sie nicht lediglich ideengeschichtlich für die Entwicklung des Faches von Bedeutung.

Als Zeitzeugen sind sich alle vier Sozialwissenschaftler einig, dass sich die Gesellschaft mit der Monetarisierung tiefgreifend verändert hat. Kapitalismus ist ohne Geldwirtschaft nicht vorstellbar, und Modernität nicht ohne die Versachlichung, die mit der Geldwirtschaft einher geht.

Darüber hinaus lassen sich die vier hier besprochenen Sozialwissenschaftler in zwei Paare unterschiedlicher Wirkungsweisen gruppieren:

Max Weber und *Georg Simmel* sprechen in erster Linie ihre Fachkollegen an. Bei aller Hochachtung in Kollegenkreisen blieben sie im deutschen Sprachbereich zunächst ohne Breitenwirkung, beeinflussten aber das Denken insbesondere der zeitgenössischen Sozialwissenschaftler in Frankreich und den USA nachhaltig. Von da aus sind sie, nicht zuletzt wegen des späteren Rückimports insbesondere aus den USA nach dem Zweiten Weltkrieg, für das Fach Soziologie von höchstrangiger Bedeutung.

Werner Sombart und *Joseph Schumpeter* fanden dagegen über die Sozialwissenschaften hinaus in der zeitgenössischen intellektuellen Öffentlichkeit des deutschen Sprachbereichs größte Aufmerksamkeit. Insbesondere *Sombart* hatte hier für

37 Max Weber setzte sich allerdings wiederholt für Simmel ein, als dessen Karriere durch Kollegenneid und Antisemitismus blockiert wurde.

seine Zeitgenossen wegen seiner Formulierungskunst eine ähnliche Resonanz wie *Ross* in den Vereinigten Staaten – und wie dieser blieb er von geringer Bedeutung für die spätere Entwicklung der Sozialwissenschaften.

Einig sind sich *Weber, Sombart* und *Schumpeter*, dass der Kapitalismus ihrer Gegenwart in eine andere Gesellschaftsform übergehen wird. Das sind bei *Sombart* und *Schumpeter* eine Form von Staatssozialismus und bei *Weber* jedenfalls ein von Bürgern abgehobener Staat. Erinnern wir uns daran, dass auch *Tönnies* von der Unvermeidlichkeit eines genossenschaftlichen Sozialismus ausging, dann können wir daraus schließen, dass damals eine Wirtschaft auf der Grundlage des Privateigentums weniger kontrovers war als eine Marktwirtschaft. Diese war offensichtlich in Deutschland allgemein eine fremde Vorstellung. Wenn an Modernität der Wirtschaft gedacht wurde, dann nach den hier erwähnten Denkern an die Anwendung von Technik in Großbetrieben. Klein- und Mittelbetriebe, die doch bis heute das Rückgrat unserer Wirtschaft – wie übrigens auch in Japan und den USA – bilden, galten zur Hochzeit des Kapitalismus als wenig beachtenswert. Trusts und Kartelle zur Marktregulierung wurden in Europa dem Wirken eines Konkurrenzmechanismus durchweg vorgezogen. Daraus wird dann einsichtig, dass die Bejahung der Marktwirtschaft in Kontinentaleuropa nach dem Zweiten Weltkrieg als eine Innovation wirkte. Einig waren sich die „Klassiker" als Zeitzeugen, dass die Bürokratisierung des Alltags ein Trend war, der über den Staat hinaus greifend Verwaltungsvollzüge charakterisierte. All das galt aber offensichtlich noch als vorteilhafter im Vergleich zur Marktwirtschaft mit dem Vorherrschen eines Handelns aus Eigennutz und Profit.

Insoweit die hier angeführten Autoren als Zeitzeugen gedeutet werden können, spiegeln sie eine bemerkenswerte Ambivalenz gegenüber der bürgerlichen Gesellschaft wider. Der Profit galt für die Bourgeoisie als eine selbstverständliche Belohnung für Positionen und Tätigkeiten, die Ausrichtung des Handelns am Profitstreben dagegen als ein Unwert.

Insbesondere bei *Weber* und bei *Simmel*, erst recht bei *Tönnies*, ist eine weitere Ambivalenz gegenüber dem hohen Stellenwert des Wirtschaftens in der Moderne zu spüren. Einigkeit besteht zwar darin, dass die Versachlichung von Beziehungen Grundlage der Modernität ist, aber zugleich wird auch die mangelnde kulturelle Akzeptanz einer so gesteuerten Gesellschaft fühlbar. Hier ist die subtile Analyse von zwischenmenschlichen Beziehungen durch *Simmel* aufschlussreich für den Wandel, den diese Versachlichung für das menschliche Zusammenleben als Novum bedeutet.

Nicht zuletzt wird eine Besonderheit der geistigen Orientierung in Deutschland im Vergleich zu Frankreich, England und den USA erkennbar. In den letzteren Ländern wird der Zustand der Gegenwart kontrastiert mit Befunden oder Vorstellungen des Lebens weltweit, insbesondere auch bei schriftlosen Völkern. Demgegenüber wird bei den „Klassikern" und deren Vorläufern in Deutschland die Gegenwart als Stadium einer Geschichte beschrieben, die für die meisten Autoren – *Weber* ausgenommen – die Geschichte des Abendlandes ist.

Teil III: Die Zeit der europäischen Bürgerkriege

1. Das Entstehen der Wirtschaftsgesellschaften

Periodisierungen von geschichtlichen Abläufen sagen oft mehr aus über die Autoren als über Veränderungen in der Realität. Das gilt auch für den Wandel hin zur Moderne. In Deutschland wird häufiger die zweite Hälfte des 19. Jahrhunderts als der Beginn eines solchen Zeitabschnitts verstanden. In der Geschichtsschreibung anderer westeuropäischer Länder, nicht zuletzt in der Englischen, wird dagegen vom „langen 19. Jahrhundert" gesprochen. Dieses Jahrhundert der Modernisierung beginnt für englische Autoren oft um 1670 und endet mit dem Ersten Weltkrieg. Einer der berühmtesten Sozialgeschichtler, *Eric Hobsbawm* (geb. 1917), nennt die Zeit von 1776 – also kurz vor Ausbruch der Französischen Revolution – bis zu eben jenem Ersten Weltkrieg als den Zeitabschnitt, in dem traditionelle Großreiche zusammenbrechen: das Osmanische Reich, China, Mexiko ebenso wie schließlich auch das zaristische Rußland. Von da ab bestimmen nur noch die imperialen Mächte „des Westens" und Japans die Entwicklung der Welt (Hobsbawm 1980). Der Kapitalismus gilt hier als kritikwürdig, aber mit Ausnahme der Sozialisten ist für Sozialgeschichtler sein nahes Ende nicht erkennbar.

Der Weltkrieg 1914 bis 1918 ist das Ende der Gesellschaft, die von einem selbstbewussten Großbürgertum geformt wurde. Die Führungsschicht verschiedener europäischer Länder hatte mit dem, was man in der Juristerei „vorsätzliche Fahrlässigkeit" nennt, den großen Krieg ausbrechen lassen. Das geschah in der Erwartung, dass dieser zwar heftig, aber kurz sein werde.[38] Das Ende war ein Blutbad, der Verlust der Selbstsicherheit der bürgerlichen Gesellschaft und eine tiefe Verfeindung zwischen den Nationalstaaten. All das wurde verschlimmert durch die törichten Friedensdiktate von Versailles, Trianon und Sèvres.[39] Diese bewirkten derartige gesellschaftliche Instabilitäten und politisch unverantwortliche Grenzziehungen, dass wir heute in der Rückschau die Zeit zwischen 1918 und 1948 als die Jahrzehnte eines Europa-zentrierten Bürgerkrieges verstehen (Nolte 1987). Bei den dann so rasch wechselnden wirtschaftlichen und sozialpolitischen Ordnungen, die beziehungsloser zueinander waren als die in den vorher referierten Jahrzehnten, ist es selbstverständlich, dass die Zeitdeutungen der Sozialwissenschaftler uneinheitlich ausfallen.

1.

Das 19. Jahrhundert war auch in Deutschland, insbesondere in der zweiten Hälfte, eine Zeit tiefgreifenden sozialen Wandels. Der war auch hier von Wirtschaftskrisen begleitet und hatte große soziale Probleme zur Folge. Als neue Beschäftigtengruppe waren die Arbeiter hinzu gekommen, und hier war Ratlosigkeit verbreitet, wie diese Gruppe einzufügen war in die Berufsgliederung der vorindustriellen Gesellschaft, die lange Jahrzehnte in Deutschland wie auch in England und den USA als soziale Ordnung weiterlebte. In der Ausbildung der Facharbeiter wurde hier das duale System des Handwerks übernommen, und für einige Berufsgruppen – wie Bergarbeiter oder

38 Das ist eine erklärungsbedürftige Fehleinschätzung – erklärungsbedürftig, weil der erste „moderne“ Krieg, der amerikanische Bürgerkrieg 1860–1865, sich lange hinzog und äußerst verlustreich war.

39 „Töricht“ ist wahrscheinlich eine zu wohlwollende Kennzeichnung. Angemessener ist wahrscheinlich „boshaft“, weil die Vertrags-Diktate konfliktfördernd wirken mussten oder sogar sollten.

Seeleute – wurden die nach Berufen gegliederten Kassen als Sicherungssysteme weitergeführt, aber für den größten Teil der Arbeiterschaft blieb deren Situation prekär, was in der sozialreformerischen Diskussion als „die soziale Frage“ bezeichnet wurde. Der „Verein für Socialpolitik“, in dem ein Teil der Gelehrten der Historischen Schule aktiv wurde, entwarf Sicherungssysteme für Alter, Invalidität und Krankheit, die an gewohnte Formen anknüpften – wie an die Pflicht der deutschen Gemeinden zur Sozialfürsorge für zunächst die Geburtsbevölkerung und später die Wohnbevölkerung.

Die wirtschaftliche Entwicklung war zunächst deutlich hinter der Englands, Frankreichs und derjenigen der USA zurückgeblieben. Das galt auch für die Lebensbedingungen, wofür die hohen Auswanderungszahlen ein Indikator sind. Mit der Reichsgründung (und den hohen Reparationszahlungen von Frankreich) begann eine Zeit raschen Aufschließens zu den wirtschaftlich führenden Ländern. Vor allem vom Rheinland ging die Entwicklung des Kapitalismus in Deutschland aus. Da zugleich die politische Macht bei der Adelsschicht und den ostelbischen Großgrundbesitzern verblieb – was weitgehend personell identisch war –, hatte dies erhebliche politische und soziale Spannungen zur Folge. Sie wurden gemindert durch eine – mit einer großen Ausnahme – kontinuierlichen Verbesserung des Lebensstandards fast aller Gruppen der Bevölkerung. Die Ausnahme war die große „Gründerzeit-Depression“ 1873 bis ca. 1876. Deren bleibende Bedeutung war der Umschwung deutscher Wirtschaftspolitik von einer gebremsten Form des Wirtschaftsliberalismus hin zu einem Neomerkantilismus mit hohem Staatsanteil in einigen Wirtschaftsbereichen, Marktregulierungen, Ermutigung von Kartellen und punktuellen Staatseingriffen. Hierzu gehörte die Förderung des deutschen Systems der Universalbanken, was bis heute zu einer Minderung der Finanzierung über Börsen und der Vorrangigkeit der Kreditfinanzierung in Deutschland führte – im Gegensatz zu England und den USA.

Wird der Jahresverdienst von 1895 = 100 Prozent gesetzt, so stieg das durchschnittliche Jahreseinkommen von 1870 = 74 Prozent auf 163 Prozent im Jahre 1913. Die Preise – auf gleiche Weise berechnet – erhöhten sich von 1870 = 70 Prozent bis zum Jahre 1913 nur auf 125 Prozent. Mit dieser kontinuierlichen und deutlichen Einkommensverbesserung entsprach die Kaufkraftentwicklung ungefähr der in England und den USA, auch wenn damit das Niveau der Einkommen noch 30 Prozent unter dem in England verblieb (Ploetz 1989: 62 ff.). Dafür gab es dann in Deutschland das erste System sozialer Sicherheit als gesetzlicher Ordnung überhaupt in der Welt, wogegen ein solches System in England erst gegen Ende des Zweiten Weltkrieges entwickelt wurde.

Auch im gesamten Volksvermögen hatte mit ca. 300 Milliarden Reichsmark gegen die Wende zum 20. Jahrhundert Deutschland den ungefähren Gleichstand mit England erreicht (Helfferich 1913). Nach 1905 hatte Deutschland den Anteil Englands an der Weltproduktion erstmalig übertroffen und war damit die Nr. 2 in der Welt (Ploetz 1989: 74). Mit 65 Millionen Einwohnern war das Deutsche Reich 1913 das bevölkerungsreichste Land Westeuropas. Obgleich von heute aus gesehen die Lebensbedingungen insbesondere des Teils der Arbeiter, die nicht Facharbeiterstatus hatten, sehr ärmlich blieb und die Wohnverhältnisse weiter Teile der städtischen Bevölkerungen nahe unseren heutigen Vorstellungen von Slums waren, ist wohl zutreffend, wenn der Sozialgeschichtler *Wilhelm Treue* (1909–1992) eine verbreitete Zustimmung zum Gesellschaftssystem diagnostiziert: „Denn stärker und eindrucksvoller, alle Schichten befriedigend, war die Zunahme von Macht und Ansehen in der Welt“ (Treue 1986: 277). Die erste Hälfte des 19. Jahrhunderts mit der beginnenden Zerstörung traditioneller Lebensweisen war sehr viel stärker ein Zeitabschnitt revolutionären Aufbegehrens gewesen – siehe die Maschinenstürmer in verschiedenen Ländern – als die zweite Hälfte des Jahrhunderts.

Diese Entwicklung war verbunden mit erheblichen Verschiebungen zwischen Bevölkerungsgruppen. Immerhin hatte trotz aller Entwicklung der Industrie Deutschland mit 34 Prozent der Beschäftigten in der Landwirtschaft und dem Bergbau (primärer Sektor) und nur 38 Prozent in der Industrie (sekundärer Sektor) unter den vier wirtschaftlich führenden Ländern (in der damaligen Reihenfolge USA, England, Frankreich, Deutschland) noch den höchsten Anteil in der traditionellen Gliederung des Erwerbslebens (Handwörterbuch der Sozialwissenschaften 1978: 149). Neben dem Adel setzte das Besitzbürgertum Maßstäbe – wozu gehörte, dass eine Hausfrau dieser Schicht die Arbeit von Dienstboten in Anspruch nahm, eine Arbeiterfrau dagegen neben Haushalt und Kinderpflege oft noch in einer Fabrik arbeitete. 1895 hatte der Anteil der Arbeiter an der Erwerbsbevölkerung mit 48,3 Prozent seinen Höhepunkt für das Deutsche Reich, wogegen zu diesem Zeitpunkt die Angestellten mit zehn Prozent erst begannen, ein wichtiger Faktor im Sozialgefüge zu werden (Handwörterbuch der Sozialwissenschaften 1978: 154).

Das Deutsche Reich war ein Sozialsystem, in dem eine sehr große Minderheit eine proletarische Existenz auf einem noch erträglichen Niveau der Versorgung führte – der bei weitem größte Teil der Bevölkerung –, Adel und Besitzbürgertum aber die Gesellschaft dominierten. Das war in England und Frankreich mindestens ebenso stark der Fall; Amerika war hier schon auf dem Weg zu einer Gesellschaft des Massenwohlstands.

In den Schriften der meisten Soziologen dieser Zeit insbesondere in Europa über sozialen Wandel findet sich praktisch nichts über diese realen Verhältnisse. Sie sind (eingeschränkt!) Gegenstand der Sozialgeschichtler, aber vor allem der Sozialreformer. Aspekte der Dynamik in der Realität ihrer Zeit finden sich am ehesten noch bei *Werner Sombart* und *Joseph Schumpeter* – die entsprechend der Öffentlichkeit relevanter erschienen als *Max Weber* und *Georg Simmel.* Zu Recht haben allgemein die Soziologen nicht zuletzt in Deutschland die Verhältnisse zu ihrer Zeit als im Fluss befindlich verstanden, als eignete sich die Charakterisierung des jeweiligen Augenblicks nicht zu Diagnosen, die weit über den Tag hinaus Bestand haben sollten.

Der Erste Weltkrieg und seine unmittelbaren Folgen änderten all dies. In allen damals am weitesten entwickelten Ländern war der Einschnitt tief, aber am tiefsten doch in Deutschland und den USA. Und jetzt reagierten auch die Sozialwissenschaftler auf ihre Gegenwart – aber mit eingeschränkterem Erklärungsprogramm gegenüber den Klassikern und deren Vorläufern.

Das Kriegsende hatte zunächst in Deutschland stärkere soziale Auswirkungen als in den wirtschaftlich entwickelten Siegerländern. Einmal wieder bestätigte sich auch in diesem Fall, dass eine militärische Niederlage delegitimierend für die in der Verantwortung stehende Führungsschicht wirkt. In Rußland war eine entsprechende Revolution erfolgreich, in der Weimarer Republik wurde sie wiederholt versucht. Anders als in Rußland waren im Deutschen Reich aber Parteien zur Machtübernahme bereit, die als Opposition im Kaiserreich grundsätzlich das Gesellschaftssystem bejahten, also Sozialdemokraten und Zentrum. Zusammen mit verschiedenen Gruppierungen der Liberalen bildeten diese politischen Gegeneliten des Kaiserreichs nun die Führungsschicht der Weimarer Republik. Der Adel, der im Kaiserreich die oberen Ränge von Militär und Beamtenschaft besetzte – wenngleich durch den Krieg dezimiert und wirtschaftlich durch die neuen Ostgrenzen geschwächt –, hielt gemeinsam mit den Wirtschaftseliten die parlamentarische Demokratie für ersetzbar.

Hinzu kamen ungeheure Belastungen in den ersten Jahren der neuen Demokratie – Lebensmittelblockaden durch die Alliierten, Putschversuche von Links- und Rechtsextremisten, Separatisten-Erhebungen, dann der „Ruhrkampf" mit der Demütigung der Regierung, und eine absurde Inflation, durch die ein großer Teil des Mittelstandes seine Rücklagen verlor.[40] Als die Papiermark dann ab 15. November 1921 schrittweise durch die Rentenmark (die Reichsmark kam später) ersetzt wurde, betrug ihr Wert eine 1 mit zwölf Nullen! Es ist unter diesen Umständen verwunderlich, dass die Weimarer Republik nicht früher zusammenbrach.

Allerdings gab es ab Mitte 1924 bis in den Spätherbst 1929 eine allmähliche wirtschaftliche Erholung. Mit dem Dawes-Plan vom 16. August 1924 wurden die Reparationszahlungen erträglicher, und mit dem Young-Plan vom 11. Februar 1929 wurde dann erstmalig eine Begrenzung auf jährlich zwei Milliarden Goldmark und ein zeitliches Limit bis 1987 festgelegt.[41] Tatsächlich zahlte das Reich oft weniger als erwartet, und im Durchschnitt nur knapp zwei Prozent des Sozialprodukts, was etwa zehn Prozent der öffentlichen Ausgaben entsprach (Ploetz 1989: 154 ff.). So urteilen *Dietmar Petzina et. al.*: „Die ökonomischen Lasten des Versailler Vertrages bewegen sich in Grö-

40 Am 28.01.1921 war auf Drängen von Frankreich die Höhe der Reparationen mit 226 Milliarden Goldmark festgesetzt worden. Der Widerstand der Reichsregierung führte zur Besetzung eines Teils des Ruhrgebietes; nachdem die Reichsregierung nachgab, wurde das rechtsrheinische Rheinland geräumt. 1923 besetzten dann belgische und französische Truppen jetzt das Ruhrgebiet allgemein, weil vereinbarte Holz- und Kohlelieferungen nicht voll geleistet worden seien. Es kam zum vorwiegend passiven Widerstand mit 132 Toten und 150.000 Ausbürgerungen, der aber wegen der galoppierenden Inflation von der Reichsregierung nach neun Monaten eingestellt wurde. Bis 1925 zog sich die militärische Räumung des größten Teils des besetzten Gebietes hin, aber Teile des Reichsgebietes blieben bis 1930 von Franzosen besetzt.

41 Die unmittelbar nach Kriegsende erhobenen Forderungen der Alliierten – wie Überstellung der Handelsflotte, der Strom- und Telegraphenkabel, Sofortzahlung von 20 Milliarden Goldmark, riesige Kohlelieferungen – dienten der Ausschaltung von Deutschland als Wirtschaftskonkurrent. Die späteren Vereinbarungen sahen Zahlungen an die europäischen Alliierten vor, damit diese ihre Kriegsschulden an die USA bezahlen konnten. Die USA ihrerseits gaben dem Deutschen Reich Kredite.

ßenordnungen, die von der deutschen Volkswirtschaft durchaus aufzubringen, wenn auch nur schwer in ausländische Währungen zu transferieren sind" (Ploetz 1989: 115–129).

Mit dem Jahr 1924 setzt eine Periode wirtschaftlicher Erholung ein – allerdings von einem niedrigen Niveau aus. Wird die Produktion der Industrie 1928 mit 100 Prozent gleichgesetzt (das entspricht dem Wert für 1913!), dann ergibt sich folgende Index-Reihe (Ploetz 1989: 151):

Entwicklung der Produktion im Zeitablauf

1919	37 %
1921	65 %
1923	46 %
1925	81 %
1927	98 %
1928	100 %
1931	70 %
1932	58 %
1933	66 %
1934	83 %
1935	96 %

Diese wirtschaftliche Erholung bis zur Weltwirtschaftskrise wird erreicht durch eine anti-inflationäre Wirtschaftspolitik. Das ist nach den Verheerungen der großen Inflation verständlich, hatte aber eine fortdauernde hohe Arbeitslosigkeit von durchweg zwischen sieben und zehn Prozent als soziale Kosten (Bundeszentrale für politische Bildung 1985: 31). Dabei ist selbst in Deutschland, das damals bereits als Land mit hohen sozialen Sicherheiten galt, erst 1927 eine eigene Arbeitslosenversicherung eingeführt worden. Obwohl die Wirtschaft wuchs und insbesondere die Großbetriebe durch Rationalisierung ihre internationale Konkurrenzfähigkeit steigern konnten, gab es kaum eine allgemeine Erhöhung des Lebensstandards. Daraus erklärt sich die Häufigkeit von Arbeitskämpfen über Arbeitsbedingungen, bei denen der Arbeitsausfall durch Aussperrung den durch Streiks überstieg (Erdmann 1986: 238). Die Auseinandersetzungen zwischen Kapital und Arbeit in Deutschland wurden intensiver, wobei der Staat ab 1923 mit der Entwicklung eines Schlichtungswesens zum Partner in diesen Konflikten zwischen Kapital und Arbeit wurde. Zwar blieb die schon früh eingeführte überbetriebliche Mitbestimmung weitgehend wirkungslos, aber allgemein entwickelte sich in Weimar eine Wirtschaftsordnung mit staatlich geregelten Arbeits- und Konkurrenzbedingungen. Das führte zu einer sehr eigenwilligen deutschen Form eines Kapitalismus in teilweiser Ablösung des neomerkantilistischen Systems des Kaiserreichs.

Das politische und gesellschaftliche Leben in der Weimarer Republik wurde durch viele weltanschaulich aufgeladene Gegensätze geprägt, die teilweise zu direkten Konfrontationen auf den Straßen führten – also nicht durch die politischen Institutionen geformt waren. Die politischen Morde zu Beginn der Republik wurden mit dem Jahr 1924 seltener, aber Straßenkämpfe hielten auch in den ruhigen Jahren an. Kommunisten und Nationalsozialisten unterhielten Milizen für diese Straßenkämpfe, aber auch Verteidiger des Systems hatten mit dem Reichsbanner Schwarz-Rot-Gold eine Privatarmee. Streitigkeiten wie die über die „richtige“ Flagge oder über die Fürstenabfindung wurden mit einem Eifer ausgetragen, der an religiöse Auseinandersetzungen erinnert. Diese Konflikte können gedeutet werden als Konkretionen eines allgemeineren und tiefen Gegensatzes über die Legitimität der politischen Ordnung zwischen 1918 und 1933.

Hinzu kam, dass die beiden eigentlich die Republik tragenden Parteien Sozialdemokraten und Zentrum weltanschaulich zerstritten über die „Simultanschule“ (Gemeinschaftsschule) waren, wodurch die große Mehrheit der Schulen in Deutschland Konfessionsschulen blieben. Diese Wertkonflikte bewirkten, dass die Strukturänderungen in Wirtschaft und Alltag nicht als die wichtigsten Wandlungen erkannt wurden – als endgültiger Abschied von der traditionalen Gesellschaft (Elben 1985). Unsere Wertung bezieht sich allerdings nur auf den Stellenwert, der den letzteren Veränderungen beigemessen wurden; denn erkannt wurden sie durchaus.

Der Umbau des Wirtschaftsgefüges zur Industriegesellschaft gelang im Großen und Ganzen gut – allerdings begleitet von weltanschaulichen Turbulenzen. Dies war der Anteil der drei Sektoren am Wert des Nettoinlandsproduktes im Zeitablauf (Erdmann 1986: 231):

Anteil von Sektoren am Wert des Nettoinlandsproduktes im Zeitablauf

	Land- und Forstwirtschaft, Fischerei	Industrie	Handel, Verkehr, Dienstleistungen
1910–1913	23 %	45 %	32 %
1925–1929	16 %	48 %	36 %

Die Landwirte gehörten zwar zu den Inflationsgewinnern, dennoch waren sie gegen Ende der Weimarer Republik wieder stark überschuldet. Die ostelbische Landwirtschaft mit ihren großen Gütern ließ sich nicht auf die durch Außenhandel und Veränderungen bei den Konsumenten notwendig gewordene Veredelungsproduktion umstellen. Die Regierung reagierte mit Schutzzöllen und in Handelsverträgen sogar mit Kontingentierungen bei den Importen, aber das alles konnte die Folgen einer veralteten Struktur insbesondere in Ostelbien nicht ausgleichen. Ein Teil der Bauern und auch der Intellektuellen reagierte auf diesen Wandel mit einer „Blut-und-Boden-Mystik“, was an der wirtschaftlichen Lage natürlich nichts änderte. Die aus der wirtschaftlichen Marginalisierung der politisch immer noch einflussreichen Ostelbier folgenden Gefahren wurden verkannt.

Marxisten hatten den Tod des Handwerks vorausgesagt, und auch bei anderen Beobachtern galt gerade das Handwerk als wenig anpassungsfähig an Veränderungen. Im Gegensatz zu diesen Diagnosen stieg die Zahl der in Handwerksbetrieben Tätigen vom Kaiserreich zur Weimarer Republik an. Das war wesentlich eine Folge der Umstellung von der Produktion für Endkonsumenten hin zur Erzeugung von Zulieferungsprodukten für die Industrie. Insgesamt behauptete sich der selbständige Mittelstand innerhalb der Wirtschaft und blieb zusammen mit den Mittelbetrieben der wichtigste Arbeitgeber – übrigens auch in den USA und Japan. Das widersprach dem größeren Teil der Aussagen über sozialen Wandel vor dem Ersten Weltkrieg.

Die vielleicht wichtigste Veränderung war die in der Struktur der abhängig Beschäftigten. Der Anteil der Arbeiter an der Erwerbsbevölkerung hatte 1895 mit 48,3 Prozent einen Höhepunkt erreicht. Er sank bereits 1907 auf 46,3 Prozent ab und erreichte in Weimar 1925 noch 45,2 Prozent. Parallel hierzu stieg der Anteil der Angestellten und Beamten von lediglich 1,08 Prozent im Jahre 1882 auf 10,0 Prozent im Jahre 1895 und 12,5 Prozent im Jahre 1907. In Weimar erreichte er 16,5 Prozent und stieg weiter (Ploetz 1989: 154). Noch waren die Arbeiter in Weimar die zahlenmäßig eindeutig dominante Gruppe, aber die Entwicklung hin zu einer Differenzierung der Arbeitnehmerschaft zeichnete sich für einige Beobachter bereits ab.

Emil Lederer (1882–1939) war einer der ersten Wissenschaftler, der auf das Entstehen der nächsten für die Gesellschaft neuen Gruppe aufmerksam wurde: die „Privatangestellten“. Von 1882 bis 1907 hatte sich deren Anteil unter den Beschäftigten von 3,0 auf 7,4 Prozent erhöht und damit in 25 Jahren mehr als verdoppelt (hier wurde der öffentliche Dienst nicht berücksichtigt). *Lederer* war selbst Gewerkschaftler, lokalisierte aber die soziale Lage der Angestellten, wie vor ihm bereits *Gustav von Schmoller*, zwischen Kapital und Arbeit (Lederer 1912). Er konnte sich nicht entscheiden, ob er in dieser Angestelltenschaft einen weiteren Stand oder den Teil einer Klasse der Lohnabhängigen sehen sollte: „Die materialistische Geschichtsauffassung ... vereinfacht die Klassenschichtung zu sehr. Weder sind die ökonomischen Interessen der Arbeiter und der Angestellten identisch, noch setzen sie sich bei allen Klassen mit derselben Intensität durch" (Lederer 1912: 20 f.).

Die Hochzeit der Diskussion über die Lage der Angestellten innerhalb der Berufsstruktur war Weimar. Zwar blieb ihr Anteil auch da noch ziemlich gering – 1933 waren berechnet für das Gebiet der Bundesrepublik nur zwölf Prozent der Erwerbstätigen Privatangestellte –, aber sie hatten erkennbar ein von Arbeitern verschiedenes Bewusstsein (Croner 1969: 23). Bereits 1897 hatte *Gustav von Schmoller* die Angestellten dem Mittelstand zugeordnet (Schmoller 1897).

Marxistischen Kritikern erschien das als eine völlige Fehleinschätzung. Zwar sei das Bewusstsein der Angestellten verschieden von dem der Arbeiter, und sie selbst legten auf eine solche Abgrenzung größten Wert, aber das sei lediglich falsches Bewusstsein. *Karl Dietrich Erdmann* schließt sich dieser Schauweise an, wenn er der Darstellung zustimmt, beide Schichten habe nun „auf Grund ihres Arbeitsschicksals der gleiche Begriff des abhängigen, proletarisierten Arbeitnehmers" umschlossen (Preller 1962: 166, Erdmann 1986: 237). 1927 waren erst 2,4 Prozent der Angestellten arbeitslos gewesen, aber auf dem Höhepunkt der Wirtschaftskrise waren es bereits 16,3 Prozen – allerdings betrug die Arbeitslosigkeit allgemein damals 30,8 Prozent (Gleitze 1960: 45).

Aus sozialistischer Perspektive waren Angestellte „Stehkragenproletarier". Dem widersprach bereits damals insbesondere *Fritz Croner* (1896–1979) (Croner 1954). Der Angestellte habe durch seine Funktionen im Betriebsganzen eine grundverschiedene Stellung gegenüber dem Arbeiter.

2.

Angestellte als Berufskategorie entstehen zunächst als „Handlungsgehilfen“ eines Unternehmers, und so werden sie auch heute noch im deutschen Handelsgesetzbuch bezeichnet. Mit dem Größenwachstum von Betrieben delegiere der Unternehmer Aufgaben an Personen, die insgesamt jetzt als Angestellte bezeichnet werden. „Je größer die Betriebe werden und je weiter damit die Arbeitsverteilung auch auf den Tätigkeitsgebieten der Angestellten fortschreitet, desto heterogener wird die Angestelltenschaft. Die Arbeiten … der Angestellten weisen nunmehr eine bedeutende Streuung bezüglich des Schwierigkeitsgrades und des Verantwortungsgrades der auszuführenden Arbeiten auf“ (Croner 1954: 25).

Für die Zeitgenossen in der Weimarer Republik war politisch besonders auffällig, dass sich die Angestellten nicht in die Gewerkschaftsbewegung der Arbeiter einfügten, sondern eigene, syndikalistisch genannte Verbände entwickelten: „Deutsch-Nationaler Handlungsgehilfenverband“, „Gewerkschaftsbund der Angestellten“, „Allgemeiner Freier Angestelltenbund“; später in der Bundesrepublik „Deutsche Angestellten-Gewerkschaft“. Zentral für das Selbstverständnis im Unterschied zu dem der Arbeiter ist nach zeitgenössischen Beobachtungen der Glaube an die Karrieremöglichkeit. Kritiker sahen darin für die meisten eine Illusion, aber dennoch war es Realität, dass ein Angestellter seine Stellung im Gefüge eines größeren Betriebes aufgrund eigener Leistung verbessern konnte oder durch Stellenwechsel sozial aufzusteigen vermochte (Dreyfuss 1933, Lederer 1928).

Diese Entwicklung wurde sehr gefördert durch die Technisierung der Büroarbeit, die bereits vor dem Ersten Weltkrieg einsetzte. Schlüsseltechniken waren das Telefon und die Schreibmaschine. Damit „verweiblichte“ das Büropersonal. Waren im 19. Jahrhundert in den Fabriken Frauen verbreitet, so kehrten sich mit Beginn des 20. Jahrhunderts die Proportionen um: Fabrikarbeit wurde Männersache; die Angestelltenschaft setzte sich fortan aus beiden Geschlechtern zusammen. Auch das ist Teil der „Enthomogenisierung", die sich zunächst über die Büroarbeit durchsetzte.

Damit ist der Kern dessen bezeichnet, was sich in der Arbeitswelt insgesamt durchsetzte: die Enthomogenisierung der Arbeit – zunächst bei den Angestellten, später auch bei den Arbeitern. Lange herrschte die Vorstellung vor, die körperliche Arbeit kennzeichne einheitlich die Besonderheit der Arbeiter, was sich sprachlich im Englischen in der Wendung „hired hands" (gemietete Hände) für Gelegenheitarbeiter ausdrückt. Arbeiter in Deutschland fühlten sich nie als „gemietete Hände" und waren es aufgrund der Arbeitsaufgaben bei Facharbeitern auch nicht.

Die mit Facharbeiterbrief ausgestatteten Arbeiter standen den Handwerkern nahe und konnten nach der Zuweisung einer Aufgabe diese auch nach eigenem Sachverstand ausführen (Littek / Heisig 1995: 373–395). In England gab es diese Facharbeiter nicht. Der dortige „skilled labourer" ist nach unseren Vorstellungen ein angelernter Arbeiter. Das gilt erst recht für die USA: Fließband und extreme Arbeitszerlegung wie bei der Autoproduktion der Fordwerke („Taylorism"[42]) in den zwanziger Jahren waren nicht nur gedacht als Rationalisierung des Arbeitsablaufs, sondern auch als Mittel, um mit gering ausgebildeten Arbeitern noch komplexe Güter erzeugen zu können.

Nach heutigen Beobachtungen sind nur noch deutlich weniger als ein Drittel der Arbeitnehmer mit körperlicher Arbeit in dem Sinn befasst, dass ein Gegenstand physisch verändert wird. Die ganz große Mehrzahl der abhängig Beschäftigten be-

42 Bei linken Autoren wie Antonio Gramsci (1891–1937) heißt diese Entwicklung „Fordismus"; in Deutschland ist die technische Bezeichnung hierfür „Refa".

reitet den Vorgang der Arbeit i.e.S. vor oder kümmert sich um Nachbereitung, Lagern, Transport, Verteilung oder um sonstiges Zuarbeiten, ohne das Arbeit i.e.S. wirtschaftlich nicht möglich ist. Und selbst bei Arbeit i.e.S. ist körperliche Mühe meist drastisch vermindert. Würde eine Firma Arbeitern in einem großen Lager ein Weglegen von Gütern zumuten, ohne Gabelstapler bereitzustellen, dürfte das Gewerbeaufsichtsamt eingreifen. Das heißt nicht, dass es keine körperlich mühevollen Tätigkeiten mehr gäbe: Kellnern oder Tür-zu-Tür-Verkauf in Etagenhäusern sind Beispiele, aber ihre Häufigkeit ist stark vermindert worden.

Gewiss war es in den zwanziger Jahren noch zutreffend, sich den Beginn einer Schicht als ein Strömen großer Menschenmassen in eigener Arbeitskleidung vorzustellen, die dann in riesigen Hallen mehr oder weniger die gleichen Dinge verrichteten. Dieses für das Industriezeitalter zutreffende Bild gilt nach ihrer Veränderung hin zu einer Gesellschaft, die bestimmt ist durch Dienstleistungen und Wissensanwendung, dann nicht mehr.

Die Sozialwissenschaftler der zwanziger Jahre sind nicht zu schelten, dass sie den Beginn dieser Veränderungen für Arbeiter nicht zu erkennen vermochten, wenngleich der Vorgang einer „Enthomogenisierung der Arbeit" *Emil Lederer* deutlich wurde. Vermutbar war dieser Prozess aber bereits für Angestellte, wurde aber von kaum einem Zeitgenossen als solcher erkannt und erst recht nicht als gesellschaftliche Entwicklungsrichtung diagnostiziert. Im nachhinein wird jedenfalls verständlich, warum es die oft vermutete Zweiteilung der Gesellschaft als Leitmotiv sozialen Wandels nicht gab.

Parallel zu diesem Wandel in der Arbeitswelt verlief eine Veränderung des Alltags, indem immer mehr technische Geräte Teil des Privatlebens von immer weiteren Kreisen der Bevölkerung in den entwickelten Ländern „des Westens" wurden. Schon gegen Ende des 19. Jahrhunderts erfolgte dies in den USA mit der Technisierung von Küchen: Die Hausarbeit wurde rationalisiert, wenn sie als Arbeit und nicht als selbstverständliche Routine verstanden wurde. In dieser Zeit verbreiteten sich in den USA auch das Fahrrad, das Telefon und die Photographie als Massengüter, gefolgt vom Automobil. In den zwanziger Jahren des 20. Jahrhunderts setzte sich dann auch in Westeuropa „Alltagstechnik“ durch. Allgemein verbreitete sich die Elektrifizierung der Privathaushalte als Voraussetzung für den Einzug vieler Geräte in den Alltag: neben Licht, Radio und vielerlei Gerätschaften.[43]

Es war im 19. Jahrhundert üblich, dass neue Technik zunächst mit hohen Preisen auf ein kaufkräftiges Publikum zielte. In den USA wurden dagegen – wenngleich öfters in technisch unausgereifter Version – neue technische Produkte sofort für ein Massenpublikum vermarktet wie kurz vor dem Ausbruch des Ersten Weltkrieges Automobile und das Telefon (König / Weber 1997: 443 ff.). Diese Umstellung des Marketing auf ein Massenpublikum schwappte in den zwanziger Jahren auf Westeuropa über.

Für die Weimarer Republik sind die Billigautos der Firma Opel als Marktführer in Europa ein Ausdruck dieser zentral werdenden Bedeutung von Massenmärkten. Jetzt gab es auch in Haushalten des gehobenen Bürgertums in Deutschland Kühlschränke und Radios. Wohlhabende leisteten sich Zentralheizungen und Badezimmer – wenngleich in den Mietshäusern der Arbeiter Gemeinschafts-Toiletten in den Treppenhäusern zwischen den Etagen üblich waren.

Die zwanziger Jahre des vorigen Jahrhunderts bedeuteten jedoch auch für den „kleinen Mann“ in Europa trotz des unzureichenden Lohnniveaus eine nachhaltige Verbesserung seines Alltags. Die Entwicklung der Kunstseide revolutionierte die

43 Geradezu euphorisch wird die Elektrifizierung des Alltags von Lenin gesehen, wenn er den Kommunismus definiert als die Kombination von Sowjetmacht und Elektrizität.

Frauenkleidung. Mit dem „Bubi-Kopf“ konnten sich auch Frauen mit geringem Einkommen nun eine Frisur leisten, statt die Haare mit Kopftuch zu verdecken oder zu Zöpfen flechten zu müssen. Zwar langsamer als in den USA begann auch in Europa die Technisierung der Küchen. Mit Aufzügen, Rolltreppen und Kunststoffböden wurden mancherlei Lästigkeiten des Alltags zu Annehmlichkeiten. Kino und Schallplatte wurden zu Lustbarkeiten für alle.

Auch bei dieser schleichenden sozialen Revolution durch Alltagstechnik war es wie bei anderen Revolutionen: Die Ungeduld bei der Hoffnung auf noch mehr Annehmlichkeiten wächst, wenn sich die Überzeugung verbreitet: Es könnten noch verbleibende Lästigkeiten des Alltags doch auch noch entfallen, wenn man sich nur finanziell etwas mehr leisten könnte.

3.

Ausgerechnet in dieser Situation endete die Wohlstandsmehrung – wie bescheiden sie auch immer in Deutschland gewesen war. Am 25. Oktober 1929 brachen die Börsenkurse in den USA ein. Im Gegensatz zu verbreiteten Meinungen wurde dies nicht sofort als allgemeine schwere Wirtschaftskrise erkannt. Es wird heute geschätzt, dass damals ca. ein Drittel der Wirtschaftskraft verloren ging (Mikl-Horke 1999: 571). Da die amerikanische Wirtschaft vorher erheblich überhitzt war, blieb es nicht bei einer Börsenkrise und auch nicht bei einer auf Amerika konzentrierten Depression. Die USA zogen ihre Kredite aus dem Ausland zurück, was besonders die Weimarer Republik hart traf. Frankreich tat ein Gleiches. Dann brach in Deutschland am 13. Juli 1931 die Danat-Bank zusammen, nachdem bereits am 11. Mai die Österreichische Creditanstalt in Konkurs gegangen war.[44] Die Krise erreichte in Deutschland 1932 einen Höhepunkt, aber im späteren Teil des Jahres begann sich eine Erholung abzuzeichnen. In den USA dagegen hielt die Krise bis mindestens 1935 an.

Diese Krise hatte Deutschland in einem besonders ungünstigen Moment erreicht. Der Staatshaushalt war bereits defizitär, die Steuern sanken, und eine Anleihe war wenig erfolgreich gewesen. Die Innenpolitik war destabilisiert, so dass auf die Wirtschaftskrise nicht mit einem klaren wirtschafts- und finanzpolitischen Programm reagiert werden konnte (Tormin 1977). Am 27. März 1930 stürzte das letzte demokratisch legitimierte Kabinett *Hermann Müller* (1876–1931) über ein Zerwürfnis in der SPD und wegen der Reformunwilligkeit der Gewerkschaften. Auf Vorschlag ausgerechnet eines Gegners der Demokratie, General *Kurt von Schleicher* (1882–1934), berief Reichspräsident *Paul von Hindenburg* (1847–1934) am 28. März 1930 *Heinrich Brüning* (1885–1970) zum Reichskanzler. Der regierte nur noch mit Notverordnungen, weshalb viele Beobachter seine Ernennung als das Ende der Weimarer Demokratie bezeichnen. Das traf übrigens im doppelten Sinn zu; denn *Brüning* wollte die parlamentarische Demokratie durch eine autoritäre Monarchie ersetzen – auch wenn er nicht wagte, dies öffentlich auszusprechen (Erdmann 1986: 279).

Gleich zu Beginn verschlimmerte *Brüning* die Wirtschaftskrise durch zwei schwere Fehler: Er entschied sich für eine Deflationspolitik mit Steuererhöhungen, Lohnsenkungen, Kürzungen von Sozialleistungen und Personaleinsparungen, wo das Gegenteil notwendig gewesen wäre; und er löste am 18. Juli 1930 den Reichstag auf. Bei den letzten Reichstagswahlen am 20. Mai 1928 hatten die Nationalsozialisten 2,6 Prozent der Stimmen erhalten und die Kommunisten 10,6 Prozent – also die Feinde der politischen Ordnung zusammen 13,2 Prozent; bei der

44 Wirtschaftshistoriker urteilen, dass die Folgen des Konkurses der Danat-Bank durch fehlendes solidarisches Verhalten anderer deutscher Banken verschlimmert wurden.

vorgezogenen Wahl am 14. September 1930 erhielten die Hitler-Partei 18,3 Prozent und die Kommunisten 13,1 Prozent – die Demokratie-Feinde zusammen also 31,4 Prozent. Gleichzeitig mit dieser politischen Katastrophe verschärfte sich die soziale Situation: Der Anteil der Arbeitslosen stieg von 9,6 Prozent zu Beginn der Krise auf den Höhepunkt mit 30,8 Prozent. Die Zahl der Konkurse explodierte, und die Landwirtschaft geriet in eine so schwere Absatzkrise, dass es zu lokalen Aufständen mit Gewaltanwendung kam. 1932 war die Industrieproduktion gegenüber den Höchstständen 1928/29 fast halbiert und nur noch so hoch wie nach dem schlimmen Kriegszustand 1918 (Bundeszentrale für politische Bildung 1985: 31).

Genauere Zahlenangaben, insbesondere zur Arbeitslosigkeit, sind kritisch zu behandeln. Eine offizielle Zählung gibt es erst seit 1928, und verschiedene Quellen berichten voneinander abweichende Zahlen. Sicher ist jedenfalls, dass auf dem Höchststand sechs Millionen Arbeitslose nicht unterschritten wurden, und sicher falsch ist die Angabe von 44 Prozent (Mikl-Horke 1999: 572). Die Zahl dürfte auf Gewerkschaftsangaben zurückgehen. Ein Großteil der Bevölkerung verelendete; Hunger hatte sich ausgebreitet.

Bedeutete schon die Regierung *Brüning* ein Abheben des führenden Personals der Politik gegenüber der verzweifelten Lage großer Teile der Bevölkerung, so wurde dies im Verlauf des Jahres 1932 immer extremer. Durch allerlei politische Spielchen erreichte eine Clique um General *von Schleicher* als intellektueller Zentralfigur, dass *Brüning* am 30. Mai 1932 zurückgetreten wurde. Das folgende Kabinett des durch Reichspräsident *von Hindenburg* berufenen *Franz von Papen* (1879–1969) hatte im Ausland eine verheerende Presse als eine „altpreußische Adelsclique“. Sein fehlendes politisches Urteil stellte *von Papen* unter Beweis, indem er ausgerechnet in diesem Klima der Hoffnungslosigkeit in der Bevölkerung, in einem Zustand nahe einem Bürgerkrieg mit 18 Toten des Altonaer Blutsonntags vom 17. Juli 1932, Neuwahlen anberaumte. Am 31. Juli 1932 erhielten die Kommunisten 14,2 Prozent der Stimmen und die Nationalsozialisten 37,2 Prozent – der höchste von ihnen in einer Wahl unter regulären Bedingungen je erreichte Stimmenanteil. Die Feinde der Demokratie erhielten damit 51,4 Prozent der Stimmen.

Das so genannte „Kabinett der Barone" kam dann der Partei *Adolf Hitlers* (1889–1945) durch einen Staatsstreich in Preußen entgegen, aber das verhinderte nicht, dass sich die NSdAP an der vernichtenden Niederlage *von Papens* im Reichstag beteiligte. Die nach der wiedermaligen Auflösung des Parlaments fälligen Neuwahlen am 6. November 1932 ergaben für die Kommunisten mit 16,8 Prozent einen Gewinn, für die NSdAP jedoch mit 33,0 Prozent einen Verlust von 4,2 Prozent. *Von Papen* wurde entlassen und am 3. Dezember 1932 von *Hindenburg* durch General *von Schleicher* ersetzt. *Schleicher* arbeitete angesichts des Stimmenrückgangs für die NSdAP an der Chance, diese Partei zu spalten.[45] Da fanden sich *Hitler* und *von Papen* zusammen zur Intrige, deren Kulminationspunkt am 4. Januar 1933 ein Treffen im Hause des Bankiers *Kurt von Schröder* (1889–1965) (Mitglied im „Herrenklub") in Köln war. Bei diesem wurde ein Bündnis von Großwirtschaft und NSdAP verabredet. Am 30. Januar 1933 wurde *Adolf Hitler* von Reichspräsident *von Hindenburg* – sehr zu dessen Unwillen – zum Reichskanzler ernannt, *von Papen* wurde Vizekanzler. Fürs erste waren beide zufrieden: *Hitler*, dass er Reichskanzler wurde, *von Papen*, dass die lediglich zwei Minister der NSdAP von acht konservativen „eingemauert" werden konnten. Offensichtlich verkannte er hierbei den verbrecherischen und revolutionären Charakter der NSdAP-Führung.

45 Weshalb er dann 1934 bei der Ermordung von Mitgliedern der SA-Führung durch Hitler, dem sogenannten Röhm-Putsch, mit getötet wurde.

In der Nacht zum 28. Februar 1933 brannte der Reichstag nieder – was eine emotionale Reaktion in Deutschland zur Folge hatte, die der in den USA nach der Zerstörung des World Trade Centers am 11. September 2001 vergleichbar ist. Am Tatort wurde ein holländischer Kommunist verhaftet, und damit begründete *Hitler* seine Warnung vor einem kommunistischen Aufstand, für den der Brand des Reichstages das Fanal sein sollte. Eine britische Untersuchungskommission beschuldigte dagegen die NS-Führung, selbst den Brand gelegt zu haben. Bis heute ist umstritten geblieben, wer gezündelt hat, aber unumstritten ist, dass in dieser Atmosphäre von Angst und Wut am 23. März 1933 das sogenannte „Ermächtigungsgesetz" durch den Reichstag gebilligt wurde. Damit hatte das Parlament sich selbst abgeschafft und Hitler „ganz legal" mit diktatorischen Vollmachten ausgestattet (Jasper 1986). Weimar-Deutschland war auch als Gesellschaft zu Ende.

4.

In allen entwickelten Ländern waren die zwanziger Jahre des 20. Jahrhunderts der Durchbruch zur Konsumgesellschaft. Wie nach dem Ende des Zweiten Weltkrieges, so war mit dem Ersten Weltkrieg die Anwendung technischer Entwicklungen zurückgestaut worden, die, nun freigesetzt, zum Boom mit beitragen konnten. Der internationale Warenaustausch wuchs rascher als die Wirtschaft. „Die Wirtschaftsexpansion der zwanziger Jahre war eine völlig unkontrollierte und in ihren sozialen und ökonomischen Folgen unbegriffene und nicht handhabbare Entwicklung. … Das Ausmaß der Krise erschütterte die Fortschrittseuphorie und den sozialen Optimismus von Grund auf und stürzte die amerikanische Gesellschaft in lähmende Verzweiflung" (Mikl-Horke 1999: 571).

In der Rückschau nennen amerikanische Beobachter diese Zeit die „roaring twenties", eine überschäumende Zeit sich ausbreitender Freizügigkeit, als deren Symbole Jazz und Charleston gelten können. Auch in anderen Ländern war – wenn auch nicht so ausgeprägt wie in den USA – diese Aufbruchstimmung zu beobachten. In Deutschland blieb sie allerdings mit Ausnahme der größten Städte vergleichsweise matt, und der Absturz in der Weltwirtschaftskrise war unvergleichlich viel extremer. Jedenfalls war diese Weltwirtschaftskrise international eine Zäsur (Gabler 1988: 2650).

In den verschiedenen Ländern, einschließlich der USA, entstanden rechtsextreme Bewegungen mit der Zielsetzung, totalitäre Gesellschaften durchzusetzen. Sie alle verstanden sich als Kritiker des Liberalismus, wie er in den „roaring twenties“ ausgelebt wurde. Aber auch sie gehen von der Hochrangigkeit des Wirtschaftlichen bei der weiteren Entwicklung von Gesellschaft aus. Im Gegensatz zu früheren europäischen Gesellschaftsordnungen wird Wirtschaften als weitgehend ausdifferenziert behandelt. Das bedeutet, dass bei einem Konflikt zwischen ökonomischen Vorteilen und anderen Werten die wirtschaftlichen Argumente einen hohen Rang haben sollen.

Für solche Gesellschaften ziehen wir den Terminus „Wirtschaftsgesellschaften“ dem sonst üblichen Begriff Industriegesellschaft vor. Einmal wirkt die hier skizzierte Ausrichtung am wirtschaftlichen Vorteil weiter, auch nachdem die Industrie in der Bedeutung für das Wirtschaftsgefüge zurückgegangen ist. Zudem wird mit der Veränderung in der Rangordnung ausdifferenzierter Teilbereiche ein zentrales soziologisches Merkmal für die Besonderheiten eines Sozialsystems im Vergleich zu anderen angesprochen.

Die totalitären Gesellschaften wie die Sowjetunion oder der nationalsozialistische Staat gingen in ihrer offiziellen Staatsideologie vom Vorrang des Politischen aus. Den Machthabern war aber auch deutlich, dass die Legitimität ihrer Regime entscheidend abhing von dem, was in diesen Reichen das „Niveau der Versorgung“ genannt wurde – also vom Konsum. Hier war das nationalsozialistische Regime konsequenter als das kommunistische; denn selbst im Krieg hatte bis zur Wende im Reich die Konsumgütererzeugung einen hohen Rang. „Kanonen statt Butter" wurde nur vorsichtig praktiziert. Man war sich in der NS-Führung der andersartigen Prioritäten in der Bevölkerung bewusst.

Ganz eindeutig ist nach dem Ende des Zweiten Weltkrieges die Hochrangigkeit wirtschaftlicher Argumente – wenn auch nicht mit der Ausschließlichkeit wie in der Ideologie des amerikanischen Neoliberalismus. „Konsumgesellschaft" als Gesellschaftstyp hatte keiner der bekannten Sozialwissenschaftler vorausgesehen. Dass sich der Schwerpunkt auch in der Wirtschaft selbst einmal verlagern würde von der Produktion hin zum Konsum war ein solcher Wandel, zu dessen Verständnis die Sozialwissenschaftler bis in die Zeit nach dem Zweiten Weltkrieg keine Hilfe leisteten, ja die – mit Ausnahme von *Siegfried Kracauer* (1889–1966) (Frankfurt 1963)[46] – den Prozess nicht einmal zureichend beschrieben. Die Konsumkritik von *Thorstein Veblen* stellt die Betonung des Konsums vorwiegend als Torheit dar und nicht als einen Vorgang mit struktureller Bedeutung (Veblen 1899).

2. Kulturpessimismus und Totalitarismus

Die Entwicklung der westlichen modernen Gesellschaft war von Kulturpessimismus begleitet. Hier werden den vielen Zeitgenossen unerfreulich scheinende Aspekte von Gegenwartsgesellschaften als Ausdruck von Verfall und Dekadenz vorgestellt. Eine speziell deutsche Variante ist die Kulturkritik – übrigens ein Lehnwort auch im Englischen. In ihrem Zentrum

46 Verfasst wurden die hier später veröffentlichten Aufsätze zwischen 1926 bis 1931.

steht der Vergleich vorfindbarer Kulturen mit einer als Ideal geltenden Hochkultur, wobei der engere deutsche Kulturbegriff benutzt wird. Im Gegensatz zum Englischen, wo Kultur vornehmlich der Gegensatz zur Natur ist, ist der deutsche Kulturbegriff eingeengt auf „Hochkultur“ und dabei insbesondere auf künstlerisch-geistige Produkte.

1.

Nach *Siegfried Kracauer* wirkt das Entstehen der Angestelltenschaft verändernd auf die gesamte Gesellschaft. Angestellte sind Träger dessen, was *Kracauer* die „urbane Massenkultur“ nennt (Kracauer 1930). Sein Buch ist die Zusammenfassung einer zwölfteiligen Serie in der Frankfurter Zeitung, deren Redakteur *Kracauer* damals war. Diese Massenkultur habe als Leitmotiv den modernen „Kult der Zerstreuung“. Damit würde aus einer Veränderung in der Berufsstruktur eine kulturelle Wandlung gesamtgesellschaftlicher Art.

Kracauer sieht das allerdings überwiegend kulturkritisch und deutet die Abgrenzung gegenüber den Arbeitern in der Kultur der Zerstreuung als einen Hang, die tatsächliche soziale Lage durch Wunschbilder zu überblenden. So schreibt er von der „Kulissenwelt“ der modernen Massenkultur und dem falschen Schein großstädtischer Vergnügungspaläste und Warenhäuser. Darin drücke sich die Bereitschaft aus, „das normale Dasein in seiner unmerklichen Schrecklichkeit“ im Amüsement zu vergessen (Kracauer 1930: 109). Real sei diese Kultur der neuen Mittelschichten ein bloßes Ornament einer von den Wirtschaftsmächtigen beherrschten Gesellschaft (Kracauer 1963). Offensichtlich nimmt *Kracauer* hier Elemente der Kritik an der sogenannten Kulturindustrie vorweg, wie sie später von der Frankfurter Schule formuliert wurde.

Die kulturelle Öffentlichkeit Europas reagierte auf diese Strukturveränderung in Produktion und Vermarktung sowie alltäglicher Lebensführung überwiegend mit Entsetzen. Dem gemeinen Mann sei es noch nie so gut gegangen wie jetzt, ohne dass er begreife, welche geistigen Voraussetzungen die jetzt für ihn erreichbaren Güter haben. Durchweg wird diese Strukturänderung als „Amerikanisierung“ gescholten.

Von den wenigsten Zeitgenossen wird erkannt, dass damit auch die Gliederung der Gesellschaft in Stände und Klassen verblasste. Eine frühe Reaktion darauf ist die empirische Arbeit von *Theodor Geiger* (Geiger 1932). *Geiger* belegt in einer Neuauswertung der amtlichen Berufsstatistik, dass die marxistische Prognose, der Mittelstand werde proletarisiert, nicht zutrifft. Im Gegenteil erweist sich der von Analytikern meist totgesagte Mittelstand als eine gestaltende Kraft bei den politischen Kämpfen, die auf die Weltwirtschaftskrise folgten.

2.

Nach 1918 verdrängte in den Feuilletons und darüber hinaus in der qualifizierten Öffentlichkeit die Kulturkritik weitgehend die Sozialwissenschaft, ja wurde als eigentliche Sozialwissenschaft rezipiert. Der erfolgreichste Autor in der Zwischenkriegszeit, der Kulturpessismus und Kulturkritik miteinander verband, war der Gymnasiallehrer *Oswald Spengler*. Sein Hauptwerk „Der Untergang des Abendlandes“ erschien zwischen 1918 und 1922. *Spengler* gehört – wie früher ausgeführt – zu den Zyklentheoretikern. Demnach durchlaufen Kulturen wie auch die Natur einen Zyklus von Blüte, Reife und schließlich Zerfall. Für menschliche Gesellschaften bedeutet das ein Erlöschen der Schöpferkraft.

Wie häufig in den deutschen Geisteswissenschaften unterscheidet auch *Spengler* zwischen Kultur und Zivilisation. „Kultur“ ist bei ihm gleichbedeutend mit Hochkultur und „Zivilisation“ mit dem von Technik und Konsum dominierten Alltag. Die Gegenüberstellung ist zugleich auch eine Juxtaposition der amerikanischen Zivilisation mit der westeuropäischen Kultur. Indem diese nun auch zur Zivilisation werde, bedeute sie das Ende dieses Kulturkreises.

Spengler unterscheidet acht Hochkulturen in der menschlichen Geschichte, die diesem Zyklus von Werden, Sein und Vergehen gefolgt seien. Jede dieser Hochkulturen durchlaufe diesen Zyklus für sich. Mit dieser Behauptung weist Spengler das zurück, was er die Bandwurm-Theorie nennt, nämlich die Weitergabe von Errungenschaften einer Kultur an eine nächste – also das, was die Sozialwissenschaften „Diffusion“ nennen.

Der ungeheure Erfolg von *Spengler* auch und gerade in der Führungsschicht des Deutschen Reiches ist erklärlich aus der realen Situation Deutschlands nach 1918. Das Reich war als Folge des Ersten Weltkrieges mit seinem Verlangen gescheitert, in den kleinen Kreis der Weltmächte aufgenommen zu werden. Die Inflation 1923 ruinierte weitgehend den Mittelstand. Der Alltag war von wilden Auseinandersetzungen gekennzeichnet, und in der Kultur tobten sich weltanschauliche Feindschaften aus. Die sich rasch abwechselnden Stilrichtungen in der bildenden Kunst konnten als Maßstablosigkeit erfahren werden.

Während die westliche Zivilisation nach *Spengler* an ihr Ende gekommen ist, wird nach ihm eine neue Hochkultur aus Rußland kommen. Hier zeigt sich *Spengler* als Anhänger der in Kulturberufen damals nicht seltenen Meinung, deutsche Geistigkeit und (angebliche) russische Unverbrauchtheit seien eine Symbiose mit Zukunft – jedenfalls einer weiteren „Verwestlichung“ vorzuziehen.

Für den kulturkritischen Diskurs in Deutschland war längere Zeit *José Ortega y Gasset* (1883–1955) einflussreich. Das erklärt sich schon daraus, dass er zunächst als Neokantianer und dann als Idealist andere deutsche kulturkritische Autoren in sein Denken integrierte – wie insbesondere *Friedrich Nietzsche* (1844–1900) (Ortega y Gasset 1930). Nach *Ortega y Gasset* gründet die gesellschaftliche Dynamik in dem Widerspruch zwischen der Beziehung von Masse und Minderheit. Wird den (gesellschaftlichen) Dingen freier Lauf gelassen, dann wird der Mensch zu einem Wesen, das von den sozialen Umständen beherrscht ist. Diese Vorstellung über den Zwangscharakter des Sozialen übernimmt *Ortega y Gasset* von *Durkheim*. Er verschärft dessen Vorstellungen noch durch die Perspektive der Gesellschaft als mechanisch und gewalttätig. Hieraus ergebe sich die Selbstentfremdung als normaler Zustand – „falls nicht".

„Falls nicht" bedeutet nach *Ortega y Gasset*, dass Menschen sich auf ihre Geistigkeit besinnen, insbesondere auch einen Glauben an Transzendenz bewahren. Im 20. Jahrhundert ging nach ihm diese Geistigkeit verloren und damit das „authentische Ich", das allein den Menschen davor bewahrt, zum Massenmenschen zu werden. Diese Entwicklungsrichtung im gegenwärtigen Europa folge aus dem Ansehensverlust der Eliten. Die Aristokratien hätten ihre Beispielhaftigkeit verloren. Indem nun die Massenmenschen vorherrschten und die liberalen Minderheiten in ihrer Existenz bedroht seien, werde die Gefahr des Totalitarismus übermächtig (Garmendia 1980: 317).

Als entscheidende Bewegkraft für das Entstehen der Massengesellschaft nennt *Ortega y Gasset* die Massenkommunikation. Das ist um so erstaunlicher, als das spanische Original seines in zehn Sprachen übersetzten Werkes „Über den Aufstand der Massen" bereits 1931 erschien, weil die Kommunikationsdichte der Medien auch nicht entfernt mit der heutigen vergleichbar war. Die Massenmedien ermöglichen es, dass „jeder einzelne gewohnheitsmäßig die ganze Erde" erlebt (Ortega y Gasset 1996: 29). Durch die liberale Demokratie, die Naturwissenschaften und die Industrialisierung habe der „Durchschnittsmensch" eine Lebensweise, die zuvor „höchsten Schichten" vorbehalten war. Die Massen seien in der Lage, die Werkzeuge der Zivilisation zu gebrauchen, seien aber völlig ignorant, was deren Prinzipien sind. Dadurch werde es charakteristisch für die Zeit, nicht nur „daß der gewöhnliche Mensch glaubt, er sei außerordentlich…, sondern dass er das Recht auf Gewöhnlichkeit und die Gewöhnlichkeit als Recht proklamiert und durchsetzt“ (Ortega y Gasset 1996: 55).

Die elitäre Voreingenommenheit von *Ortega y Gasset* wird besonders deutlich in seiner Wissenschaftsschelte. In Wissenschaftlern sieht er gelehrte „Ignoranten“: Die Experimentalwissenschaften haben sich für ihn zum guten Teil dank der Arbeit erstaunlich mittelmäßiger, ja weniger als mittelmäßiger Köpfe entwickelt (Ortega y Gasset 1996: 89). Wissenschaftler hätten damit einen gesellschaftlichen Einfluss erreicht, der ihrer Qualität zur Führung nicht entspreche. Im heraufkommenden Faschismus und Syndikalismus (*Ortega y Gasset* war ja Spanier, und das Franco-Regime war eher syndikalistisch) sieht er die Ablösung der bürgerlichen Zivilisation.

3.

Auch in anderen Ländern wird die Deutung der Gesellschaft und ihrer Entwicklung nicht mehr bei den Sozialwissenschaftlern gesucht. Was an deren Stelle tritt, ist länderspezifisch. Im Deutschen Reich ist – neben der bereits erwähnten Kulturkritik, die aber vornehmlich nur die Beschreibung eines Zerfalls ist – eine ebenfalls kulturkritisch motivierte Revolutionslehre zur Ablösung der bürgerlichen Gesellschaft für die intellektuelle Erörterung bestimmend (Kalberg 1987).

Da für die linke Variante des Kampfaufrufes gegen die bürgerliche Gesellschaft als Ziel die kommunistische Gesellschaft bereits feststeht, ist sie im wesentlichen nur eine Revolutionslehre mit trotzkistischem Akzent. Führende Figuren wie *Karl Radek* (1885–1939), *Ernst Toller* (1893–1939) oder auch der Nationalbolschewist *Ernst Niekisch* (1889–1967) sind zwar ideengeschichtlich interessant, aber nicht zu unserem Thema hier. Da ist die Revolutionslehre von rechts für die Soziologie ergiebiger, weil sich hier Entwürfe einer Gesellschaft finden, die einmal die bürgerliche ersetzen soll.

Eine Leitfigur für die antibürgerliche Revolte von rechts war der Essayist, der sich später *Arthur Moeller van den Bruck* (1876–1925) nannte. In seinem Hauptwerk „Das dritte Reich" versuchte er Gemeinsamkeiten in den großen ideologischen Entwürfen des 19. Jahrhunderts aufzuspüren (Moeller van den Bruck 1923).[47] Insbesondere die universalistisch formulierten Ideologien des 19. Jahrhunderts sollten dabei uminterpretiert werden von einem nationalistisch-völkischen Standpunkt. 1923 kam es zu einer intensiven Begegnung zwischen *van den Bruck* und dem Trotzkisten *Karl Radek*, die beide angesichts des zusammenbrechenden Ruhrkampfes mutmaßten, die Zeit für eine Revolution sei nicht mehr fern. Beide waren sich einig, dass diese Revolution antikapitalistisch sein werde. Das konservative Element dieser Revolution war bei *van den Bruck* die Wiederbelebung eines abendländischen Reichsgedankens.

Der einflussreichste Revolutionär-Konservative der Weimarer Zeit war *Carl Schmitt* (1888–1985). Seine besondere Abneigung galt dem Fortschrittsglauben und der damit verbundenen Hochschätzung von Wirtschaft, Technik und Naturwissenschaften. Als die Werke, die seinen Weltruhm begründeten – *Schmitts* Schriften sind in 13 Sprachen übersetzt worden – gelten zwei Bücher, in denen er den Vorrang des Geistigen gegenüber der Welt der Tatsachen forderte (Schmitt 1919, 1922). *Schmitt* verlangte einen starken Staat, der die wünschenswerte antiliberale Gesellschaft durchsetzt, wofür eine strenge Trennung zwischen Freund und Feind notwendig sei. Dem nationalsozialistischen Staat diente *Schmitt* als preußischer Staatsrat und rechtfertigte damals die Morde des NS-Regimes an den Führern der SA am 30. Juni 1934. 1936 rief er die Tagung „Die

47 Die Schrift erschien zuerst 1923 in Berlin, wurde dann aber nach seinem Selbstmord wiederholt von verschiedenen Herausgebern neu aufgelegt.

deutsche Rechtswissenschaft im Kampf gegen den jüdischen Geist" ein, wurde aber noch im gleichen Jahr von der Presse des Regimes als Vertreter des politischen Katholizismus angegriffen und verlor alle politischen Ämter. Wie andere intellektuelle Früh-Nazis wurde er nach Etablierung des Regimes nicht mehr benötigt und irritierte durch sein Drängen auf eine Demontage der bürgerlichen Gesellschaft.

Viele der führenden Intellektuellen der Weimarer Zeit kamen aus der Jugendbewegung – so auch *Hans Freyer* (1887–1969). *Freyer* lehrte zunächst Kulturphilosophie, erhielt dann aber den ersten nur als „Soziologie" ausgewiesenen deutschen Lehrstuhl in Leipzig (Freyer 1923). In seiner Ablehnung des Positivismus verstand *Freyer* diese Soziologie als Ausdruck der Selbstreflexion der Gesellschaft und fand hierfür die Bezeichnung „Wirklichkeitswissenschaft" (Freyer 1930). Damit sei Soziologie Wissenschaft und politische Ethik zugleich, welche die Richtung des gesellschaftlichen Willens anzeigen könne. *Freyer* empfahl, sich der Dynamik des wissenschaftlichen Wissens anzuvertrauen, ohne zu wissen, wohin man getragen werde. Gegenüber der Vorstellung einer durch Sachgesetzlichkeit bestimmten geschichtlichen Entwicklung postulierte *Freyer* den Mythos als bewegende Kraft. Damit werde Geschichte zur souveränen geistigen Verfügung über die eigene Vergangenheit.

Den größten publizistischen Erfolg erzielte *Freyer* mit seiner Schrift „Die Revolution von rechts". Hier diagnostizierte er das Scheitern der industriellen Gesellschaft und erschaute eine Neuformierung aus den Trümmern des Klassenkampfes. Bereits aus den ersten Sätzen wird der exaltierte Charakter der Streitschrift – wohl in Anlehnung an „Also sprach Zarathustra" (1883–1985) von *Friedrich Nietzsche* (1844–1900) – erkennbar: „Eine neue Front formiert sich auf den Schlachtfeldern der bürgerlichen Gesellschaft: die Revolution von rechts. Mit der magnetischen Kraft, die dem Losungswort der Zukunft innewohnt, ehe es ausgesprochen wird, zieht sie aus allen Lagern die härtesten, die wachsten, die gegenwärtigsten Menschen in ihre Reihen. Noch sammelt sie nur, aber sie wird schlagen" (Freyer 1931). Für uns ist zumindest zu dieser Zeit *Freyer* ein Früh-Nazi, der bereits Mitte der zwanziger Jahre Sätze wie die folgenden veröffentlichte: „... aus der von der Natur gesetzten Spannung herrschaftlicher und höriger Rassen..."; oder „Herr ist man durch Geburt... Höriger ist man von Natur, nicht durch Pech"; „das Blut der Rasse" sei „das heilige Material, aus dem das Volk gebildet" wird, wobei die „Heilighaltung der Rasse" für den Staat die Priorität sein müsse; schließlich: „Volk sein heißt Volk werden, unter des Führers Hand" (Freyer 1925: 177, 86, 153, 199). Zur Jahreswende 1933/34 wurde *Freyer* dann vom NS-Kultusministerium zum „Führer" der Deutschen Gesellschaft für Soziologie ernannt.

Noch entschiedener als der Früh-Nazi *Carl Schmitt* ging später *Hans Freyer* auf immer größere Distanz zum NS-Regime, je konkreter der Herrschaftsapparat wurde. Von 1938 bis Kriegsende wich er nach Budapest mit einer Gastprofessur aus; allerdings war Leipzig noch während seiner aktiven Zeit zu einer Sammelstelle von Nazi-Sozialwissenschaftlern geworden.

Nach Kriegsende, Mitte der fünfziger Jahre, publizierte *Freyer* eine zusammenfassende Darstellung seiner Sicht der Gesellschaft, die jetzt an die Diagnosen von *Ferdinand Tönnies* und *Charles Horton Cooley* erinnert (Freyer 1955).[48] Das Leben wird hiernach gegenwärtig beherrscht durch „sekundäre Systeme". Offensichtlich ist ihm da sein früherer Glaube an die Überwindung von Sachzwängen durch Mythen und bloßen Willen abhanden gekommen. „Die Vision einer fertig gewordenen, von Managern größten Formats geleiteten Welt erscheint

48 Das lässt sich allerdings als Übernahme nicht schlüssig belegen, weil Professor Freyer in den hier zitierten Hauptwerken ohne Quellenangaben, ohne jegliche Fußnote oder Anmerkung zu publizieren pflegte.

am Horizont der Geschichte. In der Literatur ist sie als Thema längst an der Tagesordnung. Dabei fällt freilich auf, dass, während die Utopien bis etwa Bellamy allesamt das Paradies auf Erden malten, die Utopien einer fabrizierten Umwelt, einer durchorganisierten Produktion, eines vollkommen zivilisierten Menschen und einer zentral verwalteten Erde zumeist mehr einer Hölle gleichen als einem Paradies“ (Freyer 1955: 78).

Auch *Ernst Jünger* (1895–1998) war noch über Weimar hinaus ein Feind des Bürgertums und eines liberalen Staates. Nach einer der im damaligen Bürgertum üblichen trotzhaften Abwendung von seinem Herkunftsmilieu wurde *Jünger* entscheidend geprägt durch seine Fronterlebnisse im Ersten Weltkrieg. Aufgrund dieser Urerfahrungen befürwortete *Jünger* die Gesinnung eines heroischen Nihilismus, in dem Kampf, Blut und Grauen gefeiert werden (Jünger 1920, 1922, 1926). Daraus wurde in der Weiterentwicklung der Mythos des neuen unbürgerlichen Menschen (Jünger 1932). *Jünger* propagierte einen deutschen Nationalismus, den er als Konkurrent zum Nationalsozialismus verstand (Jünger 1931). Wie bei *Moeller van den Bruck* kam es auch bei *Jünger* aus der Feindschaft gegen die bürgerliche Gesellschaft zu vorübergehenden Berührungen mit Sozialisten, insbesondere mit den Nationalbolschewisten um *Ernst Niekisch*. *Jünger* propagierte keinen eigenen Gesellschaftsentwurf, sondern als Alternative lediglich eine heldische und damit antibürgerliche Grundhaltung.

Gleichfalls ein Feind der bürgerlichen Gesellschaft ist auch *Jüngers* Bruder, der Lyriker *Friedrich Georg Jünger* (1898–1977). In dieser Gesellschaft werde der Mensch zum Knecht der Technik (Jünger 1927). *Friedrich Georg Jünger* befürwortete einen Nationalismus als eine Kampfbewegung, in der der Wille zur Herrschaft verkörpert, kennzeichnet und bejaht werden solle (Jünger 1930).

Einen kulturkritischen Pessimismus gab es zwischen den beiden großen Kriegen in vielen Ländern;[49] für die deutsche intellektuelle Szene ist jedoch die Kombination dieses keineswegs originellen Kulturpessimismus mit einem revolutionären und antiwestlichen Pathos charakteristisch, das zum Erschaffen einer besseren Welt motivieren sollte. Damit wurde der Boden vorbereitet für die Akzeptanz vieler Teile der nationalsozialistischen Ideologie. Zum Verständnis der Gegenwart taugte diese sich revolutionär gebende Kulturkritik nicht und erst recht nicht als Auskunft über die Zukunft. Sie trug vielmehr dazu bei, in Deutschland die Aufmerksamkeit in die falsche Richtung zu lenken. Aber sie lässt verständlicher werden, wieso die Führung des Nationalsozialismus nach 1933 so schnell von großen Teilen der Elite akzeptiert werden konnte.

3. Technik-wirtschaftliche Erklärungen zeitgenössischen Wandels

In den Vereinigten Staaten teilt sich in den frühen zwanziger Jahren die Soziologie in ihren Schwerpunkten in zwei Hauptrichtungen. Die eine Ausprägung, die für die Weiterentwicklung des Faches von bleibender Bedeutung ist, wird „Chicago-Schule" genannt. Sie ist empirisch ausgerichtet. Ihre theoretische Orientierung ist zunächst stark von *Simmel* beeinflusst, und ihr Thema sind die sozialen Probleme, die sich aus der Modernisierung insbesondere der Wirtschaft ergeben.[50] In unserem Zusammenhang kann sie für die weitere Argumentation hier übergangen werden. Von größerer Bedeutung sind dage-

49 Ein Beispiel ist der Welterfolg des englischen Zivilisationskritikers Aldous Huxley „Brave New World" (etwas abgeschwächt übersetzt mit „Schöne neue Welt" 1932).

50 Die „klassische" Selbstdarstellung der „Chicago-Schule" ist Burgess 1926. Zur Programmatik siehe auch Park / Burgess 1921. Zur Weiterentwicklung der Chicago-Schule in der Gegenwart vgl. Neckel:1997: 71–84.

gen Erklärungen, die auf technisch-wirtschaftliche Veränderungen abstellen.

1.

Der für die Soziologie bedeutendste Vertreter dieser Programmatik ist *William F. Ogburn*. Er gilt auch als derjenige, der die Bezeichnung „sozialer Wandel“ für eine gerichtete Veränderung der Gesellschaft durchsetzte. Mit seinen Lehren setzt er sich von der Vorstellung der Evolutionisten ab, dass Gesellschaften ein organizistisches Ganzes sind; statt dessen betont er die Möglichkeit der Eigenentwicklung von einzelnen Bereichen. Mit *Ogburn* wird die Untersuchung von Modernisierungsverläufen in Teilbereichen der Gesellschaft das vorrangige Thema der empirischen Erforschung von sozialem Wandel in den USA. Sozialer Wandel findet dann statt, wenn die Entwicklung in einem Bereich andere gesellschaftliche Bereiche zu einer Anpassung zwingt, zumindest aber sie unter Anpassungsdruck setzt.

Von *Ogburn* wird gesagt, er vertrete dabei einen technologischen Determinismus des sozialen Lebens, der in den frühen zwanziger Jahren im Kulturleben verbreitet war.[51] In sozialwissenschaftlichen Lehrbüchern pflegt seine Lehre in Sätzen wie den Folgenden zusammengefasst zu werden: Technische Erfindungen üben einen Zwang zur Anpassung auf Wirtschaft und andere soziale Institutionen aus; diese Impulse setzen sich mit um so geringerer Geschwindigkeit fort, je ferner ein Lebensbereich von der Technik ist. Kulturelle Institutionen sind damit in der Reihenfolge der Veränderer die Schlusslichter.

Dies ist der Kern der Lehre vom *„Cultural Lag“*, vom Zurückbleiben des Kulturellen (Ogburn 1922). Ein exemplari-

51 Vgl. Thorstein Veblen und seine Bewegung „Technocrats Incorporated“ sowie die Mißverständnisse von Gesellschaft bei Lenin.

scher Fall soll dabei die Familie sein. Diese These, mit der die Erinnerung an *Ogburn* vor allem fortlebt, ist jedoch tatsächlich bei ihm nur ein Ausschnitt einer allgemeinen Lehre vom sozialen Wandel. Dieser ist zwar im „Westen" oft durch Technik ausgelöst, aber doch im Kern ein kultureller Wandel, der durch vier Vorgänge bestimmt wird.

Der elementarste Prozess ist hierbei die *Erfindung*. Dabei hat *Ogburn* einen Begriff von Erfindung, der diese nicht als bloße geniale Idee eines einzelnen vorstellt. „Erfindung ist definiert als eine Kombination existierender und bekannter Elemente einer Kultur, materiell oder nicht materiell, oder als Modifikation eines Elementes, so dass daraus etwas Neues wird" (Ogburn 1964: 23).[52]

Diese Erfindungen werden durch drei Faktoren bestimmt: durch die Begabung des Erfinders, durch die Nachfrage in der Gesellschaft und durch das Vorhandensein kultureller Elemente, die in neuen Kombinationen zu Erfindungen werden.[53] Nach *Ogburn* ist die Chance, dass Begabung für eine Erfindung vorhanden ist, um so höher, je größer die Gesellschaft ist, so dass aus dem numerischen Wachstum der neuen Gesellschaften eine erhöhte Chance der Erfindung folgt. Die Nachfrage bestimmt nicht nur die Richtung, in der mögliche Erfinder denken, sondern entscheidet auch über deren Brauchbarkeit. Wie später *Homer G. Barnett* (1906–1985) in seinem Werk betont, gibt es fortlaufend Erfindungen, womit sich die Erklärung des sozialen Wandels durch Erfindungen verlagert hin zu den Auslesemechanismen sozialer Art für neue Gedanken und Produkte (Barnett 1953).

52 Dieser Akzent auf Erfindung als Kombination statt als Einfall und als sozialer Prozess des Durchsetzens wird dann später aufgenommen von Barnett 1953.

53 Dafür sind die heutigen Computer ein Beispiel. Hier wurden kombiniert eine bis dahin obskure Zahlentheorie (binäres Rechnen), Schwachstromtechnik und Speichertechnik. (Forester 1980).

Mit *Akkumulation* bezeichnet *Ogburn* das Hinzufügen neuer Elemente zu einer Kultur dergestalt, dass mehr dazu kommt als durch Veraltern und Vergessen verloren geht. „Je mehr kulturelle Elemente es gibt, um so leichter ist es, neue Erfindungen zu entwickeln durch Kombination bereits existenter Elemente" (Ogburn 1964). Beispiel ist die Erfindung der Dampfmaschine. Dass komprimierter Dampf als Antriebsmittel dienen kann, ist verschiedentlich „erfunden" worden – so etwa gegen 100 nach Christus durch den griechischen Physiker *Heron von Alexandria*. Die Erfinder verfügten aber bis zur Neuzeit nicht über die Möglichkeit, Behälter für hohen Druck zu konstruieren, so dass die durch Erhitzung von Dampf gewonnene Energie sich lediglich für spielerische Anwendungen eignete. Erst mussten solche Entwicklungen wie Stahl und Ventile hinzukommen, damit die Dampfmaschine möglich wurde. Nötig wurde sie durch den Brennstoffmangel zu Beginn der Neuzeit in Europa, als Holz der wichtigste Brennstoff war, aber durch das Abholzen großer Flächen Versorgungsprobleme entstanden. Der Engpass konnte nur durch Kohle behoben werden, aber diese ließ sich nur bis zu ganz geringer Tiefe fördern. Bis zur Erfindung der Dampfmaschine gab es nämlich keine Lösung für das Problem des Grubenwassers. In dieser Notsituation wurde die Dampfmaschine zum Instrument, mit dem die Brennstoffnot Europas gelöst werden konnte.

Ogburn erwähnt erhebliche Folgen aus der Kombination von für sich zunächst weniger bedeutsamen Erfindungen. Die Besiedelung des Wilden Westens zwischen dem Mississippi und den Rocky Mountains ist nach ihm nur möglich geworden, indem Stacheldraht zur Aufteilung der Ebenen, das Windrad zur Bewässerung einer Fläche mit geringen Regenfällen, die eine dezentrale Verteilung erlaubte, und der Trommelrevolver aufeinander bezogen eingesetzt wurden (Ogburn 1964: 541 ff.).

Nach dieser Konzeption müsste sich die Schnelligkeit neuer Erfindungen exponentiell steigern. Nach *Ogburn* ist dies aber nur abschnittsweise der Fall, weil nach einer Periode des exponentiellen Anstiegs zu viele Gegenkräfte existieren und die Gesellschaft erst wieder ein gewisses Gleichgewicht benötigt. Eine jede Erfindung macht Anpassungsvorgänge in anderen Bereichen notwendig. „Diese Anpassungen erfolgen nicht sofort, sondern mit Verzögerung und werden kulturelle Verspätung genannt. ... Wenn eine bedeutsame Erfindung in einem Teil der Kultur erfolgt, ist das Gleichgewicht gestört; Wandel wird in anderen damit verbundenen Gebieten als Prozess der Anpassung an die neue Erfindung ausgelöst. Demgemäß geht soziale Entwicklung durch Erfindungen voran, die eine Gleichgewichtsstörung in einer Gesellschaft bedeuten und diese zwingt, Kräfte zu entwickeln, um ein neues Gleichgewicht zu erreichen" (Ogburn 1964: 30). *Ogburn* denkt deshalb an Innovationswellen – analog dem, was später in der Nationalökonomie die Kondratieff-Wellen (lange Wellen von 30 bis 40 Jahren) – nach dem Wirtschaftswissenschaftler *Nikolai D. Kondratieff* (1892 – evtl. 1938) – genannt wurde. Die Konzeption ist verwandt mit den „langen Wellen" in der Sozialgeschichte des *Ferdinand Braudel* (1902–1985) (Braudel 1986).

Diffusion ist nach *Ogburn* die Verbreitung einer Erfindung aus einem Gebiet in ein anderes. Es ist selbstverständlich nicht nötig, dass eine jede Gesellschaft alle Erfindungen selber macht. Das funktionale Äquivalent zum eigenen Erfinden ist die internationale Kommunikation. Entsprechend führt *Ogburn* die Blüte der griechischen Zivilisation auf deren geographischen Lage im Schnittpunkt mehrerer Kulturgebiete zurück. Je mehr Gesellschaften sich entsprechend diesem Verständnis von Erfindungen wandeln und je besser die Kommunikation zwischen ihnen ist, um so rascher wird der Prozess des Erfindens verlaufen. So glaubte *Ogburn*, dass sich die Schnelligkeit der Erfindungen und des daraus folgenden Wandels im 20. Jahrhundert immer weiter steigern würde.

Erst das vierte Element ist das, was normalerweise mit dem Namen *Ogburn* assoziiert wird: der *„Cultural Lag"* – *„kultu-*

relle Trägheit". Dies ist der Teil der Lehren von *Ogburn*, der ihn nicht nur besonders bekannt machte, sondern ihm auch das Etikett „technischer Determinist" eintrug – nicht ganz, aber weitgehend zu Unrecht. Wäre er nur dies, so könnte man ihn heute weitgehend übergehen. Seine Lehre vom sozialen Wandel ist jedoch zugleich auch eine der wenigen Institutionenlehren in der Soziologie.

Die Entwicklung der Familie als sozialer Institution zeigt, dass es keinen geraden Entwicklungsgang gibt. „Wie im Kapitel über die Familie gezeigt wurde, haben viele primitive Völker mit sehr einfachen Kulturen die Ein-Ehe, und in einigen Fällen sind Trennung und Wiederheirat nicht erlaubt. Es gibt keinerlei Beleg dafür, dass ein Zustand allgemeiner Promiskuität je bestanden hätte. Entsprechend sind andere Versuche, eine Abfolge von Stufen zu bestimmen, die eine Institution in einer jeden Kultur durchlaufen muss, fehlgeschlagen" (Ogburn / Nimkoff 1950: 489). *Ogburn* sieht den Grund hierfür in der Diffusion, in exogenen Einflüssen, denen inzwischen eine jede Kultur ausgesetzt ist. Hinzu kommt die wechselseitige Abhängigkeit verschiedener sozialer Institutionen voneinander.

Ungeachtet der soeben erwähnten Einwände hält *Ogburn* doch eine Rangordnung kultureller Eigenschaften, die sich von sehr früh bis sehr spät wandeln, für wünschenswert. Dabei lassen sich die materiellen Kulturen leichter als Zeitreihe ordnen als soziale Organisationen. *Ogburn* führt hierfür die übliche Abfolge an: Bei Wirtschaftsweisen könne man eine allgemeine Bereitschaft orten, dass eine überlegene Technik eine vorher existierende ersetzt; für eine Religion lässt sich das schwerlich begründen.

Die Entwicklung eines neuen Werkzeuges hängt ab von dem bestehenden Wissen über solche Werkzeuge. Dies gibt die Möglichkeit, Prioritäten in der materiellen Kultur zu bestimmen. Ein weiterer Grund, warum die materielle Kultur sich für ein evolutionäres Ordnen besser eignet, ist ihre Bedeutung für den möglichen Umfang von Bevölkerungen, und deren Umfang wiederum ist von größter Bedeutung für die Formen sozialer Institutionen. Hier findet sich eine Nähe von *Ogburns* Auffassung zur formalen Soziologie bei *Simmel*. Der durchschnittliche Umfang der nomadischen Gruppen primitiver Jägerkulturen beträgt 50 Personen. Eine Gruppe von 50 Personen, von denen nur 15 Männer im Alter zwischen 20 und 60 Jahre sind, kann sich keine größere Differenzierung seiner Sozialorganisationen leisten (Murdock 1949: 81). Heute erlaubt uns die materielle Kultur, die eng mit der Dichte der Bevölkerung verbunden ist, in Millionenstädten zu leben. Dichte der Bevölkerung ihrerseits korreliert mit der Struktur von Institutionen.[54] Die materielle Kultur kann deshalb der Bezug sein für die Analyse der Evolution anderer Teile von Kultur.[55]

Institutionen müssen als Teil eines Sozialsystems verstanden werden. So können nach *Ogburn* die etablierten Kirchen nicht verstanden werden ohne deren Verflechtung mit Regierungen, Wertesystemen, der Sphäre der Bildung und der Art der Familie. In dieser Berücksichtigung von Verflechtungen sollte bei der Analyse von Institutionen stärker abgestellt werden auf Funktionen statt auf Strukturen. Für *Ogburn* ereignet sich Wandel vornehmlich durch Verschiebung der Funktionen von Institution zu Institution bzw. durch veränderte Akzente bei der Wahrnehmung einer Funktion. Strukturen tendieren dazu, sich nach Möglichkeit zu erhalten. Deshalb ändern sich Funktionen häufiger als Strukturen. *Ogburn* wählt für diese Regel auch die Bezeichnung „kulturelle Trägheit".

Kulturelle Trägheit als Bewahrung einer Struktur ist in der sozialen Realität auch bei Wandel möglich, weil die gleiche

54 Dichte der Bevölkerung ist bei Louis Wirth (1897–1952) Voraussetzung für städtische Lebensweise (Wirth 1974: 1–24).

55 Es ist diese unscharfe Wendung, die entscheidend dazu beigetragen hat, dass in Textbüchern Ogburn als „technischer Determinist" wiedergegeben wird.

Struktur verschiedenen Zwecken (Funktionen) dienen kann. Zugleich gilt: Je größer die Multifunktionalität einer Institution, um so höher ist ihre strukturelle Stabilität im sozialen Wandel (Ogburn / Nimhoff 1950: 491). Beispiele für solche multifunktionale Institutionen sind die Kirche und die Familie, die auch bei der Abgabe von Funktionen – etwa der Erziehung an die Bildungseinrichtungen – in ihrer Struktur konstant bleiben können. Ebenso können Institutionen sich neue Funktionen angliedern und auch damit ihre Stabilität erhalten. Mit dieser Trennung zwischen Struktur und Funktion von Institutionen ist realer sozialer Wandel besser zu erklären als ohne eine solche Unterscheidung.

Ein für das 20. Jahrhundert gemeinsames Muster dieses Wandels sind technische Erfindungen, die wirtschaftliche Rückwirkungen haben. Daraus folgt ein Wandel in sozialen Institutionen wie der Verwaltung und der Familie, und schlussendlich werden auch die allgemeinen sozialen Vorstellungen der Menschen beeinflusst. *Ogburn* behauptete nicht, diese Abfolge habe für alle Zeiten gegolten, wohl aber, sie sei für das 20. Jahrhundert bestimmend. Für diejenige Technik, die *Ogburn* in erster Linie als empirischen Beleg berücksichtigt, kann er eine solche Tendenz gut begründen: Es ist die Entwicklung des Schiffbaus.

Die Akzeptanz von Erfindungen ist keinesfalls eine Selbstverständlichkeit. Es gibt viele Beispiele für Widerstände gegen Techniken – wie der Versuch zum Ausgang des Mittelalters, die damals für den Westen neue Armbrust als Waffe zu ächten. Da sie Ritterrüstungen durchschlagen konnte, bedeutete ihre Verwendung in kriegerischen Auseinandersetzungen nicht nur eine andere Waffentechnik; als Waffe armer und ungeübter Bauern unterminierte sie die Bedeutsamkeit des Ritterstandes als Teil der Sozialordnung. Im englischen Unterhaus wurde in der ersten Hälfte des 19. Jahrhunderts auf Drängen der britischen Admiralität ein Gesetzesvorschlag eingebracht, mit dem der Gebrauch der Dampfkraft in der britischen Kriegsmarine verboten werden sollte (Stern 1937: 39–66). Die Beispiele zeigen allerdings zugleich, wie oft solche Versuche fehlschlagen. Gekoppelt mit seiner Lehre von der Erfindung leitet daraus *Ogburn* als Lehrsatz ab: Je fortgeschrittener eine Kultur ist, um so rascher entwickelt sie sich (technisch und in der sozialen Differenzierung) weiter (Ogburn / Nimkoff 1950: 522).

Zugleich muss aber auch beachtet werden, dass diese Veränderungen soziale Probleme zur Folge haben: „Jede wichtige Erfindung schafft soziale Probleme" (Ogburn / Nimkoff 1950: 535). Diese sind bei der Annahme einer Erfindung in etwa nur für die unmittelbaren Folgen vorauszusehen. Für Folgen von Folgen und sich daraus ergebenden weiteren Wirkungen gilt das durchweg nicht. Die in den achtziger Jahren auch in Deutschland in Mode kommende „Technikfolgenabschätzung" stellte zu einseitig auf unmittelbare Folgen ab und überschätzte in groteskem Maße die Fähigkeit zur Prognose.

Ein Beispiel ist die Einführung des Autos. Gegen Ende des 19. Jahrhunderts wurde die Mobilität auf der Grundlage von Pferdetransporten zu einer nicht mehr tragbaren Umweltbelastung. Ein Pferd benötigte für Futterreserven und Unterkunft viel Platz; der Gestank von Pferdemist war im zunehmenden Verkehr unerträglich; die Pferde wurden zugleich mit dichterem Verkehr unzuverlässiger. Da erschien das Auto als umweltfreundliche Alternative. Als dann technisch das Auto so weiterentwickelt war, dass es seit Anfang der zwanziger Jahre auch einem nicht besonders geschulten Besitzer anvertraut werden konnte, sank die Zahl der Kutscher. In der Folge veränderte sich die Siedlungsstruktur von Städten. Bis Anfang der zwanziger Jahre wuchsen in Amerika – und in Europa noch einige Jahrzehnte länger – Städte entlang den Schienensträngen für den Vorortverkehr. Das Land zwischen den Ausfallstraßen konnte für gewerbliche Nutzung, die große Flächen erforderte, verwandt werden. Das private Auto ist jedoch ein Verkehrsmittel, das die Verteilung von Bevölkerung über eine gesamte Fläche erlaubt. Als Wohnweise bevorzugt wurde dann das Einfamilienhaus in den Vororten. Dies wiederum hatte bedeutende Folgen für die Art der Geselligkeit und auch für das Schulwesen. Der Schulbus war in der Lage, die über eine Fläche verstreut lebenden Kinder zu Mittelpunktschulen zu bringen und damit die Kleinschule in der Nachbarschaft auszutrocknen. Selbstverständlich waren diese Folgen von Folgen bei der Einführung des Automobils nicht vorauszusehen.

Sozialer Wandel erfolgt auch aufgrund sozialer Erfindungen. Beispiele sind die Einführung der allgemeinen Schulpflicht in ihrer Wirkung auf die Familie in den westlichen Staaten oder die Prohibition in den zwanziger Jahren des vorigen Jahrhunderts in den USA; diese sollte zur Grundlage für die Entwicklung eines organisierten Verbrechertums werden, das – einmal entstanden – auch die Aufhebung der Prohibition überlebte.

„Soziale Erfindungen sind die Quelle technologischer Erfindungen. ... Es ist gezeigt worden, daß

(a) mechanische Erfindungen soziale Erfindungen zur Folge haben,
(b) dass soziale Erfindungen weitere soziale Erfindungen verursachen und
(c) dass mechanische Erfindungen zur Entwicklung weiterer mechanischer Erfindungen führen.

Es trifft auch zu,

(a) dass soziale Erfindungen mechanische Erfindungen zur Folge haben."

Dennoch meint *Ogburn* wegen der unterschiedlichen Geschwindigkeit, mit der in Technik, Wirtschaft, dem sozialen Leben und allgemein der Kultur auf Veränderungen reagiert wird, dass zumindest heute Erfindungen technischer Art die wichtigsten Kausalbedingungen für Veränderungen sind (Ogburn / Nimkoff 1950: 547).

Als entschiedener Vertreter einer quantifizierenden Sozialforschung – *Ogburn* war zeitweise Vorsitzender des wissenschaftlichen Beirates für die amerikanische Volkszählung und Präsident der amerikanischen Statistischen Gesellschaft – versuchte er sozialen Wandel zu messen. Daraus entwickelte sich in der Praxis allerdings lediglich eine soziale Indikatorenforschung, deren wirksamster Ausdruck der Bericht „Recent Social Trends" war (Presidents Research Committee on Social Trends, 1934, UN-National Resources Committee, 1937). Ein Weiterwirken dieser Ansätze lässt sich in Arbeiten von *Samuel Andrew Stouffer* (1900–1960) und später auch in der deutschen Sozialindikatorenforschung ausmachen.

Von heute aus gesehen erscheinen *Ogburns* Konzeption der Erfindung und ihrer gesellschaftlichen Verbreitung sowie die Begründung für eine Akzeleration der technischen Entwicklung und insbesondere die Institutionenlehre gehaltvoller als die in den Textbüchern vor allem tradierte Behauptung des „Cultural Lag". Dass durchweg von der Technik der Anstoß für sozialen Wandel ausgehe, ist sicherlich eine zu weitgehende Verallgemeinerung. Die Lehre der Frankfurter Schule würde der Kultur einen steuernden Einfluss auf die gesamte gesellschaftliche Entwicklung und nicht zuletzt auf die der Technik selber zumessen. Aber auch von anderen Positionen her wird heute Technik selbst als ein Kulturprodukt verstanden.[56] Als eine allgemeinere Fassung der Lehren *Ogburns* kann jedoch behauptet werden, dass in der europäischen Gesellschaft der Neuzeit Kultur und Wirtschaft schnelleren Wandlungen unterliegen als die nicht ausdifferenzierten, funktional diffusen Institutionen wie Familie (Barnett 195).

56 Siehe hierzu König 1990–1992. Das gilt bereits für die Antike, wie im Band I „Landbau und Handwerk" (Hägermann / Schneider 1997) ersichtlich wird.

Grundsätzlich zu beanstanden ist eine für den Begriff der „kulturellen Verspätung“ zentrale Unterstellung: dass alles, was in der Schnelligkeit der Entwicklung hinter dem Tempo technischer Veränderungen zurückbleibt, die als eine immer weitergehende Rationalisierung verstanden wird, deshalb als „Verspätung“ zu werten ist. Die Familie erzwingt eine Anpassung der Technik an ihre Bedürfnisse! Siehe den Fehlschlag der Konzeption *Wladimir Iljitsch Lenins* (1870–1924), man müsse die Funktionen der Zubereitung von Nahrung und deren Aufnahme in zentralen Küchen zusammenfassen, die Erziehung der Kinder durch Großkindergärten mit professionellen Erzieherinnen aus den Familien ausgliedern und die Funktion von Unterhaltung in zentrale Kulturhäuser verlagern. Hier wurde völlig verkannt, dass sich im Verlauf der Entwicklung westlicher Sozialsysteme zu Wirtschaftsgesellschaften zwar der öffentliche Bereich versachlichte, die vordem sehr sachlichen Binnenbeziehungen der vorindustriellen Familien sich jedoch zunehmend emotionalisierten. Dieser Vorgang ist am ehesten als eine Rochade des Prinzips der sachlichen Erledigung von Funktionen vom Privatbereich hin zum öffentlichen Bereich zu verstehen – und nicht als „Verspätung“ der Familie gegenüber dem technisch-wirtschaftlichen Wandel.

2.

Konjunkturtheorien gehören eigentlich nicht zu den Lehren über sozialen Wandel. Man kann sicherlich Konjunkturen zum Teil deuten als Form der Bereinigung einer Wirtschaftsentwicklung, aber mehrheitlich sind Konjunkturen doch zu verstehen als Schwankungen zwischen Gleichgewichtszuständen. Hiervon sind auszunehmen die Lehren von den „Langen Wellen“; denn sie werden verstanden als Teil des sozialen Wandels. Grundlegend sind hier die Arbeiten von *Nikolai D. Kondratieff*, der zwischen 1920 und 1928 das Moskauer Konjunkturinstitut leitete (Kondratieff 1926, 1928).

Die Kondratieff-Zyklen
(Nefiodow 2000: 18 f.)

1. Kondratieff 1800	Dampfmaschine Baumwolle
2. Kondratieff 1850	Stahl Eisenbahn
3. Kondratieff 1900	Elektrotechnik Chemie
4. Kondratieff 1950	Petrochemie Automobil
5. Kondratieff 1990	Informationstechnik
6. Kondratieff 20XX	Psychosoziale Gesundheit

Eine *Kondratieff*-Welle nimmt ihren Anfang mit einer Grunderfindung, wie etwa der Eisenbahn oder des Autos oder des Jet-Flugzeuges. Durch immer weitere Verbesserungen und das Erspähen neuer Anwendungsmöglichkeiten erfolgt Wachstum, bis die Möglichkeiten ausgereizt sind. Ein aktuelles Beispiel ist die Entwicklung der Computer und der modernen Kommunikationstechniken. Zunächst behindern Kinderkrankheiten einer grundsätzlich neuen Erfindung oder Technik ihren wirtschaftlichen Erfolg. Dann erreicht dieser nach Ausreifen der Erfindung ein Maximum. Schließlich gilt die Erfindung als ausgereizt. Mit einer neuen Grunderfindung beginnt dann eine weitere „Lange Welle".

Der charakteristische Ablauf von *Kondratieff*-Phasen entspricht der Konzeption *Schumpeters* von wirtschaftlicher Entwicklung als „innovativer Zerstörung". Hier wird das Bessere jeweils zum Feind des Guten, bis sich dann keine wesentlichen Unterschiede zwischen beiden mehr erkennen lassen. Und dann würde in der Tat Stagnation auf dem jeweils erreichten hohen Niveau folgen, wenn es nicht zu einer neuen Grunderfindung käme.

Kondratieff selbst behauptete, diese Langen Wellen folgten einander in einem Zyklus von 50 Jahren. Eine solche Vorstellung entspricht den früher üblichen Konjunkturtheorien, die von den Erfahrungen der Landwirtschaft über den Wechsel von guten und schlechten Ernteperioden ausgingen. Es gibt aber überhaupt keinen Grund anzunehmen, dass Erfindungen oder Durchbrüche in der Technik irgend einer Periodizität folgen. Deswegen muss aber keineswegs die Vorstellung aufgegeben werden, dass Neuerungen als Agens des Wandels nicht kontinuierlich, sondern in unregelmäßigen (!) Schüben wirksam werden. Wichtig bleibt die Einsicht, dass nicht die Erfindung/Neuerung als solche für die Dynamik des Wandels entscheidend ist, sondern deren „Ausbeutung" als Ware.

3.

In ihrer Zeit in der Öffentlichkeit erfolgreicher als *William F. Ogburn* waren Autoren, die den Akzent auf strukturelle Veränderungen in der Wirtschaft legten, aber am Rande der Sozialwissenschaften zu orten sind. Besonderen Enthusiasmus in den intellektuell bedeutsamen Medien löste *Thorstein Veblen* aus. Er vertrat einen unsystematischen Frühsozialismus, der als Grundlage für Wohlleben nur eigene körperliche Arbeit akzeptiert. Wohlleben auf einer anderen Grundlage ist für ihn Ausbeutung und damit unmoralisch.

Kennzeichnend für Klassen der Ausbeuter ist bei *Veblen* die „conspicuous consumption", übersetzt von *Peter Heintz* (1920–1983) mit „demonstrativer Konsum". Dieser wird von *Veblen* mit der Art gekennzeichnet, wie im Jahre 1925 neureiche Amerikaner vom Romancier *Francis Scott Fitzgerald* (1896–1940) in „The Great Gatsby" beschrieben wurden. „Demonstrativer Konsum" ist von der Art, jedem erkenntlich zu machen, „daß die so ausgestattete Person unmöglich einer Beschäftigung nachgehen kann, die irgend einen unmittelbaren

Nutzen bringt. Elegante Kleider erfüllen ihren Zweck also nicht nur insofern, als sie teuer, sondern auch insofern, als sie Merkmale der Muße sind“ (Veblen 1958: 167).

Die Konsumentenkritik ist nur eines der Themen von *Veblen*, wenngleich für die intellektuelle Öffentlichkeit seiner Zeit das Erfolgreichste. Vor allem war *Veblen* ein Kritiker der neoklassischen Ökonomie und betonte gegenüber Märkten als Regelungsmechanismen die Bedeutung von Institutionen. Diese Institutionen koordinieren das technische Wissen in einer Gesellschaft, und auf diese Weise entfalten sich auf völlig unpersönliche Weise die Möglichkeiten der Entwicklung. „Ihr Gerüst des Wissens und der Schlussfolgerungen gründet auf den Gesetzen materieller Verursachung und nicht auf zeitlosen Sitten, Authentizität oder autoritativer Verfügung. Ihre metaphysische Basis ist das Gesetz von Ursache und Wirkung, welches im Denken der Anhänger dieser Richtung sogar das Gesetz der zureichenden Begründung ersetzt hat“ (Veblen 1904: 311–312).

Veblen lehnte den Marxismus ab und erhoffte sich als weitere Entwicklung wohl eine Art technikgesteuerten Sozialismus. Jedenfalls hat sein Institutionalismus solche späteren öffentlich einflussreichen linken Wirtschaftsphilosophen wie *Kenneth Galbraith* (geb. 1908) und *C. Wright Mills* (1916–1962) beeinflusst.

Geschichte wird nach *Veblen* dadurch angetrieben, dass immer wieder Teile der Bevölkerung die verfügbare Technik nutzen, um mit deren Anwendung gegenüber anderen Teilen der Bevölkerung selber die Position einer ausbeutenden Klasse zu erreichen. Damit dieser Zyklus von neuer Technik und neuer Ausbeutung durchbrochen wird, muss die Gesellschaft von Technikern geleitet werden. *Veblen* gründete hierzu eine Bewegung „Technocrats Incorporated“, die damals beispielsweise von der New York Times über Seiten hinweg enthusiastisch begrüßt wurde. In der von *Veblen* erhofften Gesellschaft werde die Verschwendung nicht absetzbarer Produktion zugunsten nur der Güter vermieden, welche Menschen gegenwärtig in erkennbarem Umfang benötigen.

Zum Verständnis von *Veblen* ist es hilfreich, auf Ähnlichkeiten zur Auffassung von Technik und Entwicklung bei *Lenin* hinzuweisen. Der zeitgleiche russische Kommunismus kann gedeutet werden als ein ingenieur-technisches Mißverständnis von gesellschaftlicher Entwicklung – eben als Technokratentum. Der berühmte amerikanische Journalist *Lincoln Steffens* (1866–1936) war Teil dieser Ingenieurperspektive von Gesellschaft und deren Wandel. Nach einem Besuch der Sowjetunion unmittelbar nach der Russischen Revolution berichtete er 1919 in den USA: „Ich habe die Zukunft gesehen, und sie funktioniert" (Steffens 1931: 799).

4.

Das damals beispiellose Wachstum der Konsumgüterindustrie war nicht Schwerpunkt einer kritischen Diskussion des Struktur-Wandels in der Wirtschaft – Ausnahme der schon erwähnte *Thorstein Veblen*, und dessen wirklicher Schwerpunkt war Technikphilosophie.[57] In den USA wurde vielmehr gefragt, ob mit dem Wachsen vieler amerikanischer Unternehmen zu riesigen Komplexen dieses Wirtschaftssystem noch als Marktwirtschaft auf der Grundlage von Privateigentum betrachtet werden könne – oder ob sich nicht vielmehr eine neue Wirtschaftsordnung durchsetze.

1928 erteilte der amerikanische Social Science Research Council dem Wirtschaftsjuristen *Adolf A. Berle* (1895–1971) einen Forschungsauftrag zu diesem Topos. Berle gewann als

57 Bezeichnenderweise wurde nur die Konsumentenkritik von Veblen ins Deutsche übersetzt und damit für die deutsche Kontinuität der Kulturkritik vereinnahmt.

Mitarbeiter den Wirtschaftsprofessor *Gardiner C. Means* (1896–1988). Inzwischen war die Weltwirtschaftskrise ausgebrochen, und als dann 1932 *Berle* und *Means* ihren Forschungsbericht vorlegten, schien der eine Erklärung zu liefern, auf welche Weise der vertraute Kapitalismus an sein Ende gekommen sei. Da der Abschlussbericht von *Berle* und *Means* mit der Autorität des Universitätsrates für Sozialwissenschaftliche Forschung der Columbia University vorgestellt wurde, hatte er die notwendige wissenschaftliche Dignität, um die weitere Diskussion über die Entwicklungsrichtung der Wirtschaftsordnung in den USA zu beeinflussen (Berle / Means 1932).[58]

Berle und *Means* gingen von dem Bild einer Wirtschaft aus, das nach ihren Überzeugungen die Grundlage der „klassischen" Theorie bei *Adam Smith* war:

(1) Die Wirtschaftseinheiten sind klein – ein Eigentümer-Unternehmer und einige Handlungsgehilfen;
(2) Eigentum und Kontrolle über dessen Verwendung fallen zusammen;
(3) Reichtum meint handfeste Dinge und nicht nebulöse Finanztitel.

Privateigentum, das durch Profitstreben das Wohlergehen des Kollektivs beeinflusst, wird unter diesen Bedingungen bei positiven Entscheidungen mit Verdienst belohnt; bei negativ wirkenden Entscheidungen ist aber der Verlust vom Eigentümer persönlich zu tragen. Diese persönliche Verantwortung für wirtschaftliche Entscheidungen sei heute aber nicht mehr gegeben, wo Großbetriebe das Wirtschaftsgeschehen dominieren.

58 Der damalige Text ist dann unverändert neu aufgelegt worden, allerdings erweitert um ausführliche Vorworte und statistische Appendices in New Brunswick 1991. Wir zitieren nach dieser Neuauflage.

„Die meisten Eigentümer managen nicht; und die meisten Manager sind nicht Eigentümer“ (Berle / Means 1932: XXII).[59]

Im Kern ist dies ein moralischer Tadel und nicht in erster Linie eine wirkliche Diagnose eines neuen Systems. *Berle* und *Means* klagen mit moralisierendem Unterton, die Balance zwischen Rechten und Pflichten für Unternehmer sei aus dem Lot, wenn für das Ergebnis wirtschaftlicher Entscheidungen nicht mehr gehaftet werde. Dem wurde von Befürwortern eines Manager-Kapitalismus entgegen gehalten, dass gerade Manager im Gegensatz zu Eigentümer-Unternehmern als Treuhänder agierten, die eine Balance zwischen den widerstreitenden Interessen von Kapitaleignern, Belegschaft und Kunden herzustellen versuchten.

Die Zeit der großen Diskussionen über den Manager-Kapitalismus in den USA war politisch der Aufstieg des „New Deal“ von *Franklin D. Roosevelt* (1882–1945). So mündete die Klage über Managen ohne Haftung in Reglementierungen der Wirtschaft, mit denen ein Gleichgewicht zwischen regulierendem Staat und dem System der Großunternehmen erreicht werden sollte.

5.

Die Erörterung über den von jetzt ab so bezeichneten „Corporate Capitalism“, der den Industriekapitalismus abgelöst habe, wurde publikumswirksam weitergeführt von dem Publizisten und Soziologen *James Burnham* (1905–1987). Er versuchte eine Präzisierung der Bedingungen, unter denen sich die Manager gegenüber den Eigentümern verselbständigten. Dies ereigne sich insbesondere bei Unternehmen mit einem breiten

59 Die Trennung von Eigentumsrechten und tatsächlicher Verfügungsgewalt wurde bereits von Karl August Wittfogel (1896–1988) in die sozialwissenschaftliche Literatur eingeführt. Das war jedoch in den USA unbekannt geblieben, weshalb Berle und Means wie Entdecker wirkten.

Streubesitz an Aktien. Allerdings meinte *Burnham*, dieser Dualismus von Eigentümern und Managern sei ein vorübergehender Zustand (Burnham 1941). Diese Relativierung der Vorstellung eines neuen Manager-Kapitalismus wurde beim Publikumserfolg von *Burnham*, der fälschlicherweise als der „Entdecker" dieser Art von Entwicklung gilt, nicht mittransportiert.

Burnham unterteilte das Führungspersonal einer modernen Wirtschaft in vier Gruppen: Kontrolleure der Produktion, kaufmännische Leitung, Finanzkontrolleure und Kapitaleigner. Letztlich müssten sich die Kontrolleure der Produktion durchsetzen – was übrigens nur solange plausibel anmutet, wie Produktion und nicht Absatz oder Finanzierung das Hauptproblem von Wirtschaftseinheiten ist. Großunternehmen mit bürokratischer Führung und staatliche Bürokratien würden sich nicht mehr als Feinde begegnen, und auch die Führer der großen Gewerkschaften könnten zu dem Machtkartell hinzustoßen. Ist Produzieren das Problem, dann ist nach *Burnham* die Sowjetunion auf dem Weg zum Endzustand der Industriegesellschaft besonders weit fortgeschritten, das nationalsozialistische Deutschland auch schon zu über 50 Prozent, die USA aber noch am wenigsten. Im Verständnis von Wirtschaften als Produzieren wirken bei *Burnham* offensichtlich seine früheren trotzkistischen Überzeugungen weiter. „Wie *Lenin* zu Ende des Ersten Weltkriegs seine Vorstellungen von der Wirtschaftsordnung eines siegreichen Kommunismus an der Kriegswirtschaft des deutschen Kaiserreiches modellierte, so war die Vision der Manager-Gesellschaft bei *Burnham* beeinflusst von der Kriegswirtschaftsordnung des Nationalsozialismus" (Scheuch 2001b: 102–103).

Diese Vorstellungen eines Kapitalismus der Kontrolleure von Produktion bei *Burnham* sind nicht wirklich nach Europa gelangt. Aber auch das, was in vergröberter Form Teil des Allgemeinwissens von Sozialwissenschaftlern wurde, ist als Tatsachenbehauptung problematisch. Die Darstellung des Verhaltens von Managern und die daraus folgende Wirtschaftsordnung wurde von den Kritikern des „Corporate Capitalism" überzeichnet.

Nach empirischen Untersuchungen dürfte um die Hälfte der Manager als vorrangiges Ziel bei Entscheidungen an das Überleben der Firma denken. Das ist bei Geschäftsführern von Verbänden und Vereinspräsidenten ja nicht anders (Scheuch / Scheuch 2001a: 32 f.). Möglicherweise ist das seit den achtziger Jahren bei zunehmender Orientierung an dem Leitbild „Globalisierung" heute nicht mehr so – aber darüber mehr viel später.

Zwischenbilanz

In der Beschreibung und der Erklärung sozialen Wandels in der Weimarer Republik lag neben der bereits erwähnten Kulturkritik der Akzent auf Veränderungen in der Berufs- und Wirtschaftsstruktur. Besonders fruchtbar war dabei die Analyse einer für die westlichen Gesellschaften neuen Großgruppe: der Angestellten.

Für das 19. Jahrhundert hatte sowohl für die Sozialwissenschaften wie auch für die Politik die historisch neue Großgruppe der Arbeiter in gewerblichen Betrieben im Zentrum der Aufmerksamkeit gestanden. Gerade in Deutschland, in dem die Landwirtschaft und berufsständische Ordnungen für qualitative Berufe im ganzen 19. Jahrhundert strukturell bedeutsam blieben, wurde gerätselt, welchen Platz die Arbeiter in dem neuen, als Industriegesellschaft bezeichneten Sozialsystem haben würden.

Statt Vortrupp einer Massengesellschaft zu sein, setzte sich im Verlauf des 20. Jahrhunderts auch bei der Arbeiterschaft ein Prozess der Enthomogenisierung durch, der bei den Angestellten begann. Dies ist besonders prononciert in Deutschland, wo der Facharbeiter in Ausbildung, Tätigkeit und Selbstverständnis dem Handwerker verwandt blieb. Sozialwissenschaft und Politik erkennen lange nicht diese Wegentwicklung fort vom Leitbild des englischen Proletariers.

Die zwanziger Jahre des letzten Jahrhunderts bedeuten für das politische und gesellschaftliche System Deutschlands eine besondere Belastung. Dennoch zeichnete sich auch hier die Entwicklung hin zu einer Wirtschaftsordnung ab, die vom Konsum bestimmt wird, und die sich darüber hinaus als Wirtschaftsgesellschaft kennzeichnen lässt – als ein Sozialsystem mit gestiegener Bedeutung wirtschaftlicher Gesichtspunkte im Vergleich zu Wertungen in den anderen Bereichen einer differenzierten Gesellschaft.

Insbesondere in den USA wird der Anwendung neuer Techniken ein hoher Stellenwert eingeräumt, sozialen Wandel zu verursachen. Dabei werden in den Begründungen zwei Besonderheiten deutlich: dass der Anwendung einer Innovation andere als wirtschaftliche Gründe nicht entgegenstehen und dass nicht nur die „große" Technik einen hohen Stellenwert hat, sondern auch die „Alltagstechnik".[60] Der Alltag der Bevölkerung in den entwickelten Ländern änderte sich im 20. Jahrhundert wie nie zuvor in geschichtlichen Zeiten. Für die Wirtschaftsordnung wird die Trennung von Eigentum und Verfügungsgewalt an Produktionsmitteln bestimmend. Es ist dies ein Vorgang, der sich wie so viele Veränderungen in der Wirtschaft des 20. Jahrhunderts einer Steuerung nach ordnungspolitischen Gesichtspunkten entzieht.

In Deutschland wurde auf diese Veränderungen in der Realität kulturkritisch und sozialphilosophisch reagiert. Dies ist für

60 Das ist übrigens ein Markenzeichen amerikanischer Sozialgeschichte des 19. Jahrhunderts. So gilt die Idee des Ersatzteils als eine Schlüsselerfindung für die moderne Wirtschaft.

die Soziologie in erster Linie von Belang als Ausdruck dafür, dass die Zeitdeutung nicht mehr bei der Soziologie gesucht wurde wie bis 1914 in Deutschland, Frankreich und den USA. Die Funktion der Zeitdeutung wanderte damals zu einer etwas sozialwissenschaftlich klingenden Sozialphilosophie. Für Amerika gilt das allerdings nur eingeschränkt. Hier sind weniger die einzelnen Soziologen mit ihren Schriften als eine sozialreformerische Soziologie insgesamt ein wichtiger Teil des Selbstverständnisses einer Gesellschaft geblieben.

Es ist für die Leser wahrscheinlich erklärungsbedürftig, warum hier die nicht ganz drei Jahre vom Ende der parlamentarischen Demokratie in Weimar bis zur Machtübertragung an *Hitler* mit einigen Einzelheiten dargestellt wurden. Das geschah auch – abgesehen von der sachlichen Bedeutung des Ablaufs –, um die heutigen Grenzen einer soziologischen Erklärung sozialen Wandels an einem besonders wichtigen Fall anschaulich werden zu lassen. Diese Vorgänge 1930 bis 1933 sind nur ereignisgeschichtlich nachzuvollziehen, und ein Ende der damaligen Politspielereien im NS-Staat war nicht zwangsläufig. Teilweise soziologisch ist allerdings deutbar, wie es zu dieser Situation 1930 kam, die dann den Freiraum für Politiker bewirkte. Und sozialwissenschaftlich ist auch erklärbar, dass mit 1930 der Weg hin zu irgend einer Art eines rechten autoritären Staates unumkehrbar geworden war. Das Auslösen eines Zweiten Weltkrieges gehörte nicht zu den Zwangsläufigkeiten nach 1930.

Geschichtsabläufe sind meist nicht deterministisch zu deuten – und mit den Spielräumen, die eine entwickelte Gesellschaft Gruppen und Akteuren gewährt, wahrscheinlich auch nicht sozialer Wandel im Großen. Man mag – oft auch nur im nachhinein – Bestimmungskräfte als jenseits des Willens der Akteure auffinden, kaum aber je deren Zusammenspiel im Einzelnen voraussagen können.

Teil IV: Der Nationalismus als strukturbestimmend

Auf die Weltwirtschaftskrise reagierten die westlichen Länder, aber auch Staaten darüber hinaus, mit einer verstärkten nationalen Abschottung. In der Wirtschaftsgeschichte wird diese internationale Wirtschaftspolitik einer Art von Neomerkantilismus mit der Formel „beggar thy neighbour" gekennzeichnet: hohe Schutzzölle, Exportsubventionen und mehr oder weniger ausgeprägt eine Politik des „billigen Geldes", des deficit spending.

In einigen Ländern sollte das mehr sein als ein Reagieren auf aktuelle Notlagen, sollte sozialen Wandel über den Tag hinaus bewirken. Drei Varianten davon seien hier unterschieden:

(1) Reformen als „social engineering", als permanente Eingriffe in den „Lauf der Dinge" als zielgrichtete Veränderung;
(2) Umbau der Gesellschaft zu einer langfristig als Gemeinschaft wirkenden Sozialordnung;
(3) Überwindung des Kapitalismus durch Entwicklung eines neuen Menschen.

Variante 2 und 3 versuchten die Veränderung durch Zwangsregime zu erreichen, Variante 1 eine stärkere Kollektiv-Orientierung unter Beibehaltung der Demokratie. Variante 3 wurde in eindeutigster Weise durch den Sowjetkommunismus vorgelebt, Variante 2 durch den Nationalsozialismus. Variante 1 ist die Schauweise, aus der heraus wir das New Deal in den USA während der Präsidentschaft von *Franklin Delano Roosevelt* kennzeichnen wollen.

1. Gelenkter Wandel als Gesellschaftspolitik

1933 gab es in den USA 12,8 Millionen Arbeitslose (Handwörterbuch der Sozialwissenschaften, Bd. I: 310, Tab. 2). Man schätzt, dass damit ca. 25 Prozent der abhängig Beschäftigten ihre Stelle verloren hatten. Da weltweit die Schranken gegen den freien Güterverkehr erhöht waren, lag der Export auch aus den USA darnieder. Die Landwirte befanden sich durch Preisverfall der Lebensmittel in einer verzweifelten Situation. Dann kam noch eine Krise des Bankensystems hinzu. In dieser Situation wurde für 1933 mit *Franklin D. Roosevelt* ein Präsident gewählt, der versprach, die Krise energisch zu bekämpfen. Tatsächlich handelte *Roosevelt* auch sofort: Er verfügte Anfang März 1933 ein viertägiges Schließen aller Banken. Während der ersten 99 Tage seiner Präsidentschaft wurde eine unerhörte Zahl von Gesetzen verabschiedet und eine Fülle neuer Behörden eingerichtet – das ging als „the Hundred Days" in die politische Mythologie der USA ein.

Wahrscheinlich ebenso wichtig wie diese enorme Aktivität mit qualitativ unterschiedlichen Ergebnissen war ein Schlagwort, das diese Aktivitäten als Ausdruck eines zusammenhängenden Programms erscheinen ließ: „New Deal". Das ist eine dem Kartenspiel entlehnte Metapher für einen Neubeginn. Sie weckte die Erinnerung an das Schlagwort des „Square Deal" (sinngemäß „gerechte Abmachung") des großen Vorbilds für *Franklin D. Roosevelt,* Präsident *Theodore Roosevelt* (1858–1919). Tatsächlich war die Formel dem Berater eingefallen, der dem „Brain Trust" des Präsidenten vorstand. *Roosevelt* selbst übernahm die Wendung in einer Ansprache, mit der er der Kandidatur durch die Demokratische Partei zustimmte. Die Presse reagierte enthusiastisch, nun eine griffige Formulierung für die Position *Roosevelts* zu haben. Die Formel „New Deal" gewann ein Eigengewicht. Es gab aber gar kein Programm eines „New Deal", wohl eine Grundhaltung *Roosevelts*, die tatsächlich mit dem Etikett gut vereinbar war. Er verstand sich wie der berühmte *„Teddy" Roosevelt* als Anwalt des „kleinen Mannes" (original „common man") und als Gegner der Hochfinanz ebenso wie der großen Konzerne. Und wie „Teddy" befürwortete er den Kriegseintritt gegen Deutschland bereits im Ersten Weltkrieg.

Amerikanische Politologen schreiben überwiegend von einem „Ersten New Deal" 1933 bis 1935 und einem „Zweiten New Deal" 1935 bis 1939. Es gibt jedoch neben dem Selbstverständnis von *Roosevelt*, ein Amerika zu entwickeln, in dem sich der „kleine Mann" zu Hause fühlen kann, noch eine zweite Gemeinsamkeit für beide New Deals: das Verständnis von Veränderung als „social engineering". Dieses Verständnis von Reformern als Sozialingenieuren hat in den USA Tradition in den Sozialwissenschaften. Ein Ingenieur nimmt sich des Naheliegenden an und verwendet beste handwerkliche und wissenschaftliche Kenntnisse, um unvoreingenommen etwas als veränderungsbedürftig Erkanntes in einen besseren Zustand zu versetzen. Verglichen mit diesem Selbstverständnis ist eine Steuerung der Wirtschaft nach einer Ordnungsvorstellung wie die der sozialen Marktwirtschaft ideologisch. Längerfristig sollte ein fortwährendes Verbessern als „social engineering" zu einer insgesamt viel besseren Gesellschaft führen. Und tatsächlich wurde mit *Roosevelts* New Deal langfristig und unter dem Strich das Laissez-faire-Amerika – *Bill Clinton* (geb. 1946) und *George W. Bush* (geb. 1945) einmal teilweise ausgeklammert – in einen liberalen moderaten Sozialstaat übergeleitet.

Nach dem Stopp des Bankendesasters wurde durch ein Gesetz im Juni 1933 etwas verfügt, das später, in den neunziger Jahren, die Wahnsinnsspekulationen in Aktien mitverursacht hat, damals aber als notwendiges Beschneiden von Bankenmacht verstanden wurde: das Trennen von normalem Bankgeschäft und dem Investmentgeschäft. Das Wertpapiergeschäft wurde den Geschäftsbanken entzogen und Maklern („brokern“) zugewiesen. Mit dem Agricultural Adjustment Act (AAA) wurde die ärgste Not auf dem Land gemildert, indem gegen Ausgleichszahlungen des Staates Flächen stillgelegt wurden. Da hierdurch – was gewollt war – die Lebensmittelpreise stiegen, bezahlten diese Verknappung des Angebots letztlich die Verbraucher. Das schrittweise Abgehen von der Goldwährung sollte eine Politik des billigen Geldes mit Preiserhöhungen erleichtern. An diesen Fällen sollte die Kurzatmigkeit des Agierens aus der Not heraus deutlich werden.

Die wichtigste Veränderung des ganzen Wirtschaftssystems wäre der National Industrial Recovery Act (NRA) vom Juni 1933 gewesen. Er räumte der Regierung Kontrolle über die gesamte Wirtschaft ein, die indirekt ausgeübt werden sollte. Für jeden Wirtschaftszweig sollten Verbandsvertreter mit der neuen NRA-Agentur Verhaltensregeln vereinbaren, mit denen bereichsspezifische Standards der Arbeitsbedingungen detailliert festzulegen waren. Zur Kontrolle des Einhaltens dieser Regeln waren Regierungsinspektoren die Bücher zu öffnen. Wer sich diesem Akt unterwarf, durfte öffentlich ein Zeichen (einen „blue eagle“) anbringen, das bei Beanstandungen durch Inspektoren abzunehmen war. Insgesamt über 700 solcher Branchenregelungen wurden von der NRA-Behörde genehmigt. Nach fast zwei Jahren fand allerdings das Verfassungsgericht, dieser „freiwillige Zwang“ sei verfassungswidrig.

Die amerikanische Verfassung ist bürokratiefeindlich und in diesem Aspekt kaum zu ändern. Für eine kooperativ durch Staat und Verbände zu steuernde Gesellschaft fehlten für den Vollzug der vielen bereichsspezifischen Reformen die Vollzugsbehörden. Das war der Grund, warum *Roosevelt* über Nacht eine Vielzahl oberster Bundesbehörden einrichtete, die „Alphabet Agencies“, so genannt nach den Abkürzungen. Beispiele sind CCC, PWA, CWER, SEA, NHA. Einzelheiten können hier nicht ausgebreitet werden; es sollte wesentlich die Art des Vorgehens verdeutlicht werden.

Obwohl das Verfassungsgericht *Roosevelt* das wichtigste Instrument hierzu für verfassungswidrig erklärt hatte, nämlich den NRA, lag der Akzent der zweiten Phase des New Deal 1935 bis 1939 auf der Strukturpolitik zur Umgestaltung der Wirtschaft. Ein Schwerpunkt ist das Vorgehen gegen wirtschaftliche Konzentration. Von verschiedenen Maßnahmen in diesem Bereich ist die vielleicht wichtigste das Einsetzen einer neuen Behörde TNEC, welche Unternehmensverflechtungen untersucht und die Entwicklung beobachtet.

Die von heute aus gesehen wichtigste gesellschaftspolitische Neuerung war der Social Security Act vom August 1935. Er begründete eine Alters-, Invaliditäts- und Arbeitslosenversicherung. Sie werden finanziert durch eine Steuer auf Löhne, die zu gleichen Teilen von Arbeitgebern und Arbeitnehmern aufgebracht wird. Allerdings erhielt damals nur etwa die Hälfte aller Arbeitnehmer diesen Versicherungsschutz, und der Höhe nach war dies auch nur eine Mindestversorgung knapp oberhalb dessen, was bei uns Sozialhilfe heißt. Für die USA, in der bis dahin allgemein der Grundsatz der totalen Eigenverantwortung galt, gemildert durch private Wohltätigkeit, war das jedoch ein revolutionärer Schritt.

Die Zeitgenossen empfanden als noch viel revolutionärer den National Labor Relations Act (Wagner Act vom August 1935). Mit ihm wurde nicht nur die rechtliche Stellung der Gewerkschaften gestärkt, sondern vor allem der Rahmen bei Verhandlungen über Arbeitsbedingungen festgeschrieben. Der Wagner Act wurde ergänzt durch den Fair Labor Standards Act im Juni 1938, mit dem Arbeitszeiten und Mindestlöhne standardisiert wurden. Diese Gesetzgebungen wurden deshalb als systemverändernd gewertet, weil hiermit der Staat die Vertragsfreiheit einengte.

Der wichtigste Konflikt betraf aber keine wirtschaftliche Streitfrage, sondern die Unabhängigkeit des Verfassungsgerichts. Dessen Richter können ab Erreichen einer Altersgrenze von 70 Jahren in Pension gehen und werden dann ersetzt durch Richter, die der jeweilige Präsident auswählt. Nun war Präsident *Roosevelt* nach seiner Niederlage mit dem National Industrial Recovery Act auf das höchste Gericht der USA nicht gut zu sprechen, und irgend ein innerer Respekt für die dritte Gewalt war ihm nicht anzumerken. Als das Gericht 1935 insgesamt neun Gesetzesvorschläge für verfassungswidrig erklärt hatte, rügte er, die Richter lebten noch in einer Welt der Pferdewagen („horse and buggy days"). *Roosevelt* empfahl allen Richtern ab dem Alter von 70 Jahren den freiwilligen Rücktritt und ernannte bereits sechs neue von ihm ausgesuchte Verfassungsrichter. Das führte zu einem Sturm der Entrüstung in der Öffentlichkeit, und keine andere Handlung dürfte *Roosevelt* moralisch so in Mißkredit gebracht haben wie dieser Versuch, sich ein ihm genehmes Verfassungsgericht zusammenzustellen („to pack the high court"). Da aber *Roosevelt* entgegen den politischen Sitten drei statt nur zwei Amtsperioden Präsident blieb, konnte er später nach und nach doch sein Wunschgericht aussuchen.[61]

Insgesamt fiel als großer Schatten auf seine Amtszeit, dass bis zum Kriegseintritt die Wirtschaft sich nur zögerlich entwickelte und vor allem die weiter bestehende hohe Arbeitslosigkeit. Sie wurde durch die Vorbereitung auf Kriege mit Japan und Deutschland schließlich beseitigt, aber damit ist auch ein abschließendes Urteil über den Erfolg des New Deal als eine Transformation der USA nicht schlüssig begründbar. Hier kann aber zweifelsfrei festgestellt werden, dass eine hervorstechende Eigenschaft des New Deal eine mangelnde Systematik des „piecemeal engineering" – des Stück-für-Stück-Reformierens – war.

61 Roosevelt war der Anlass, eine Amtszeitbeschränkung in die Verfassung aufzunehmen.

Die Folgen einer Gleichsetzung von Programm und Behörde sind voraussagbar: Die Programme wurden Welten für sich selber, die kaum aufeinander abgestimmt waren. Das ist bis heute der „amerikanische“ Regierungsstil geblieben: Maßnahmen und Verwaltung als Projekte.[62] Das war auch der Charakter des New Deal: Es gab eine Fülle von Maßnahmen, aber ohne Abstimmung untereinander. Der New Deal war eben nicht, wie Kritiker öfters behaupteten, ein Plan zur kollektivistischen Umgestaltung der Gesellschaft. Der Glaube an die Fähigkeit zum social engineering war noch ungebrochen. Erstmalig wurde in den Vereinigten Staaten Etatismus zum Programm mit der vagen Hoffnung, eine zugleich rationale und soziale Gesellschaft zu bauen. Und insofern war das New Deal tatsächlich ein Bruch mit den eigenen Traditionen.

Einige dieser Maßnahmen haben eine bleibende Bedeutung gehabt. Mit der Public Works Administration wurden Arbeiten subventioniert, die wünschbar waren, für die es aber keine andere Finanzierung gab. Die „hohe Kultur“ der Vereinigten Staaten, die bis dahin keine öffentlichen Mittel erhielt, wurde auf diese Weise erstmals Empfänger von Steuergeldern. Das Civilian Conservation Corps war eine Art Arbeitsdienst für Umweltverbesserung und der Beginn einer großflächigen Veränderung der Landschaft in den USA.

Während ein Teil der Kritiker von *Roosevelt* fälschlich Schritte auf dem Weg zum Sozialismus beklagten, war die Einrichtung der *Tennessee Valley Authority* tatsächlich ein Stück Staatssozialismus. Durch die Regierung *Roosevelt* wurde für ein Territorium, das sich auf sieben Einzelstaaten erstreckte, eine zentrale Verwaltung eingesetzt. Die erste Aufgabe war, den vorher zerstörerischen Fluss Tennessee zu kontrollieren. Daraus folgte der Aufbau einer ganzen Infrastruktur, die ein

62 Für die restliche Darstellung des New Deal und Roosevelt wurde auf eigenen Text mit zurückgegriffen (Scheuch / Scheuch 1992b: 83–91).

rückständiges Gebiet fördern sollte, und zwar als eine staatliche Administration.

Während dieser Zeit wurden nach einer Zählung 557 Verfügungen für Maßnahmen und 208 Ausführungsbestimmungen erlassen. Am Ende der ersten Periode des New Deal gab es 824.000 Bundesbedienstete. Finanziert wurde dies zum Teil aus einer Steuer für die Reichen, die mit dem Versprechen „Soak the Rich" (lass die Reichen bluten) erlassen wurde. Eine weitere Voraussetzung war eine Politik des leichten Geldes.

Die Wirtschaft hatte sich zunächst tatsächlich etwas erholt, und so konnte *Roosevelt* 1936 einen sehr großen Wahlsieg erringen. Doch das Ziel, die Wirtschaft nachhaltig zu stabilisieren, war nicht erreicht. Nun kam 1937 auch noch eine Wirtschaftskrise hinzu. Die Zahl der Arbeitslosen erreichte wiederum etwa zehn Millionen.

Schließlich gab es 1937 für *Roosevelt* die schlimmsten Auseinandersetzungen zwischen Gewerkschaften und Industrie seit Ende des Ersten Weltkrieges. 1935 war neben die Facharbeitergewerkschaft AFofL der CIO als „Industriegewerkschaft" getreten, in der angelernte und ungelernte Arbeiter der Wirtschaftsbereiche mit Großbetrieben organisiert wurden. Es kam zu Fabrikbesetzungen und Zusammenstößen, aber mit der Verschärfung der internationalen Beziehungen lösten sich die meisten wirtschaftlichen Auseinandersetzungen wieder auf. In vielen Betrieben wurde jedoch das Prinzip des „Closed Shop" durchgesetzt, bei dem Arbeitgeber versprachen, nur Gewerkschaftsmitglieder anzustellen. Damit wurde aber zugleich für Jahrzehnte die schwarze Bevölkerung von einigen Industriebereichen weitgehend ferngehalten, da man ihr die Aufnahme in die Gewerkschaft verweigerte, solange eine Gewerkschaft Privilegien für ihre Mitglieder erstreiken konnte.

Kein Präsident der USA dürfte solche Hassgefühle und solche Verehrung zugleich auf sich gezogen haben wie *Franklin D. Roosevelt*. Das macht es schwierig zu beurteilen, was er denn nun wollte und was er bewirkte (Allen 1989). Der beste Zugang ist, zunächst einmal anzuführen, was *Roosevelt* nicht war, obgleich Befürworter und Gegner ihm diese Kennzeichnungen andienten: Er war sicherlich kein Sozialist, er war überhaupt kein Ideologe im Sinne eines systematischen Weltbildes, und er war sicherlich auch kein liberaler Demokrat. Der sozialen Herkunft nach war er ein Aristokrat, der politischen Herkunft nach eigentlich ein Radikaler Republikaner. Obwohl er mit *Theodore Roosevelt* nur entfernt verwandt war, wollte er wie dieser als Bewahrer der Natur und Vertreter des „kleinen Mannes" in die Geschichtsbücher eingehen. Das letztere war seine eigentliche Antriebskraft.

Bereits mit 38 Jahren wurde *Roosevelt* für den Wahlkampf 1920 als Vizepräsident vorgeschlagen. Ein Jahr später erlitt er Poliomyelitis. Obwohl er schon 39 Jahre alt und eher unsportlich war, gelang es ihm, durch energische Übungen einen großen Teil der Beweglichkeit seiner Glieder zurückzugewinnen. Dies machte ihn in den Augen seiner Mitbürger zu einem Vorbild für Widerstand gegen Schicksalsschläge.

Anders als Präsident *Thomas Woodrow Wilson* (1856–1924) war *Roosevelt* in Abneigungen und Sympathien in den internationalen Beziehungen ein Produkt der Ostküstenaristokratie. Deutschland galt dort als das Land gesichtsloser Kleinbürger und arroganter, aber wenig kultivierter Aristokraten. Im Ersten Weltkrieg war *Roosevelt* für einen möglichst baldigen Kriegseintritt auf der Seite der Alliierten, und bei internationalen Konflikten pflegte er sich mit England zu solidarisieren.

Vor allem aber war *Roosevelt* Berufspolitiker. Als politischer Pragmatiker nahm er nach der Ernennung zum Präsidenten möglichst viele von den bereits vorgeschlagenen Reformen auf und ließ sie durch ein gut zusammengesetztes Kabinett und einen daneben wichtigen „Brain Trust" überwiegend aus angesehenen Professoren umsetzen. Das war gewiss im Ergebnis völlig unsystematisch, hatte aber eine Wirkung, als wenn der Präsident ein Anhänger von *John Maynard Keynes* (1883–1946) und dessen Konzept des „deficit spending" gewesen wäre. Die Fachleute waren damals anderer Ansicht.

Während die Politik *Roosevelts* bei Fachleuten und in der Wirtschaft allgemein umstritten blieb, stieg doch die Mehrheit für ihn weiter an. Das war auch Ergebnis einer großen Geschicklichkeit, mit der *Roosevelt* das damals wichtigste neue Medium, das Radio, für Zwecke der Propaganda nutzte. Anders als die Radiodiktatoren in Europa sprach aber *Roosevelt* die amerikanische Bevölkerung durch seine „Fireside Chats" (etwa: Kaminfeuerplaudereien) als Individuen in ihrem Privatreich an. Die Skripte für diese Plaudereien, mit denen der Präsident seine Politik „von Mensch zu Mensch" erklärte, schrieben berühmte Schriftsteller.

Bis 1941 hatten sich die Vereinigten Staaten nach zwei Perioden New Deal nachhaltig verändert – nicht nur als politisches System und als Wirtschaftsordnung, sondern auch als Gesellschaft. Während dieser Zeit des New Deal stieg das Selbstbewusstsein des „kleinen Mannes", des „average man" oder „common man". Er konnte jetzt erwarten, dass seine Sorgen nicht sein Privatproblem blieben, sondern von öffentlichem Belang waren. Das öffentliche Klima war der Gewerkschaftsbewegung günstig – obwohl *Roosevelt* keineswegs ein Freund des CIO war. Im Reformklima konnten sich insbesondere die Befürworter eines Umbaus des amerikanischen Bildungswesens mit ihrem Konzept der „progressive education" durchsetzen (Counts 1932, Cremin 1957).

Während der Zeit des New Deal wurde die amerikanische Sekundarschule zu dem, was sie seither ist: Mittelpunktschule eines Schuldistrikts, mindestens dreizügige Gesamtschule oft mit einem Berufsschulzug, Ganztagsschule, die auch für Freizeit zuständig ist; sie unterrichtet im Kurssystem statt in Jahrgangsklassen, bietet mehrere Programme zur Auswahl an und hat vorrangig die Aufgabe zu fördern statt auszulesen. Durch die Schulreform sollten die zu einer reformierten New-Deal-Gesellschaft passenden Menschen herangezogen werden.

Als die Kämpfe in Europa ausbrachen, rief *Roosevelt* die Neutralität Amerikas aus – neutral allerdings nur als Land und nicht als Bevölkerung. Die war damals zwar gegen eine amerikanische Teilnahme am Krieg, aber mit Sympathien in einem Verhältnis von 65% : 3% auf der Seite Englands und Frankreichs; ein Drittel war auch hier neutral (Cantril 1951: 1061).

In der Praxis engagierten sich die amerikanischen Institutionen allerdings schon erheblich auf seiten der Engländer und Franzosen. Die Cash-and-Carry-Klausel erlaubte den Verkauf von Kriegsgütern gegen Barzahlung bei Abholung – wozu nur die Engländer und Franzosen in der Lage waren. Überschüssige Kriegsgüter wurden für billiges Geld an Großbritannien gegeben, und die Vereinigten Staaten begannen 1940 mit der eigenen Aufrüstung. Am 9. November 1940 beschloss der Kongress den Bau von 35.000 Flugzeugen und die Einberufung von 1,2 Millionen Soldaten. 1944 erreichte die Industrieproduktion 235 Prozent des Standes von 1940. Zum Zeitpunkt des Kriegseintritts von Amerika Ende 1941 war die Rüstungsproduktion der USA gleich mit der kombinierten Produktion von Japan und Deutschland; zwei Jahre später war sie mehr als doppelt so groß. Zum Schluss des Krieges bauten die USA täglich viermal so viele Flugzeuge, wie sie am Tage bei Kriegshandlungen verloren. Die Flexibilität des Wirtschaftssystems erwies sich als viel höher, die Leistungsfähigkeit als viel größer im Vergleich zu den autoritären Systemen NS-Deutschlands und Japans.

Im Herbst 1941 begann ein unerklärter Krieg der USA gegen deutsche U – Boote. Nach Ansicht von *Roosevelt* war nämlich das Deutsche Reich der Hauptfeind der USA – eine Auffassung, die er während des ganzen Krieges beibehielt. *Roosevelt* schätzte dagegen Japan als mittlere Macht ein, dem Hauptfeind Deutsches Reich konspirativ verbunden. Und dann überfiel am

7. Dezember 1941 Japan die amerikanische Pazifik-Flotte im Hafen von Pearl Harbour auf Hawaii. Am 11. Dezember 1941 erklärte dann Deutschland den USA den Krieg.[63]

Nicht erst auf einer Friedenskonferenz nach Kriegsende, sondern auf Treffen während des Krieges wurde die erst heute zerfallende Nachkriegsordnung festgelegt. *Roosevelt* ist oft kritisiert worden für seine große Nachgiebigkeit gegenüber der Sowjetunion. Sein Handeln folgte aber nicht aus einer Nachgiebigkeit, sondern war Folge seiner Neigung zum Wunschdenken. Die Nachkriegsfriedensordnung sollte durch die Zu-sammenarbeit der beiden Supermächte USA und UdSSR, unter Mithilfe von Frankreich und England, strukturiert und garantiert werden. Diese Vorstellung wirkt im US-Establishment weiter bis heute. So unterzeichnete Präsident *George Bush sr.* noch im Juli/August 1992 über ein Dutzend bilateraler Vereinbarungen zwischen den USA und Rußland mit dem Kern, die Atomwaffenverbreitung international zu kontrollieren und mit der Perspektive einer USA-Russischen Friedensordnung für die Welt.

63 Eine vertragliche Verpflichtung hierzu bestand nicht. Der Dreierpakt Japan–Italien–Deutschland verpflichtete zum Beistand lediglich im Falle eines Angriffs von außen auf die Vertragspartner. Allerdings hatte schon Mitte des Jahres Roosevelt der Flotte den Befehl zur Versenkung deutscher U – Boote erteilt, und diese griffen seither amerikanische Zerstörer an. Hitler hatte einige Monate vor Pearl Harbour den Japanern in Gesprächen versichert, Deutschland werde bei einem Krieg mit den USA auf seiten Japans in das Geschehen eingreifen. Die Einzelheiten dieser konspirativen Vorgänge um den Ausbruch des Krieges zwischen Japan, den USA und Deutschland interessieren hier nicht weiter. Es reicht die Einsicht, dass wie beim Ausbruch des Ersten Weltkrieges die späteren Kombattanten den Krieg für unvermeidlich hielten.

2. Der Versuch einer „Neuen Gesellschaft“ im Nationalsozialismus

Der Nationalsozialismus war einerseits ein Kind seiner Zeit, in der in autoritären Antworten auf wirtschaftliche und soziale Probleme eine Lösung vermutet wurde (Nolte 1966). Andererseits war er als Kombination von Nationalismus und Sozialismus eine ideologisch eigene Variante durch seine Verbindung mit einer Rassenlehre. Wir meinen sogar, dass das letztere die differencia specifica des Nationalsozialismus war.

Ideologisch ist der Nationalsozialismus schwierig zu charakterisieren, einmal weil eine systematisierte Lehre bis zuletzt nicht entwickelt wurde und weil zudem die Führung sich nur begrenzt um ihre früheren ideologischen Aussagen kümmerte, wenn es um opportunistische Reaktionen auf Problemsituationen ging. Das zeigte sich nicht zuletzt beim Hitler-Stalin-Bündnis 1939 bis 1941, wiewohl doch die NS-Propaganda bis zum Abschluss dieses Hitler-Stalin-Paktes 1939 ihren Nationalsozialismus als Bollwerk gegen den Bolschewismus empfahl. Schwierig ist eine Diagnose auch deshalb, weil nur sechs Friedensjahre für die Umsetzung nationalsozialistischer Gesellschaftsvorstellungen zur Verfügung standen, wobei man die NS-Herrschaft erst ab ca. 1936 als konsolidiert werten kann. Nicht zuletzt hatte die sich entwickelnde tatsächliche Wirtschaftsordnung nichts zu tun mit dem, was Hitler vor 1930 verkündet hatte, sondern war eine eigene Variante einer Zentralverwaltungswirtschaft, in der bei zentraler Wirtschaftsplanung die Eigentümer von Produktionseinrichtungen zu Rentiers wurden.

Eine Konzeption für eine NS-Gesellschaft und NS-Wirtschaftsordnung hatte die nationalsozialistische Führung nur in ihrer Propaganda. Es war dieser Führung bei der Machtergreifung 1933 klar, dass sie rasche Erfolge bei der Minderung der Arbeitslosigkeit brauchte, die 1933 31 Prozent erreicht hatte (Handwörterbuch der Sozialwissenschaften 1956: 310, Tab. 2).

Hinzu kam damals noch ein Anteil von ca. acht Prozent der Erwerbstätigen in Kurzarbeit – beides zusammen ein Minus-Rekord unter den von der Weltwirtschaftskrise betroffenen Industriestaaten. Zudem war die soziale Absicherung dieser Arbeitslosen äußerst unzureichend. Erfolge waren darüber hinaus für eine Korrektur der allgemeineren Verarmung seit 1929 notwendig. Die NS-Führung wusste selbstverständlich auch, dass ihr Rückhalt in der Bevölkerung weit von einer Stabilität für ein neues Regime entfernt war (Fromm 1983). Von Juli 1932 bis zu den Wahlen zum Reichstag im November des gleichen Jahres hatte die NSdAP in nur knapp vier Monaten 4,3 Prozent der Wähler verloren und lag mit nunmehr 33,1 Prozent der Wähler hinter dem Stimmanteil der „Linken" (KPD und SPD) mit 37,3 Prozent. Werden die Stimmen all derjenigen Parteien zusammengezählt, die den Parlamentarismus uneingeschränkt bejahten (Zentrum, Bayerische Volkspartei, Demokratische Volkspartei und SPD) ergibt auch das einen Anteil bei den Wählern von damals weiteren 37,3 Prozent.

Ideologien hin oder her: In dieser Überlebenssituation griff die neue NS-Regierung einfach auf Programme zurück, die von den Weimarer Regierungen bereits vorbereitet waren: Zentral waren Maßnahmen zur Verringerung der Arbeitslosigkeit, wie Wohnungsbau, Landschaftsverbesserung, Straßenbau und dabei insbesondere Forcierung des wegen interner Querelen zurückgestauten Autobahnbaus.[64] Generell wurde versucht, den Ersatz von Menschen durch Maschinen zu unterbinden. So wurde verfügt, dass die Autobahnen entgegen dem Stand der Technik mit Schaufeln und Loren zu bauen waren (Erdmann 1987: 132 f.). Durch günstige Ehestandsdarlehen sollten aus

64 Ausgereifte Pläne gab es schon länger wie für den Bau einer Linie Hamburg–Frankfurt–Basel. Eine erste Autobahn in Deutschland zwischen Bonn und Köln wurde 1932 vom Kölner Oberbürgermeister Konrad Adenauer (1876–1967) für den Verkehr freigegeben.

weiblichen Berufstätigen Hausfrauen werden; ab 1935 wurden durch Dienstverpflichtungen (Wehrpflicht, Arbeitsdienst) junge Menschen aus dem Arbeitsmarkt abgezogen.

Auch der zweite Schwerpunkt der Maßnahmen, mit denen Vollbeschäftigung erreicht werden sollte, war spätestens ab 1932 vorbereitet: ein Programm der Geldschöpfung. Allerdings war das in Deutschland nach den traumatischen Erfahrungen mit der Inflation 1923 durch einfaches Gelddrucken nicht möglich. Hier fand der neue Wirtschaftsminister *Hjalmar Schacht* (1877–1970) vom NS-Bündnispartner „Harzburger Front" mit seinen MEFO-Wechseln einen genialen Trick.[65] Hinzu kamen noch als Finanzierungsmittel Anleihen und immer größer werdende Haushaltsdefizite. All dies wirkte durch Preis- und Lohnstopps zunächst nicht inflationär. Ab 1938 war dann allerdings die Schuldenlast mit 31,5 Milliarden Reichsmark so groß, dass nur noch eine Kriegskommandowirtschaft das Reich vor dem Bankrott bewahren konnte.

Später wurde diese Politik als „deficit spending" mit *John Maynard Keynes* zu einer unter den Bedingungen unzureichender Investitionsneigungen weithin akzeptierten Wirtschaftspolitik. 1933 erschien jedoch manchem Betrachter das Ad-hoc-Bündel geldschöpfender Maßnahmen der NS-Regierung ein Ritt auf der Rasierklinge. Bis 1938 hatte sich aber die Industrieproduktion verdoppelt, das jährliche Wachstum betrug um zehn Prozent, und der Lebensstandard von 1928/29 wurde gegen 1937 wieder erreicht – was übrigens ungefähr dem Standard vor 1914 entsprach (Ott / Schäfer 1985: 283 ff.). Bis 1936 waren Arbeitslosigkeit und Kurzarbeit mehr als halbiert, was in der Bevölkerung als wichtigster Erfolg einer insgesamt positiv

65 Das waren Wechsel auf eine kaum existente Firma, deren Einlösen in ca. fünf Jahren die Reichsregierung garantierte. Bereits 1936 wurde diese Garantie von der Regierung ersatzlos aufgekündigt. Es ist möglich, dass solche Maßnahmen bereits von der Regierung Kurt von Schleicher vorbereitet worden waren.

gewerteten Wirtschaftspolitik galt. Die Turbulenzen ab 1938 wurden nicht mehr wirksam bzw. von der Kriegswirtschaftspolitik überdeckt.

Aus dieser Skizze der beiden vorrangigen Gebiete der NS-Wirtschaftspolitik bis 1936 sollte nicht geschlossen werden, die NS-Regierung habe einem bloßen Pragmatismus gehuldigt. Sie ist allerdings Konflikten mit Schwergewichten der Wirtschaft in dieser ersten Hälfte der Friedenszeit ausgewichen. So verzichtete sie zunächst völlig auf neue Staatsbetriebe und die Verstaatlichung von Großbetrieben, wie dies das zum Zeitpunkt der Machtübernahme noch gültige Parteiprogramm vorgesehen hatte. Und sie brach eine erste Episode der Drangsalierung jüdischer Geschäftsleute ab 1. April 1933 wegen des ungünstigen Echos in der Öffentlichkeit nach wenigen Wochen ab. Politisch wurde andererseits bereits damals der Ein-Parteien-Staat durchgesetzt. Der Brand des Reichstages schuf die Kulisse für Zwangsmaßnahmen wie das Ermächtigungsgesetz, die Besetzung von Gewerkschaftshäusern und Verhaftungen von Gewerkschaftlern. Mit Gesetz vom 30. Juli 1933 erhielt die NSdAP als einzige das Recht, als Partei aufzutreten. Vereine und Verbände wurden gleichgeschaltet und für viele Vereinigungen und Einrichtungen eine Zwangsmitgliedschaft eingeführt. Beispiele sind die Allgemeinen Studenten-Ausschüsse (ASten) an Hochschulen sowie die Industrie- und Handelskammern. Nach sowjetischem Vorbild sollten damit diese Gruppierungen als Transmissionsriemen eine bessere Kontrolle der einzelnen Bürger erlauben. Später wurde die Berufsausübung in vielen Fällen – Journalist, Arzt, Anwalt - wie in der UdSSR an die Mitgliedschaft im betreffenden Fachverband gebunden, der von der Partei kontrolliert wurde.

Bereits am 7. April 1933 war ein Gesetz mit dem völlig irreführenden Titel „Gesetz zur Wiederherstellung des Berufsbeamtentums“ erlassen worden, das die politische Säuberung der Verwaltung legalisierte – und u.a. auch die Säuberung der

Hochschulen von missliebigen Professoren (Broszat 1969, insb. Kap. 7). Mit dem „Gesetz zur Ordnung der nationalen Arbeit“ wurde u.a. das Führerprinzip in den Betrieben eingeführt.

Eine ganze Folge von Gesetzen sollte inhaltlich eine neue NS-Gesellschaft anstoßen. Durch das Reichserbhofgesetz sollte als Normalfall eine Agrarstruktur durchgesetzt werden, charakterisiert durch von Eigentümern bewirtschaftete Mittelbetriebe mit gemischtwirtschaftlicher Produktion. Mit dem „Gesetz zum Schutz des Einzelhandels“ vom Mai 1933 wurde die Gewerbefreiheit abgeschafft und der Grundstein einer berufsständischen Ordnung für kleinere Selbständige und freie Berufe geschaffen – Bedürfnisprüfung und Meistertitel wurden in vielen Branchen zur Voraussetzung von Selbständigkeit. Im September 1934 wurde ein staatliches Außenhandelsmonopol durchgesetzt und eine Verlagerung der Wirtschaftsströme vom Westen hin zum Balkan, dem Nahen Osten und Südamerika bewirkt.

Mit der Großwirtschaft vermied das Regime bis etwa Ende 1935 ins Gewicht fallende Irritationen. Eine Marktwirtschaft existierte in Deutschland auch ohne NS-Wirtschaftsordnung nicht. 1933 gab es im Reich weit mehr als 2.500 Kartelle. Internationale Kartelle wählten gern das Deutsche Reich als Sitzland wegen seiner Toleranz für Handelsbeschränkungen. Mit der Aufrüstung als Konjunkturmotor in dem Umfang bis Ende 1935 war man in der Großwirtschaft einverstanden.

Das „Gesetz zur Verhütung erbkranken Nachwuchses“ vom 14. Juli 1933 ermöglichte bei entsprechender ärztlicher Diagnose Zwangssterilisationen. Dieses Gesetz war der erste Schritt hin zum späteren Euthanasieprogramm für eine Gesellschaft, die nach rassistischen Kriterien gesteuert werden sollte. Es folgten am 15. September 1935 die „Nürnberger Gesetze“. Dieses „Gesetz zum Schutz des deutschen Blutes und der deutschen Ehre“ machte den Nachweis „arischer“ Abstammung zur Vorbedingung einer jeglichen öffentlichen Anstellung; zugleich verbot das Gesetz Eheschließungen und außerehelichen

Verkehr zwischen Juden und Bürgern „deutschen Blutes“ als „Blutschande“. Zeitgleich erklärte das „Reichsbürgergesetz“, nur ein „Arier“ könne ein „Reichsbürger“ sein; an den Status als Reichsbürger waren aber alle politischen Rechte gebunden.

Bereits vorher, am 10. Mai 1933, waren auf dem Berliner Opernplatz um die zehntausend Zentner Bücher als „wider den deutschen Geist“ öffentlich verbrannt worden. Das war der Anfang einer Kampagne, mit der die Künste auf die Rassenideale der Nationalsozialisten festgelegt werden sollten. Diese Repression kulminierte 1937 in der Ausstellung „Entartete Kunst“ in München, die die moderne Kunst als Angriff auf die „germanische Rasse“ vorstellte. Als „entartet“ eingestufte Bilder wurden mindestens aus Museen entfernt, zum Teil vernichtet, und die Künstler erhielten teilweise Berufsverbot.

Keinen Aspekt ihrer Gesellschaftsvorstellungen haben die Nazis von Anbeginn an so nachdrücklich verfolgt wie ihren rassistischen Glauben. Das fand dann im Krieg eine menschenverachtende Konkretion in Versuchen zur Menschenzüchtung nach den Idealen der SS-Führung („Lebensborn“). *Mussolini* spottete über diesen Teil des Hitler-Programms, es sei nicht auszuschließen, dass die Nazis in 600 Jahren die Deutschen zu Germanen zurückzüchteten.

Außenpolitisch hatte das NS-Regime Erfolge vorzuweisen, die den Weimarer Regierungen versagt geblieben waren. Dazu gehörten vorerst die folgenlose Weigerung, die Reparationszahlungen fortzusetzen[66], und am 3. Januar 1934 die Wiedereingliederung des Saargebietes in den deutschen Reichsverband („Heim ins Reich“). Im deutsch-britischen Flottenabkommen vom 18. Juni 1935 erklärte die britische Regierung de facto den Versailler Vertrag als nicht mehr bindend. Aber noch immer blieb bis 1936 die Akzeptanz des Regimes begrenzt.

66 Vom 11. Januar 1923 bis Herbst 1924 hatten die Franzosen dagegen noch das Ruhrgebiet militärisch besetzt.

Die Betriebsratswahlen im März 1933 waren ungünstig für die nationalsozialistischen Kandidaten verlaufen[67], und das Ergebnis der Betriebsratswahlen im April 1935 wollte und konnte das Regime nicht veröffentlichen. Aus dieser Lage heraus gab es neben der Repression auch Versuche, durch positive Initiativen die Akzeptanz zu steigern.

Der weitgehendste Schritt zur Neutralisierung eines politischen Gegners war der Abschluss des Konkordats mit dem Papst am 7. März 1933. Damit stimmte die NS-Regierung u.a. der Einführung konfessioneller Grundschulen zu: Angesichts der sonstigen Monopolisierung von Kommunikations- und Kultureinrichtungen im Sinn der NS-Ideologie war das wohl die aus machtpolitischem Kalkül weitreichendste Konzession an einen politischen Gegner.

Die am 10. Mai 1933 gegründete Deutsche Arbeitsfront als Zwangsvereinigung für Arbeitnehmer und Unternehmer entwickelte das Freizeitprogramm „NS Gemeinschaft Kraft durch Freude“ (KdF). In den nächsten Jahren nahm fast jeder vierte Arbeiter an den Programmen der KdF wie Fern-Schiffsreisen teil. Ausgerechnet die NS-Regierung erkannte 1933 den 1. Mai als „Tag der nationalen Arbeit“ zum gesetzlichen und damit bezahlten Feiertag an. Mit dem „Winterhilfswerk“ wurde ein NS-Sozialprogramm für Menschen in Notsituationen gestartet. Diese Demonstration von Volksgemeinschaft wurde später abgerundet durch sonntägliches Eintopfessen. Wichtiger als diese demonstrative Volksgemeinschaftspolitik war jedoch die schrittweise Entscheidung, die vordem einer zahlungskräftigen Minderheit vorbehaltenen Güter nun als Waren eines Massenkonsums anzubieten.

Den Anfang machte Reichspropagandaminister *Joseph Goebbels* (1897–1945) mit dem Vorstellen des „Volksempfängers“

67 Die Nationalsozialistische Betriebsorganisation NSBO erhielt nur 25 Prozent der Mandate (Ploetz 1989: 161).

auf der 10. Deutschen Funkausstellung 1933 in Berlin. Durch die schnelle Verbreitung allein in den nächsten vier Monaten wurden im Reichsgebiet 860.000 solcher Empfänger verkauft. Während das als eine isolierte Konzession an den Massengeschmack zum Zweck einer besseren Verbreitung der eigenen Propaganda abgetan werden könnte, gilt das sicher nicht mehr für die Entscheidung, die Vollmotorisierung – u.a. durch Abschaffung der Kraftfahrzeugsteuer – zu fördern. Allerdings konnte die deutsche Autoindustrie die Forderung nicht umsetzen, einen Kleinwagen für 1.000 Reichsmark zu entwickeln, so dass sich die Regierung selbst zum Bau des Volkswagenwerks auf einer „grünen Wiese" nahe dem Dörfchen Wolfsburg entschloss. In der Eile wurde bei dieser Investition der öffentlichen Hand übrigens versäumt, die Eigentumsverhältnisse zu klären.

Es ist nicht erkennbar, dass diese Öffnung hin zu einer Gesellschaft des Massenkonsums von vornherein geplant war. Das musste ja zu einer Angleichung des Alltags an Verhältnisse in den USA führen, und diese „Amerikanisierung" war der völkischen Kulturkritik ein Greuel gewesen. Wahrscheinlich war dies jetzt Teil des Opportunismus, der das Verhalten der NS-Regierung in so vielen Bereichen und Situationen bestimmte. Die Versorgung der Bevölkerung mit Nahrungsmitteln blieb zumindest qualitativ bescheiden, und man wollte ja die Bevölkerung angesichts des oder der bevorstehenden Kriege fest an sich binden. Tatsächlich dürfte dieser erste Schritt hin zu der späteren Gesellschaft des Massenkonsums auch die von der NS-Regierung erhoffte Wirkung gehabt haben.

1936 kann als Wendejahr hin zum zweiten Abschnitt der Politik der NS-Führung in Friedenszeiten gedeutet werden. Das Regime konnte sich als etabliert verstehen: akzeptiert von Verbänden und Vereinigungen, von weiten Teilen der Wirtschaft und inzwischen als Wirtschafts- und Sozialstaatsordnung auch der Bevölkerung, sowie von Nachbarländern, die Verständnis für fortbestehende Revisionswünsche gegenüber der in Versailles festgeschriebenen Ordnung zeigten. In der Geschichtswissenschaft wird eher 1938 als ein Schwellenjahr in der Entwicklung des NS-Staates vor dem Kriegsausbruch gesehen (Broszat 1969: 363). In der Tat wurde dann der NS-Staat, der sich zunächst nach 1936 – soweit öffentlich sichtbar – nach innen und außen zurückhaltend gebärdete, von da ab ziemlich plötzlich sehr aggressiv. Wir plädieren aber doch als Sozialwissenschaftler für eine Schauweise, die 1936 als einen Rubikon sieht. In diesem Jahr wurden die Weichen auf Krieg gestellt – wenn auch nicht allgemein sichtbar, so doch für Angehörige der Führungsschicht insbesondere in der Wirtschaft und der Partei –, und zwar für einen Raubkrieg. Der Öffentlichkeit gegenüber inszenierten sie auf dem Parteitag am 9. September 1936 Sorge um das Wohlergehen mit dem Versprechen, nach einer Zeit der Zurückhaltung in der privaten Lebensweise werde alles angenehmer. Intern hatte sich aber die NS-Führung für die Umstellung auf einen Angriffskrieg entschieden, und das war für die weitere Entwicklung der deutschen Gesellschaft für die nächsten Jahrzehnte entscheidend.

„Brot und Spiele“ sollten die Bevölkerung bei Laune halten. Die UFA produzierte üppige Unterhaltungsfilme, die auf dem Weltmarkt mit Hollywood-Produkten konkurrieren konnten („Kauf Dir einen bunten Luftballon“). Die Olympischen Sommerspiele waren nicht nur ein weltweit bestaunter organisatorischer Triumph, sondern auch sportlich für den Gastgeber ein überragender Erfolg: Deutschland war mit 89 Medaillen, davon 33 mal Gold, die mit Abstand vor den USA mit 56 Medaillen, davon 24 mal Gold, erfolgreichste Sportnation. Am 19. Juli schlug im Yankee Stadion in New York *Max Schmeling* (geb. 1905) *Joe Louis* (1914–1981) in der zwölften Runde k.o. und wurde damit der erste deutsche Weltmeister im Schwergewicht. Der Lebensstandard war für viele – gemessen an den letzten sechs Jahren – erträglich geworden, und das völlige Ende der Arbeitslosigkeit wurde erahnbar.

Das Regime sah sich in der Lage, außenpolitische Abenteuer riskieren zu können. Am 7. März 1936 besetzten deutsche Truppen das nach Versailles entmilitarisierte Rheinland, wobei *Hitler* diesen Vertragsbruch mit dem Angebot eines neuen westeuropäischen Friedenssystems koppelte. In der Zeit vom 17. bis 20. Juli des Jahres begann der spanische Bürgerkrieg, in dem schon bald Italien und Deutschland der Rebellen-Armee *Francisco Francos* militärisch Hilfe gegen die legale Regierung leisteten. Auf dem Parteitag am 9. September 1936 verkündete die Reichregierung einen Vier-Jahres-Plan für Aufrüstung! Inzwischen hatte die Regierung das 100.000-Soldaten-Heer von Weimar bereits auf 500.000 Mann erhöht und im Oktober 1936 mit der „Scharnhorst" das erste Schlachtschiff seit dem Ersten Weltkrieg vom Stapel laufen lassen. Die Politik des „appeasement" („Beschwichtigung") der Weltmächte bewirkte, dass *Hitler* glauben durfte, auch weitere außenpolitische Abenteuer seien möglich. Warner sahen wie „Weicheier" aus.

Dies waren international beachtete Ereignisse und Entwicklungen, aber die eigentlichen Weichenstellungen waren andere, weniger sichtbare Vorgänge. Erstmals war 1935 der Aufwand für Rüstung so hoch wie andere industrielle Investitionen gewesen, und Vertreter der Wirtschaft forderten, es dabei zu belassen. Die Reichsregierung verkündigte dagegen die Absicht, die Rüstungsausgaben weiter zu steigern. *Schacht* trat als Wirtschaftsminister zurück, und sein Nachfolger, der Journalist *Walther Funk* (1890–1960), verkündete, das Reich nehme sein Versprechen gegenüber der Wirtschaft, die MEFO-Wechsel einzulösen, hiermit zurück. Autarkie auf möglichst vielen Gebieten wurde zum Ziel der Wirtschaftspolitik erklärt. Das bedeutete u.a. die Förderung der Produktion synthetischer Stoffe – wie Buna statt Gummi oder später der Kohleverflüssigung –, selbst wenn dies unrentabel sein sollte.

Zur Kraftprobe mit der Wirtschaft kam es anlässlich der Entscheidung der Regierung, der Verhüttung minderwertiger deutscher Eisenerze einen Vorrang zu geben. Gegen die ablehnende Industrie gründete schließlich die Regierung die reichseigene „AG für Erzbergbau und Eisenhütten Hermann Göring“ mit Schwerpunkt in Salzgitter. Entgegen ihren Interessen entschlossen sich die Großindustriellen doch zur Mitarbeit an den „Hermann Göring Werken“. *Dieter Petzina* (geb. 1938) urteilt in seiner Dissertation für die Universität Mannheim, sie hätten befürchtet, dass *Hitler* und *Hermann Göring* (1883–1946) ihren „staatskapitalistischen“ Wirtschaftskurs bei weiterem Zögern noch intensiviert hätten. „Derartige Befürchtungen und die Angst der einzelnen Unternehmen, bei weiterer Ablehnung nicht am Aufbau des Reichswerke-Konzerns zu partizipieren, entschieden den internen Konflikt der Eisen- und Stahlindustrien letztlich im Sinne *Görings*“ (Petzina 1969: 105). Das Regime hatte gezeigt, dass es seinen politischen Zielen den Vorrang gegenüber wirtschaftlichen Erwägungen und Interessen gab und dies auch durchsetzen konnte. Selbst die Schwerindustrie musste sich hinfort als Zuarbeiter für die Politik verstehen.[68]

Während Teile der deutschen Wirtschaft 1936 eine Öffnung hin zur Weltwirtschaft empfahlen, legte sich *Hitler* in dem von ihm verkündeten Vier-Jahres-Plan auf Autarkie fest. Mit dem in diesem Plan zusammengefassten Instrumentarium bezog sich *Hitler* auf die Vier-Jahres-Pläne der Sowjetunion (Nolte 1966: 453). Die Umsetzung sollte durch *Hermann Göring* erfolgen, der mit dem Gewicht der Hermann Göring Werke für die Stahlproduktion und als Auftraggeber für die Luftfahrtindustrie eine wirtschaftliche Machtfülle auf sich vereinigte, die kein Vorbild hatte. *Göring* berief in die Behörde für den Vier-Jahres-Plan leitende Manager der IG Farben, und ihrerseits nahm die Partei Einfluss auf die Personalpolitik der IG Farben. In dieser Einbeziehung der chemischen Industrie in den Planungsapparat

68 Siehe hierzu auch Riedel 1973; dies war zunächst 1970 eine Habilitationsschrift für die TU Hannover.

drückte sich die Gewichtsverschiebung für die deutsche Wirtschaft von der Schwerindustrie hin zur Chemie aus.

Im „Führungsorgan der Gesamtwirtschaft“ wurden die Spitzenverbände der deutschen Wirtschaft sowie der Deutsche Industrie- und Handelstag integriert. Die Wirtschaft wurde in Bereiche aufgeteilt, für die jeweils Reichswirtschaftsführer bzw. „Generalbevollmächtigte“ zuständig waren. Es gab quer zu dieser Branchengliederung zentrale Geschäftsgruppen für Devisen- und Rohstoffverteilung, für den Arbeitseinsatz und für Preiskontrollen. Wie im Kommunismus erhielten die wichtigsten Betriebe Zielvorgaben für ihre Produktion und als zentrales Steuerungsinstrument die Materialzuweisungen. Ein sehr wichtiges Instrument der Wirtschaftslenkung waren verbindliche Richtlinien für die Kostenkalkulation, die LSÖ.[69] Das Privateigentum blieb bestehen, aber diese Eigentümer wurden zunehmend zu bloßen Organisatoren des Produktionsablaufs mit dem Recht, auf die nach der LSÖ ermittelten Produktionskosten einen Zuschlag von sechs Prozent als Gewinn hinzuzufügen. 50 Prozent aller industriellen Investitionen wurden zwischen 1936 und 1942 über den Vier-Jahres-Plan abgewickelt (Ploetz 1989: 286).

Die Fachhistoriker tun sich schwer mit der Charakterisierung dieses doch ziemlich einmaligen Typus von Wirtschaftsordnung. Mit dem, was im bis dahin gültigen Parteiprogramm der Nationalsozialisten ausgesagt worden war, hatte die neue Wirtschaftsordnung – bis auf die ständestaatlichen Elemente der Ordnung für die freien Berufe und die Kleinbetriebe der Wirtschaft – kaum etwas zu tun. „Totalitärer Monopolkapitalismus“ nannte der revisionistische Marxist *Franz Neumann* (geb. 1935) die NS-Ordnung (Neumann 1984). „Organisierter Kapitalismus“ wählte *Rudolf Hilferding* (1877–1941) als Namen für solche Wirtschaftsordnungen des Faschismus – auch er als

69 „Leitsätze für die Preisermittlung auf Grund der Selbstkosten bei Leistungen für öffentliche Auftraggeber“ (LSÖ), eingeführt 1938.

Austromarxist überzeugt, dass alle Wirtschaftsformen mit Privatbesitz an Produktionsmitteln im Grunde bloße Varianten des Kapitalismus bleiben (Hilferding 1931). Diesen Begriff übernahm dann eine ganze Reihe weiterer Autoren (Winkler 1974, Schweitzer 1962). Andererseits tendieren Historiker dazu, das Ausmaß an tatsächlich vorhandener Ordnung zu überschätzen. Es trifft zu, dass das politisch vorrangige Führerprinzip immer wieder bürokratische Abläufe störte, dass die Machtkämpfe zwischen den Größen des NS-Regimes Planungen durcheinander wirbelten, dass es eine Vielzahl von Sonderbeauftragten gab. Mit Fortschreiten des Krieges kamen dann noch Privatimperien hinzu, wie die SS-Wirtschaftsbetriebe. So schließt dann auch *Karl Dietrich Erdmann* (1910–1990): „Bei allem Anwachsen des Staatseinflusses gegenüber der Wirtschaft … kann man dennoch nicht von einer staatlichen Planwirtschaft sprechen. Die mit diesem Begriff verbundene Systematik in Zielsetzung und Lenkung der Gesamtwirtschaft … ist im Nationalsozialismus vor dem Krieg nicht vorhanden gewesen… “ (Erdmann 1987: 144).

Auch wenn die Praxis der Wirtschaftslenkung im NS-Staat ziemlich chaotisch war und deshalb auch nur begrenzt effizient, so zeichneten sich doch zwischen 1936 und 1942 schrittweise die Umrisse einer eigenen Gesellschaftsordnung ab. Eine neue Landwirtschaftsordnung mit ihrer Blut- und Boden-Mystik war nicht durchzusetzen. *Hitler* glaubte, dass in den Grenzen des Reiches die Autarkie der Lebensmittelversorgung ohnehin nicht praktikabel war und ließ es beim Vorrang der Effizienz in der Lebensmittelerzeugung. Die stieg dann von einem Versorgungsgrad von 75 Prozent im Jahre 1932 auf 81 Prozent im Jahre 1937 trotz gleichzeitiger „Landflucht“ (Schweitzer 1964: 205).[70] Die berufsständische Ordnung für freie Berufe und den Mittelstand wurde dagegen weitgehend umgesetzt, weil sie bereits vor dem NS-Staat existierenden politischen Wunschvorstellungen dieser Bevölkerungsgruppen entsprach.

Die Wirtschaft allgemein sollte als Zentralverwaltungswirtschaft funktionieren[71] und sich politischen Zielvorgaben unterordnen. In einer Denkschrift formulierte *Hitler*: „Das Wirtschaftsministerium hat nur die nationalwirtschaftlichen Aufgaben zu stellen, und die Privatwirtschaft hat sie zu erfüllen. Wenn aber die Privatwirtschaft glaubt, dazu nicht fähig zu sein, dann wird der nationalsozialistische Staat aus sich heraus diese Aufgabe zu lösen wissen" (Schweitzer 1964).

Die Hermann Göring Werke und das Volkswagenwerk sind die augenfälligsten Beispiele für den Willen der NS-Führung, gegebenenfalls die selbst gesteckten Ziele auch durch Staatsunternehmen zu verwirklichen. Sie zog allerdings eine Ordnung in Analogie zur Herrschaftstechnik des britischen Kolonialismus vor, die „indirect rule": Existierende Einheiten unterwarfen sie dem eigenen Willen. Das Leuna-Werk ist ein Beispiel für diese bevorzugte Herrschaftstechnik. So wie die innerhalb der berufsständischen Ordnung bestehenden Verbände zuerst gleichgeschaltet wurden und darauf Zwangsmitgliedschaft folgte, verfuhr die NS-Regierung auch bei Kartellen: Die für die deutsche Wirtschaft typischen freiwilligen Kartelle wandelte sie in Kartelle mit Zwangsmitgliedschaft um und unterstellten diese der Staatsaufsicht. Weitere Zwangskartelle wurden hinzuerfunden.

In seiner im Sommer 1936 verfassten Denkschrift zum Vier-Jahres-Plan erklärte *Hitler* als sein Ziel eine Erweiterung des „Lebensraumes", der „Ernährungsbasis unseres Volks". Das

70 Allerdings träumte Hitler weiterhin davon, dass nach dem Raub von Gebieten im Osten, im wesentlichen wohl in Polen, die Politik des Reichsernährungsministers Richard Walther Darré (1895–1953) germanischer Erbhöfe ohne „Chemisierung" sich mit einer autarken Versorgung kombinieren ließe.

71 Dieser Begriff zielt auf die tatsächliche Lenkung der Wirtschaft mit den Vier-Jahres-Plänen des NS-Staates. Der Begriff abstrahiert bewusst von den Eigentumsverhältnissen und stellt ab auf die Art der Verfügung über Produktionsmittel. Siehe hierzu Eucken 1949, Müller-Armack 1976.

war eine Umstellung der Gesellschaft auf eine Politik des Eroberungskrieges. Und so heißt es denn auch zum Schluss der Denkschrift:

(1) Die deutsche Armee muss in vier Jahren (= 1941) einsatzfähig sein.
(2) Die deutsche Wirtschaft muss in vier Jahren kriegfähig sein (Treue 1955: 184–210).

In einer Rede am 17. Dezember 1936 sagte *Göring*: „Wir stehen bereits in der Mobilmachung, es wird nur noch nicht geschossen“. Und weiter: „Es ist kein Ende der Aufrüstung abzusehen. Allein entscheidend ist hier der Sieg oder Untergang. Wenn wir siegen, wird die Wirtschaft genug entschädigt werden. Man kann sich hier nicht richten nach buchmäßiger Gewinnrechnung, sondern nur nach den Bedürfnissen der Politik. Es darf nicht kalkuliert werden, was kostet es... Wir spielen (!) jetzt um höchsten Einsatz“ (Erdmann 1987: 139). Adressat dieser „Spieler-Rede“ – *Göring* war drogenabhängig – waren etwa hundert Wirtschaftsführer.

1938 wurde das Regime wieder offen aggressiv. Am 13. März erfolgte der Anschluss Österreichs und nach Kriegsdrohungen am 30. September das „Münchener Abkommen“, mit dem *Edouard Daladier* (1884–1970) und *Arthur Neville Chamberlain* (1869–1940) („Peace in our time“) zustimmten, dass das Sudetenland mit 3,69 Millionen Einwohnern aus der CSSR ausgegliedert wurde und im Deutschen Reich aufging. Die NS-Führungsschicht erkannte allerdings nicht, dass damit eine Grenze für das internationale Verständnis erreicht war, die Bestimmungen des Versailler Vertrages zu korrigieren.

Am 7. November 1938 erschoss ein 17jähriger polnischer Jude einen nachgeordneten Beamten der deutschen Botschaft in Paris, was *Joseph Goebbels* den Anlass gab, zur „Reichskristallnacht“ aufzurufen. In der Nacht zum 10. November verwüsteten Schlägertrupps der SA jüdische Geschäfte und brannten Synagogen nieder, was weltweit Entsetzen auslöste. Auch in Deutschland war die Ablehnung der Pogrome allgemein: „Die Akten der Regierung des Dritten Reiches zeigten, dass eine Ablehnung öffentlich fast universal war" (Allen 1981: 398). Die NS-Regierung zog daraus die Konsequenz, dass auf absehbare Zeit der Antisemitismus nicht stark genug war, um Drangsalierung der Juden in Deutschland zu organisieren, weshalb dann später die Vernichtungslager außerhalb der Reichsgrenzen und getarnt eingerichtet wurden (Schleunes 1970).

Bis zum Kriegsausbruch hatte das Regime seinen Zwangsapparat dosiert eingesetzt. Die ersten antisemitischen Ausschreitungen und Verhaftungen politischer Gegner 1933 wurden – wie erwähnt – bei sichtbar werdendem Unmut in der Bevölkerung eingestellt. Auch in der Folgezeit testete die NS-Führung immer wieder versuchsweise mit dosierter öffentlicher Repression, wieweit sie ohne verbreiteten Widerstand jeweils gehen konnte. Dabei stellte sie die „Geheime Staatspolizei" (Gestapo) propagandistisch als schlagkräftigen Apparat zur Verfolgung von Gegnern des NS-Regimes vor. Nach von uns betreuten Untersuchungen war die tatsächliche Effizienz jedoch recht beschränkt. Etwa 85 Prozent der von der Gestapo am Nieder-rhein verfolgten Personen gerieten in ihr Netz aufgrund bloß formaler Gruppenzugehörigkeit (Zeugen Jehovas, Freimaurer, Kommunisten, engagierte Katholiken, Juden). Die durch die Propaganda verursachte Drohwirkung war aber erheblich, und ab 1938 ging der Zwangsapparat zur offenen Verfolgung über (Mann 1980).

Für den Sozialwissenschaftler ist die Beobachtung wichtig, wie wenig es dem NS-Regime mit seinem Propaganda-Monopol gelungen war, die Grundeinstellungen der Bevölkerung in Richtung auf die angestrebte neue Gesellschaft zu verändern. Das erwies sich auch später, sogar während des Krieges, als die Aussortierung sogenannten unwerten Lebens 1941 wegen der verbreiteten Kritik in der Bevölkerung abgebrochen werden musste (Broszat 1969: 398 ff.).[72]

Am 16. März 1939 marschierte die Wehrmacht in die Tschechei ein, und wenig später stellte sich die Slowakei „unter deutschen Schutz“. Das war ein klarer Bruch des Münchener Abkommens, und entsprechend garantierten dann am 31. März 1939 Frankreich und Großbritannien den Polen Schutz im Fall einer Bedrohung. Die NS-Führung erkannte immer noch nicht, dass damit die Toleranz für eine als revisionistisch verstandene Politik – die so wichtig war für ihre Akzeptanz in der deutschen Bevölkerung – ausgereizt war; die Besetzung der CSSR war der Rubikon. Die Fehleinschätzung des NS-Regimes verstärkte sich, als es sich mit der sowjetischen Regierung am 23. August 1939 auf die Teilung Polens im sogenannten *Hitler-Stalin*-Pakt verständigte. Mit dieser Rückendeckung marschierte die deutsche Wehrmacht am 1. September 1939 in Polen ein, gefolgt am 17. September von der sowjetischen Armee in den ihr von der NS-Regierung zugebilligten Teil Polens.

Bereits am 3. September hatten England und Frankreich dem Deutschen Reich den Krieg erklärt. Deutschland war damals auf diesen für die NS-Führung zu diesem Zeitpunkt unerwarteten Krieg nach den eigenen Maßstäben noch nicht ausreichend vorbereitet, obwohl seit 1933, und verstärkt seit 1936, kräftig aufgerüstet worden war. Seit 1928 war bis zum Kriegsanfang die Industrieproduktion um 36 Prozent gesteigert worden, bei Investitionsgütern um 50 Prozent, allerdings bei Konsumgütern nur um 13 Prozent (Ploetz 1989: 287). Bis weit in die Kriegszeit hinein war es der NS-Führung nicht möglich, eine reine Kriegswirtschaft durchzusetzen.

Bei dem Rückblick auf das NS-Regime wird zweifelsfrei, dass die NS-Regierung zwar konsequent die bürgerliche Gesellschaft durch einen anderen Typ von Gesellschaft ersetzen wollte, dass ihr dies jedoch bis 1945 nicht gelang. Es gab auch keine zusammenhängende Vorstellung, wie eine vom Nationalsozialismus

72 Die Aktion hatte den Tarnnamen T4.

gestaltete Gesellschaft aussehen sollte. Schon vor 1939 waren die tatsächlichen Ordnungspolitiken widersprüchlich. Neben der Blut-und-Boden-Mystik für die Landwirtschaft und der ständestaatlichen Gemeinschafts-Tümelei für die traditionellen Berufe, sowie einer Bejahung von Amerikanisierung mit Massenkonsum, gab es dann noch die Militarisierung des Alltags. Es existierten einigermaßen identifizierbare Vorstellungen einer Familienpolitik und vom Ausbau des Wohlfahrtsstaates. Und in der praktizierten Wirtschaftspolitik hätte sich wohl ein Nebeneinander von Staatsbetrieben und politisch gleichgeschaltetem Korporatismus auf Dauer durchgesetzt (Barkai 1977). Wie dies mit dem Rassismus und der Parteibuchwirtschaft als unverzichtbare Teile des NS-Staates zu vereinbaren war, blieb allerdings unklar. Während des Krieges herrschte dann nach dem Zusammenbruch der Blitzkriegsstrategie Ende November 1941 ein pragmatisches Reagieren auf die Umstände vor.

Nach unseren Vorstellungen ist von den vielen Diagnosen die von *Sigmund Neumann* (1904–1962) vom NS-Staat als eine Art gezähmter Anarchie die Wahrscheinlichste (Neumann 1942). Aber dies ist selbstverständlich nicht der Ort, um eine allgemeine Charakterisierung des NS-Staates zu entwickeln. Was hier in erster Linie relevant ist, ist der Umgang des Regimes mit der Modernität (Prinz / Zitelmann 1994). Der Nationalsozialismus ist ziemlich konsequent in dem Versuch gewesen, Modernität im technischen Sinn zu fördern beim gleichzeitigen Bemühen, die Gesellschaft rückzuentwickeln von einem Zustand teilweiser Liberalität zu einer vorindustriellen Vorstellung von „Volksgemeinschaft“. *Ralf Dahrendorf* (geb. 1929) sieht im Nationalsozialismus dagegen eine Herrschaftsperiode, in der Deutschland einen entscheidenden Modernisierungsschub erfuhr (Dahrendorf 1965). Wahrscheinlicher ist wohl, dass der Nationalsozialismus die weitere Modernisierung des Alltags in der deutschen Gesellschaft vorübergehend verlangsamte, aber nicht rückentwickeln konnte (Herf 1984). Der Krieg mit der Erfahrung materieller Not, den Gemeinschaftssituationen im Bombenkrieg, dem Erleben anderer Kulturen sowie die Evakuierungen und Vertreibungen zerrissen Traditionen und bewirkten dann tatsächlich die Voraussetzungen für den gewaltigen Modernisierungsschub ab 1949.

Die rasche Wirtschaftsentwicklung Deutschlands nach dem Zweiten Weltkrieg ist wohl auch eine Folge der weitgehenden Zerstörung durch Kriegseinwirkungen und ihrer Verschärfung durch die Reparationspolitik der Siegermächte. Dies jedenfalls, wie auch die rasante Modernisierung Japans nach dem Verlust des Krieges, ist nicht kennzeichnend für Modernisierung durch autoritäre bzw. totalitäre Regimes, sondern Folge der Handlungsspielräume, welche die Zerstörung für einen Neubeginn öffneten. Der Nobelpreisträger *Mancur Olson* (1932–1998) hat hierzu die Theorie formuliert: Durch solche Zerstörungen würden in hoch differenzierten Gesellschaften die Chancen für wechselseitige Blockaden gemindert (Olson 1982). *Olson* argumentiert: Je länger eine Gesellschaft besteht, um so größer wird die Veto-Macht von Verbänden, Interessengruppen und Organisationen, die jeweils ihren eigenen Interessen den Vorrang vor denen der Gesamtgesellschaft geben (Olson 1968: 82).

Die Zeiten zwischen den beiden großen Kriegen waren die Periode, in der die Träume von einem „Dritten Weg" zwischen Kapitalismus und Kommunismus ihren Höhepunkt hatten. Keiner dieser „Dritten Wege" erwies sich als wirkliche Alternative zur Weiterentwicklung einer modernen Gesellschaft.

Zwischenbilanz

Lassen wir die „amorphe" Zeit zwischen 1945 und 1948 außer Betracht, dann kann behauptet werden: Mit 1948 entstand für die nächsten 50 Jahre eine neue Weltordnung. Sie löste die anarchische Zeit zwischen 1914 und 1945 ab.

Die Zeit zwischen 1914 und 1945 war die Hochzeit der nationalstaatlichen Politik des Westens. Insbesondere ab 1930 dominierte als Ordnungsfigur für den Alltag der jeweilige Nationalstaat. Zugleich war diese Zeit von 1914 bis 1948 für das Wohlergehen der Menschen im Alltag bestenfalls eine Zeit der Stagnation im Vergleich zur Zeit unmittelbar vor 1914 oder sogar eine des erheblichen Verlustes an Lebensqualität.

Die Aufteilung der Welt durch den Westen und Japan in Kolonien erreichte in den dreißiger Jahren einen Kulminationspunkt. Die Kolonialherrschaft etwa in Afrika drängte über die Küstenstreifen hinaus in das Innere des Kontinents. Das war mit Ende dieser Zwischenkriegszeit vorüber. Die Schwächung des Kolonialismus war eines der wichtigsten Ergebnisse des Zweiten Weltkrieges. An dessen Ende waren dann die beiden „Siegermächte" England und Frankreich auf den Status von Mittelmächten abgesunken.

Die Internationalisierung des Krieges beendete den Versuch der Nationalstaaten, sich voneinander abzuschotten. So verstanden bedeuteten die internationalen Koalitionen der Beginn einer Neuordnung, in der die Welt nach regionalen Bündnissen organisiert wurde.

Auf die Wirtschafts- und Sozialkrisen im Gefolge der Weltwirtschaftskrise reagierten alle Staaten, indem Politiker die Entwicklung ihrer Gesellschaft zu lenken versuchten. Sowohl in Italien wie auch in Deutschland versprachen sie Gesellschaften eines neuen Typs, nachdem die Sowjetunion mit der Ankündigung eines neuen Menschheitszeitalters vorausgegangen war. In den USA versuchten Politiker ebenfalls mehr als die Reparatur des vorhandenen Systems. In allen Fällen bewirkten sie Veränderungen, aber es wurde auch offenbar, dass moderne Gesellschaften als Nationalstaaten nicht nach Blaupausen zu verändern sind.

Anfang der dreißiger Jahre hatten sich Ideologien totalitärer Art allgemein in Europa verbreitet. Zunächst waren in Rußland in einem Bürgerkrieg die Kommunisten siegreich geblieben. Entgegen den Erwartungen der kommunistischen Politiker und der Wandlungsvorstellungen marxistischer Theoretiker gelang es in den zwanziger Jahren allerdings nicht, den Totalitarismus in fortgeschrittene Gesellschaften des Westens zu exportieren. Lediglich in Italien setzte sich zwischen 1920 und 1924 ein rechter Totalitarismus, der Faschismus mit dem Duce *Benito Mussolini*, durch. Verglichen mit dem Nationalsozialismus in Deutschland und dem Bolschewismus in Rußland erreichte dieser nie die Dichte der Kontrolle über den Alltag der Bürger wie in den erwähnten beiden anderen Totalitarismen.

Der Begriff „Totalitarismus" war der Versuch, strukturelle Gemeinsamkeiten zwischen den sehr unterschiedlichen ideologischen Orientierungen auf einen einheitlichen Begriff zu bringen. Weithin akzeptiert ist die Definition von *Carl Joachim Friedrich*, der folgende Elemente für kennzeichnend hält (Friedrich 1950):

(1) Eine staatsoffizielle Ideologie, die einen Endzustand von Entwicklung unter völliger Ablehnung der zu überwindenden Gesellschaft angibt;
(2) ein Ein-Parteien-System, das allein über die formelle Macht verfügt;
(3) eine terroristische Geheimpolizei;
(4) ein Monopol ihrer Massenmedien und über Kommunikationsmittel allgemein;
(5) ein Waffenmonopol und
(6) eine staatliche Kontrolle der Wirtschaft.

Es kann noch hinzugefügt werden

(7) eine Gleichschaltung aller Vereinigungen auf der Meso-Ebene einer Gesellschaft und
(8) ein Führerprinzip.

Die beiden letzteren Merkmale bleiben in der Definition von *Friedrich* ausgespart. Ausgespart bleibt bei *Friedrich* vor allem, dass die totalitären Bewegungen beanspruchen, den sozialen Wandel nach eigenen Vorstellungen zu gestalten statt Entwicklungen bloß hinzunehmen oder auf diese zu reagieren!

Enumerative Begriffsbestimmungen wie die von *Friedrich* sind im Prinzip unbefriedigend, weil zu sehr orts- und zeitabhängig. Wir bevorzugen statt dessen die folgende Definition: Totalitäre Herrschaft soll bedeuten der Anspruch der Zentralgewalt gegenüber allen Institutionen und Personen auf eine rückhaltlose Identifizierung mit ihren Forderungen. Eine bloße Hinnahme solcher Forderungen wie bei einer Diktatur gilt als unzureichend; gefordert ist die inhaltliche Übereinstimmung des Beherrschten mit der Herrschaft.[73] Als die Waffen-SS noch eine Freiwilligentruppe war, scheint der Nationalsozialismus für diese Teilgruppe den Totalitarismus nicht nur als Anspruch, sondern als gelebte Wirklichkeit eines „Ordens" durchgesetzt zu haben. Die nur sechs Jahre Herrschaft unter Friedensbedingungen reichten aber selbstverständlich bei weitem nicht aus, um aus dem Deutschen Reich allgemein eine totalitäre Gesellschaft zu machen; an dem Willen der NS-Führung hierzu kann es keinen Zweifel geben.

Der Sowjetkommunismus hatte sehr viel mehr Zeit, um eine solche Identifikation einüben zu lassen. Es ist leider keine dichte Sozialforschung zum Beantworten der Frage zugänglich, wieweit das öffentliche Schauspiel von mobilisierten und gleichgeschalteten Massen den inneren Überzeugungen und dem alltäglichen Verhalten entsprach. Wahrscheinlich nutzte sich der Effekt der totalitären Propaganda ab, und gegen Ende einer Herrschaft von 73 Jahren scheint es im wesentlichen nur

73 Die Analogie zum Begriff der Sekte ist gewollt. Für eine Kirche reicht der Gehorsam der Mitglieder; für eine Sekte ist das Einssein mit der Gemeinschaft die Richtschnur.

noch eine teilweise Identifizierung mit dem vom Regime gepflegten Patriotismus gegeben zu haben. Gewiss war die bürgerliche Gesellschaft verschwunden, aber eine funktionierende neue Gesellschaft – und erst recht der erstrebte „neue Mensch“ – konnten nicht geschaffen werden (Teckenberg 1983). Gelungen war wenigstens teilweise ein Mithalten mit anderen entwickelten Ländern in der Technikentwicklung.

Die Ideologie des italienischen Faschismus meint eine Art militärischer Ständestaat. Die Menschen sollen zusammengefasst leben in fasci di combattimento – in ideologischer Überhöhung eine Raum-Einheit von Arbeit, Familienleben und militärischer Gruppierung. Das ist allerdings nie auch nur halbwegs flächendeckend umgesetzt worden. Was der Ex-Marxist *Mussolini* tatsächlich durchsetzte, war ein Ein-Parteien-System mit plebiszitärer Verankerung, eine Militarisierung des Alltags und eine Monopolisierung der Kommunikation. In der Ideologie war Faschismus eine Elite-Theorie mit der Tat, dem Kampf und dem Recht des Stärkeren als Hauptwerten. Hinzu kam als italienische Besonderheit noch die Berufung auf militaristische Werte des Imperium Romanum.

Diktaturen mit ähnlichen Ideologien, die in der Literatur unter dem Begriff „faschistoid“ zusammengefasst werden, setzten sich in der ersten Hälfte des 20. Jahrhunderts in Spanien (*Francesco Franco 1892–1975),* Portugal *(António de Salazar 1889–1970),* Ungarn *(Miklós Horthy 1868–1957),* Polen *(Józef Pilsudski 1867–1935),* Argentinien *(Juan Domingo Peron 1895–1974),* Rumänien *(Ion Antonescu 1882–1946)* und Österreich *(Engelbert Dollfuß 1892–1934)* durch. Nennenswerte faschistische Bewegungen gab es auch im Baltikum, in Norwegen, den Niederlanden und Frankreich. Selbst in den Vereinigten Staaten existierten faschistische Bewegungen mit teilweise rassistischen Tönen, die eine millionenfache Anhängerschaft hatten. Die wichtigsten waren die National Union of Social Justice, die Bewegung von *Francis Townsend* (1867–

1960) mit zeitweise bis zu 25 Millionen Anhängern und die besonders gefährliche Bewegung von *Huey Pierce Long* (1893–1935), der eine Art von Peronismus empfahl (Scheuch / Scheuch 1992b: 85 ff.). Nicht zuletzt wurde in Japan praktisch ein Militärregime durchgesetzt, das eine Art „Volk ohne Raum" – Ideologie propagierte.

Der Zweite Weltkrieg brach als Weltkrieg früher aus, als allgemein erwartet wurde. Das bedingte eine hastige Umstellung der Wirtschaften. Obwohl der NS-Staat die Wirtschaft ab 1936 auf den Ausbruch eines großen Krieges ab etwa 1941 bis spätestens 1948 ausgerichtet hatte, erwiesen sich doch England und vor allem die USA als sehr viel flexibler, die Prioritäten für Rüstung durchzusetzen. Offene Gesellschaften agierten im Wettkampf der Systeme flexibler als Kommandowirtschaften.

Während eines Krieges ist verständlicherweise das Getöse der Zentralität von Heldenmut und Willen zum Versetzen von Bergen vorrangig. Der Verlauf des Zweiten Weltkrieges legt aber nahe, dass wichtiger als Heldenmut für den modernen Krieg eine gute Organisation ist. Ein Beispiel ist die kriegerische Bedeutungslosigkeit der Periode, in der Führer in Japan und Deutschland verzweifelte Kamikaze-Einsätze verordneten. Die Wichtigkeit der Organisation erwies sich wiederum auch darin, dass die großen Menschenverluste der Armeen nicht bei der eigentlichen organisierten Kriegsführung auftraten, sondern im Zustand der jeweiligen Auflösung von Fronten. Und nicht zuletzt zeigte sich auch, wie wirkungslos der Bombenterror gegen die Zivilbevölkerung für den Ausgang des Krieges blieb. Von zentraler Bedeutung wurde der Luftkrieg gegen Deutschland erst, als den Alliierten ab dem Frühjahr 1944 das Unterbinden aller größeren Verkehrsbewegungen gelang. Danach brachen Produktion und Verteidigung zusammen.

Alle Gesellschaften der bedeutenden kriegführenden Staaten waren zwischen den Kriegen Mittelschichtgesellschaften geworden. In der Produktion blieb bei ihnen noch als Leitbild der

Vorrang der Schwerindustrie, aber die Umstellung zur Dienstleistungsgesellschaft begann bereits damals. Und als Mittelschichtgesellschaften wurden alle – wenngleich mit verschiedener Intensität – Wohlfahrtsstaaten (Alber 1982). In Westeuropa haben alle diese Wohlfahrtsstaaten zwar unterschiedliche Prioritäten gesetzt, sind sich aber insgesamt im Niveau der Versorgung einander ähnlich geworden.

Alle Staaten des Westens entwickelten sich zwischen den beiden großen Kriegen zu „Gemischtwirtschaften". Selbst in den Vereinigten Staaten wurden Staatsintervention und Versuch staatlicher Lenkung des Wirtschaftsgeschehens – ungeachtet der anderen ideologischen Akzente im Vergleich zu Europa – zum Normalfall.

Der Krieg führte zum Teil zu Neuentwicklungen wie bei der Atomenergie, aber bedingte zugleich einen Rückstau in der Anwendung von wichtigen Erfindungen, wie es der Computer (*Konrad Zuse 1910–1995, Howard H. Aiken 1900–1973, Johann von Neumann 1903–1957)*, das Fernsehen und Flugzeuge mit Düsenantrieb waren. So konnte sich nach Beendigung des Krieges eine große Dynamik entfalten, indem viele neue Techniken gleichzeitig angewendet wurden.

Und nicht zuletzt lehrt die Zeit ab 1930, wie wenig Ideologie für das Lenken von Entwicklung ausrichtet, aber wieviel Propaganda für den Augenblick bewirken kann.

Teil V: Struktur-funktionalistische Theorien des Wandels

Der Funktionalismus als eine Stilrichtung – nicht „Schule“ – kam aus der Ethnologie in die Soziologie. In den dreißiger Jahren dominierte in der Ethnologie, die sich dann Kulturanthropologie nannte, unter dem Einfluss von *Franz Boas* (1858–1942) eine „kultorologische“ Richtung. Sie verstand sich als Gegensatz zu den bis dahin dominierenden Richtungen des Historischen Materialismus sowie des Evolutionismus und betonte die Notwendigkeit, konkrete kulturelle Zeugnisse in den Mittelpunkt ethnologischer Berichte zu stellen (Boas 1940). Es war dies die Sichtweise eines Museumsdirektors. Dagegen setzten *Bronislaw Malinowski* (1884–1942) und *Alfred Reginald Radcliffe-Brown* (1881–1955) ihren Strukturalismus bzw. Struktur-Funktionalismus. Hierbei wird von der Bedeutung abstrahiert, den ein Erklärungsgegenstand für die Akteure selbst hat, und vorrangig nach der Wirkung in einem System gefragt.

Malinowski betonte die funktionalen Besonderheiten der verschiedenen Arten von Bedürfnisbefriedigung, worunter er ein breites Spektrum von Nahrung über Sexualität bis zu Prestige verstand (Malinowski 1929, 1935). Den Tausch von Kula-Ringen sah er nicht nur als eine kulturell gebotene Zeremonie, sondern in ihrer Funktion einer Erhöhung des Sozialprestiges. *Radcliffe-Brown* analysierte insbesondere Struktur und Funktion von Verwandtschaftssystemen, die er als Konventionen verstand, mit denen biologischen Sachverhalten soziale Zwecke zugeordnet werden (Radcliffe-Brown 1952). Totemismus ist nach *Radcliffe-Brown* ein Ritual, mit dem die natürliche

Welt mit der sozialen Ordnung in Einklang gebracht wird. In seinem Verständnis der Bedeutung von Verwandtschaftssystemen und von Moral steht *Radcliffe-Brown Durkheim* nahe.

Beide Ethnologen lehrten zunächst in London und später in Chicago, standen aber kaum in einem Diskussionszusammenhang miteinander. Von Chicago aus fanden ihre Lehren Eingang in die Soziologie; insbesondere *Malinowski* wurde durch *Talcott Parsons* einflußreich. Funktionalismus heißt bei ihm, nach der Wirkung einer Sache zu fragen und Struktur als die Ordnung zu verstehen, in welche sie eingefügt ist. Dieser struktur-funktionale Ansatz, verbunden mit der Sicht von sozialen Zusammenhängen als System, war in den fünfziger und sechziger Jahren in der amerikanischen Soziologie vorherrschend.

1. Theorie des Wandels bei Talcott Parsons

Parallel zu diesen turbulenten Zeiten zwischen den Kriegen und der unmittelbaren, nicht minder bewegten Nachkriegszeit entstand die bisher umfassendste Theorie des sozialen Wandels: die struktur-funktionalistische Theorie von *Talcott Parsons*. Diesen bedeutenden Soziologen als Theoretiker des Wandels anzuführen mag zunächst überraschen, da Kritiker immer wieder betonten, das Theoriegebäude von *Parsons* sei auf soziale Statik hin entworfen, sei konservativ und versage gerade deshalb in einer Zeit fortwährender Veränderungen. Diese durchaus übliche Kritik ist dennoch irrig.

Nach *Parsons* befinden sich komplexe Gesellschaften in fortwährendem Wandel. In seinen Modellvorstellungen orientierte er sich an ökonomischen Analysen. In der Modellökonomie wird das Gleichgewicht zwischen den verschiedenen Faktoren eines Marktes als der Zustand betrachtet, auf den alle Zustände eines Ungleichgewichts hin tendieren. Übersteigt eine Angebotsmenge die Nachfrage zu einem gegebenen Preis, dann ist ein Preisverfall zu erwarten, bis ein Preis erreicht ist, zu dem dann der Markt geräumt wird. Die berühmte „Phillips-Kurve“ für den Zusammenhang zwischen Inflationsrate und Lohnhöhe sagt, bei welcher Senkung der Inflationsrate Vollbeschäftigung zu erwarten ist.

Angewandt auf soziale Sachverhalte bedeutet die Annahme, bei einem gestörten Gleichgewicht bemühten sich die Marktparteien, die Störung durch Veränderung zu einem neuen Gleichgewichtszustand hin zu neutralisieren – wo immer dieser Zustand des Gleichgewichts sich befinden mag. Dieser Zustand wird aber als Fliessgleichgewicht verstanden, das nur einen momentanen Ausgleich bedeutet. Gleichgewicht ist in diesen Analysen eine Aussage über Entwicklungsrichtungen der im Ungleichgewicht befindlichen Faktoren. Das hat mit konservativ in einem weltanschaulichen Sinn nichts zu tun und auch nicht mit fehlender Eignung zur Analyse von Vorgängen der Veränderung.

Parsons verstand Handeln von Personen oder auch im Namen von Institutionen als situationsabhängig, wofür sich in der Soziologie die Bezeichnung „kontingent“ durchgesetzt hat. Da auch der Partner in einer Interaktion über die Erwartungen seines Gegenüber nachdenkt und an diese Erwartungen sein eigenes Handeln anpasst, ist Handeln damit „doppelt kontingent“.[74] Mit dieser Perspektive wollte *Parsons* die akademischen Berufe analysieren, für die eine Machtdifferenz zwischen dem Professionellen und dem Klienten charakteristisch ist (Boudon / Bourricaud 1992: 158).

Diese Rollen sind insbesondere auf seiten der Professionellen keineswegs widerspruchsfrei. Ursprünglich hatte *Parsons* beabsichtigt, für seine Analyse das Gegensatzpaar Gemein-

---

74 Hier soll nicht die Lehre von Talcott Parsons insgesamt vorgestellt werden, sondern nur der für seine Erklärung des sozialen Wandels relevante Teil. Für eine allgemeinere Darstellung siehe Jensen 1980.

schaft – Gesellschaft von Tönnies zu verwenden, das zur Analyse sozialen Wandels entworfen war, konnte aber damit einer Widersprüchlichkeit wie beim Beruf des Arztes nicht Rechnung tragen. Der Arzt ist ja zugleich Kaufmann und Repräsentant der Heilkunst, ist bei dem ersten Rollenelement auf seinen Vorteil bedacht, beim zweiten aber zu Altruismus verpflichtet (Parsons / Shils 1954). „... Daraus ergab sich als offensichtliche Schlussfolgerung, dass die Dichotomie von *Tönnies* nicht als Unterschiede einer einzelnen Variablen benutzt werden sollte, sondern als Resultante einer Mehrzahl unabhängiger (!) Variablen. Sollten diese wirklich unabhängig sein, dann gäbe es nicht lediglich zwei Grundtypen sozialer Beziehungen (!), sondern eine erheblich größere Familie solcher Typen. Mein Vorschlag war, dass die freien akademischen Berufe innerhalb dieser Familie von Typen zu lokalisieren sind, aber weder als Gemeinschaft noch als Gesellschaft" (Parsons 1970). In der Terminologie der modernen Wissenschaftslehre: Das Kontinuum Gemeinschaft – Gesellschaft wurde in einen mehrdimensionalen Eigenschaftsraum verwandelt. Ein solcher Raum erlaubt es, ein Objekt durch widersprüchliche Bestimmungsgründe zu kennzeichnen.

Handeln wird bei *Parsons* verstanden als Entscheidung in einem Dilemma, das aus der Widersprüchlichkeit von Gesellschaften folgt, die sich im Wandel befinden. Hier geben die Gegensatzpaare, die *Parsons* durch die Auflösung von Gemeinschaft und Gesellschaft gewinnt, die zu treffenden Entscheidungen an. *Parsons* nannte die Taxonomie „pattern variables", was *Renate Mayntz* (geb. 1929) als „Orientierungsalternativen" übersetzte. Wir übernehmen die Ausführungen von *Parsons* und *Edward Albert Shils* (geb. 1911) vereinfacht und lediglich auf Individuen als Akteure bezogen wie folgt – wobei auf der linken Seite jeweils die Kategorien aufgeführt sind, die *Parsons* aus der Auffächerung von „Gemeinschaft" gewann, auf der rechten Seite dagegen diejenigen, die „gesellschaftli-

Orientierungsalternativen

Ein Akteur muss bei seiner Entscheidung über Verhalten wählen zwischen diesen Alternativen		
1. ob er unmittelbare Bedürfnisbefriedigung will – wie unter Familienmitgliedern	oder	ob er seine Antriebe selbst disziplinieren soll in Hinblick auf längerfristige Erwägungen – wie bei einer Geschäftsverhandlung
AFFEKTIV (affectivity)	versus	AFFEKTIV NEUTRAL (affective neutrality)
2. ob er sich an der Besonderheit einer Beziehung des Objektes zu ihm selbst in einer Situation orientieren soll – wie Freundschaft	oder	ob er ein Objekt oder eine andere Person unter eine allgemeine Regel für Beziehungen einordnen soll – wie eine Arzt-Klienten-Beziehung
PARTIKULÄR (particularism)	versus	UNIVERSALISTISCH (universalism)
3. ob er auf die Konkretheit der Kombination von Eigenschaften an einer Person reagiert – wie Eltern-Kind-Beziehung	oder	ob er lediglich auf einige der („zur Sache gehörigen") Eigenschaften der Person achtet – wie bei einer Prüfung
DIFFUS (diffuseness)	versus	SPEZIFISCH (specificity)
4. ob er auf ein Objekt oder eine Person hinsichtlich der vorgegebenen Eigenschaften anspricht – wie Geschlecht oder Alter	oder	ob er sich an dem konkreten Verhalten bzw. der Leistung einer Person orientiert – als was sonst diese aufgrund ihrer sozialen Merkmale immer auch gelten mag – wie Zugehörigkeit zu einem qualifizierten Beruf
VORGEGEBENE EIGENSCHAFTEN (ascription)	versus	ERWORBENE EIGENSCHAFTEN (achivement)

che" Zustände / Situationen / Beziehungen meinen (Scheuch / Kutsch 1975: 323). Das Schema wurde angeregt durch Black 1961: 285–286.

Verschiedentlich nannte *Parsons* eine fünfte Orientierungsalternative:

sich an den Wünschen oder Bedürfnissen eines Kollektivs ausrichten – wie der Familie oder dem Stamm	oder	vorrangig an sich selbst denken
KOLLEKTIVBEZUG (collectivity orientation)		SELBSTBEZUG (self-orientation)

Andere Autoren haben weitere Gegensatzpaare benutzt. So unterschied *Seymour M. Lipset* (geb. 1922) (Lipset 1963):

WERTORIENTIERUNG (consummatory)	oder	ZWECKORIENTIERUNG (instrumental)
RESPEKT FÜR PERSONEN (egalitarian)	oder	RESPEKT FÜR POSITIONEN (elitist)

Durch die Orientierungsmuster (pattern variables) werden Interaktionen in einem System strukturiert. Diese Systeme entwickeln nun selbst Erfordernisse für ihr Funktionieren. Um dies zu modellieren griff *Parsons* auf Vorstellungen zurück, die er sich während seines Erststudiums als Biologe aneignete. Ein jegliches lebendes Wesen oder System muss sich zum einen mit seiner Umwelt auseinandersetzen und sich zum anderen intern organisieren. Dabei gilt es jeweils zu entscheiden, welche Ziele anzustreben sind und welche Mittel sich hierfür eignen.

Für die so spezifizierten vier „funktionalen Erfordernisse“ (functional needs) eines jeden Systems wählte *Parsons* die folgenden Bezeichnungen:

- *A*daptation (Anpassung) (an die Externalitäten)
- *G*oal Attainment (Zielverfolgung)
- *I*ntegration (Integration)
- *L*atency – auch „Pattern Maintenance“ (Strukturerhaltung)

Werden die englischen Bezeichnungen von oben nach unten gelesen, so ergibt sich das Acronym AGIL.

Die beiden ersten der angeführten Bezeichnungen beziehen sich auf die Verbindungen des Systems zu dem Systemumfeld, die beiden letzten auf die Notwendigkeit eines jeden Systems, intern und extern zwischen Zielen und Mitteln zu unterscheiden – was eine zweite Achse bedeutet. Werden beide Achsen gekreuzt, so erhält man eine Vier-Felder-Tafel: das für *Parsons* selbst zentrale AGIL-Schema.[75] Das ist ein rein analytisches Schema, es postuliert nur „Funktionsprinzipien“ und ist empirisch leer. Wäre es das nicht, so könnte es nicht die universale Anwendbarkeit haben, die *Parsons* mit diesem Schema anstrebte.

Das AGIL-Schema

	Mittel	Ziele
Extern	Adaptation (Anpassung)	Goal Attainment (Zielverfolgung)
Intern	Latenz = Pattern Maintenance (Strukturerhaltung)	Integration

Für die Funktion der Anpassung ist bei *Parsons* der eindeutigste Bereich die Wirtschaft; bei der Politik steht dagegen die Funktion der Zielverfolgung (und -erreichung) im Vordergrund. Das System der sozialen Sicherheit darf als Bereich der Integration gedeutet werden und die Religion als Vehikel der Funktion der Latenz (übrigens eine für diese Zwecke bizarre Wortwahl bei *Parsons*). Nun hat jeder dieser funktionalen Be-

75 Die zweite Achse des Systems ist komplizierter zu interpretieren, als es den Anschein hat. In seinem „Social System“ – 1952 – ist dieses Kreuzen von Achsen, um Begriffs-Kästchen zu bilden für alle möglichen Fragestellungen, bei Parsons von manischer Intensität. Eine interessante Diskussion der zweiten Achse des AGIL-Schemas findet sich in Jensen 1980: 75–85.

reiche wiederum selbst die vier funktionalen Erfordernisse zu bewältigen, und das will *Parsons* durch die weitere Unterteilung eines Funktionsbereichs – etwa der Wirtschaft – vermittels des AGIL-Schemas analytisch erfassen. Bildhaft kann man sich dies vorstellen nach dem Muster der Babuschka-Puppen Russlands: In jeder Puppe steckt eine weitere Puppe. So versteckt sich nach *Parsons* in jedem Funktionsfeld eines AGIL-Schemas ein weiteres komplettes AGIL-Schema und in dessen Funktionsfeldern jeweils weitere AGIL-Schemata.

Dies muss aber in unserem Zusammenhang nicht weiter erörtert werden. Für die Analyse des sozialen Wandels ist relevant, dass sowohl die Orientierungsalternativen wie auch das AGIL-Schema teleologische Elemente implizieren. Beides sind keine Theorie strictu sensu, und erst recht keine Theorie des sozialen Wandels, aber diese bis hier erwähnten Taxonomien sollen sich zur Charakterisierung des Wandels eignen.

Eine Theorie des Wandels formuliert *Parsons* im Zusammenhang mit seiner Fassung des Evolutionismus. Sie ist eine Fortschrittstheorie, wobei nach *Parsons* Fortschritt dann vorliegt, wenn sozialer Wandel zur gesteigerten Anpassungsfähigkeit sozialer Systeme führt (Parsons 1975: 39). „Unsere Perspektive impliziert eindeutig evolutionäre Feststellungen. ... Dabei versuche ich, mein Hauptkriterium mit dem in der biologischen Theorie verwendeten in Übereinstimmung zu bringen, indem ich solche Systeme als 'fortgeschrittene' bezeichne, die eine größere allgemeine Anpassungsfähigkeit aufweisen“ (Parsons 1975: 169). Der *Parsons*'sche Evolutionismus – darüber hinaus der Neoevolutionismus allgemein – unterscheidet sich von dem des 19. Jahrhunderts in einem entscheidenden Punkt: Evolution ist nach ihm nicht ein bloßer Versuchs- und Irrtums-Prozess, wobei die meisten Evolutionen sich als Sackgassen erweisen. Für soziale Systeme kann Evolution als Lernprozess verstanden werden: Insbesondere Hochkulturen lernen aus Fehlern, anstatt mit diesen untergehen zu müssen. Dies ist möglich, weil eben so verstandene Evolution eine Steigerung der Selbststeuerung von Systemen zur Folge hat.

Die Bezeichnung Evolutionismus ist eigentlich für eine solche Vorstellung nicht angemessen (Evolution 1986). Bei dem auf *Darwin* zurückgehenden Evolutionismus „lernen" Arten ja nicht, sondern werden ausgesondert bzw. behaupten sich aufgrund unveränderter Eigenschaften – unverändert allerdings nur bis zur nächsten Mutation. Die Vorstellung, dass eine Art oder Gattung „lerne", bzw. gebe eine aus ihrer Umwelt folgende Veränderung an Nachkommen als vererbbare Eigenschaft weiter, ist richtig bezeichnet „Lamarckismus". Zwar hatte *Jean Baptiste Lamarck* (1744–1829) selbst seine Lehre von der Weitergabe erworbener Eigenschaften nicht auf den Menschen angewandt – aber warum sollte man das unterlassen? Wenn eingewandt wird, selbst *Trofim Denissowitsch Lyssenko* (1898–1976) sei bei dem Versuch gescheitert, die Konzeption von *Lamarck* anzuwenden, dann wäre dagegen zu halten, dass soziales Lernen etwas anderes ist als bleibende Veränderung durch Umweltbeeinflussung. Weil die anschließend zu behandelnden Auffassungen eigentlich eher Lamarckismus sind, ist als differenzierende Bezeichnung „Neoevolutionismus" vertretbar.

Die zentrale Konzeption des Neoevolutionismus bei *Parsons* ist die Vorstellung von „evolutionären Universalien" (Parsons 1964: 339–357). Darunter versteht er solche Entwicklungen, ohne die ein weiteres Fortschreiten der Evolution nicht möglich ist und die umgekehrt bei jedem weiteren Fortschreiten vorhanden sein müssen. Als gelernter Biologe beginnt *Parsons* mit drei biologischen Universalien: der Entwicklung der menschlichen Hände als Ende zweier hoch beweglicher Arme, des Sehens und des Gehirns.

Diese drei Entwicklungen haben auch jeweils ihre „Kosten"; sie gehen zulasten von Fähigkeiten, die durch die neuen Entwicklungen gemindert werden. So wird die Entwicklung der

„Greifwerkzeuge" Arme und Hände erkauft mit der geringeren Geschwindigkeit, die Menschen im Vergleich zu solchen Tieren haben, die sich auf vier Gliedmaßen fortbewegen. In diesem Zusammenhang denken wir auch an ein Beispiel aus der menschlichen Kultur, nämlich den Übergang vom Essen mit den Händen hin zu Mahlzeiten mit Besteck. Auch heute noch isst mehr als die Hälfte der Menschheit mit bloßen Händen, was aus unserer Sicht offensichtliche Nachteile hat. Der Übergang zum Essen mit Stäbchen war ein Sprung in der Hygiene; das setzt aber voraus, dass die Nahrung entsprechend zubereitet ist. Erst sehr viel später setzte sich der Gebrauch von Messer und Gabel durch, bei dem auf eine solche einschränkende Zubereitung der Nahrung verzichtet werden kann. Allerdings ist diese letztere Entwicklung als allgemeine Fertigkeit „westlicher" Kulturen noch keine 200 Jahre Allgemeingut.

Am Beispiel des Sehens wird nach *Parsons* deutlich, dass diese kulturelle Universalie als Fähigkeit unentbehrlich, aber in ihrer anatomischen Ausprägung unterschiedlich sein kann. „Nach der Beweislage ist das Sehen keine einmalige Erfindung in der organischen Evolution, sondern hat sich unabhängig voneinander in drei unterschiedlichen Formen entwickelt".[76] Ohne die Fähigkeit zu sehen ist eine höhere Entwicklung aber nicht vorstellbar.

Die Entwicklung der Denkfähigkeiten, insbesondere der Fähigkeit zu Problemlösungen, hat ebenfalls einen hohen Nutzen, der auf Kosten eines gewichtigen Verlustes geht. Im Vergleich zur Lösung eines Problems durch Nachdenken ist eine instinktive Reaktion schneller und sicherer, die nicht selten für das Überleben eines Organismus entscheidend ist. Aber ohne Ersetzen der Instinkte durch Nachdenken ist höhere Kultur nicht vorstellbar.

---

76 Die Funktion „Sehen" setzt nicht unser Organ „Auge" voraus. Siehe hierzu Wald 1959: 92–108.

Diese Vorüberlegungen, die noch nicht die Existenz menschlicher Gesellschaften thematisieren, sind für die Evolution sozialer Systeme von großer Bedeutung. Entwicklung ist hiernach nicht denkbar als harmonisch und problemlos, sondern als Ersetzen einer bisher ausreichenden Problemlösung durch eine andere, die aber auch ihren Preis hat. Die Nähe dieser Vorstellungen zur Konzeption kreativer Zerstörung bei *Schumpeter* ist offensichtlich.

Parsons wendet sich dann zwei Universalien zu, die kennzeichnend für menschliche Gesellschaften sind. Das eine sind Systeme der Verwandtschaft, die in ihrer Vielfalt gekennzeichnet sind durch drei Regelbereiche: Inzesttabu, Exogamie und Endogamie. Hierdurch werden als weitere Regeln Erwartungen über wechselseitige Verpflichtungen mit Bevorzugung von Partnern bei der Reproduktion und bei der Lokalisation vorbestimmt. All das ist Kern der Vorstellungen über Sozialstruktur in der Kulturanthropologie bzw. Ethnologie der sechziger und frühen siebziger Jahre des vorigen Jahrhunderts.

Hinzu kommen drei weitere evolutionäre Universalien: eine gemeinsame Sprache, religiöse Vorstellungen und eine gemeinsame Technik. Die Existenz dieser Elemente ist nach *Parsons* das Minimum, damit ein System von Primaten eine menschliche Gesellschaft genannt werden kann. Für deren Identität ist dann eine Abgrenzung gegenüber anderen Gruppen notwendig, wobei die Bevölkerung, welche ein bestimmtes Gebiet bewohnt, gewöhnlich Regeln der Endogamie beachtet.

Das eigentliche Interesse von *Parsons* gilt den Voraussetzungen für die Entwicklung von Hochkulturen. Hier unterscheidet er zwei plus vier Universalien.

Universalie Nr. 1 ist ein System der sozialen Schichtung, das für ihn eine Voraussetzung für eine weitergehende Arbeitsteilung bzw. soziale Differenzierung ist. Ein Zuschreiben bestimmter Verpflichtungen und die Vermittlung bestimmter Kenntnisse ist gewöhnlich verbunden mit dem System der

Schichtung bzw. kann als dessen sachliche Grundlage verstanden werden.

Universalie Nr. 2 ist die notwendige parallele Entwicklung von Mustern der kulturellen Legitimierung, die unabhängig von und zusätzlich zu der Sozialstruktur gelten.

Die weiteren vier Universalien sind die Spezifika einer modernen Gesellschaft:

(1) bürokratische Organisation,
(2) Geld und Märkte,
(3) ein universalistisches Rechtssystem (in der Diskussion verwendet *Parsons* hierfür den deutschen Begriff „Rechtsstaat"), und
(4) Demokratie sowohl als politische Verfassung wie als Umgangsweise in der Gesellschaft miteinander.

In einer historischen Betrachtung erörtert *Parsons* die Entwicklung dieser Universalien bei den klassischen Hochkulturen des Imperium Romanum, von Mesopotamien, des Imperiums des klassischen China und von Byzanz (Parsons 1964: 350 ff.). In allen diesen Fällen wurde die Entwicklung dieser Universalien „abgebremst"; insbesondere bildeten sie sich nicht zu einem System der Interdependenzen aus. Letzteres ist nach *Parsons* die differentia spezifica der modernen Phase sozialer Evolution. Hierdurch erhalten diese ausdifferenzierten Elemente Raum, ihre Eigendynamik zu entwickeln.

Lediglich die Arbeitsteilung zu betonen ist eine zu einseitige Perspektive, weil aus einer bloßen Teilung der Arbeit noch keine Steigerung der Effizienz eines Systems folgt. Dies ist bei *Parsons* wie auch bei den meisten anderen Struktur-Funktionalisten unterbetont. Wird ein System der Differenzierung verstanden als fortwährende Evolution, dann muss neben der sich ändernden Arbeitsteilung gleichgewichtig die Bedeutung der Koordination der unterschiedenen Tätigkeiten treten.

Mit steigender Arbeitsteilung ist tendentiell eine Entqualifizierung im Wirtschaftsleben verbunden, aber parallel zu dieser verlaufen Prozesse der Requalifizierung. Beide zusammen tendieren immer wieder zum Gleichgewicht, aber im Sinn des „Gleitgleichgewichts" der Ökonomie. So kann zu einem bestimmten Zeitpunkt die extreme Arbeitszerlegung des Taylorismus wirtschaftlich sinnvoll sein, sich im Verlaufe der weiteren Entwicklung allerdings als unzweckmäßig herausstellen.

Die entscheidenden Teilsysteme moderner Gesellschaften werden bei *Parsons* als wechselseitig abhängig voneinander verstanden. Ihre Bedeutung erhalten sie über ihren funktionalen Beitrag zum Erhalt der Gesamtgesellschaft. Als Paradigma für diese wechselseitigen Abhängigkeiten schlägt *Parsons* das erwähnte *AGIL-Schema* vor.

Wenn Gesellschaften verstanden werden als sich selbst regulierende Systeme, die stets auf ein Gleichgewicht hinstreben, dann ist mit der Differenzierung das Problem angesprochen, dass Interaktionen in einer Situation der Unsicherheit erfolgen mussten, gäbe es nicht eine kulturelle Standardisierung. Auf der Individualebene erklärt der Funktionalismus Verhalten als doppelt kontingent (Parsons / Shils 1954). Sie ist verbunden mit der zentralen Bedeutung, die *Parsons* der Kultur als stabilisierendem Element in hoch differenzierten Gesellschaften zusprach. Entsprechend ist nach ihm sozialer Wandel letztlich verursacht und geformt durch einen kulturellen Wandel. „Wir definieren einen Wandel in der Struktur eines sozialen Systems als Wandel seiner normativen Kultur" (Weymann 1998: 88, FN 22).

Wir meinen, dass hier ein gewisser Bruch zwischen der Behauptung sozialer Differenzierung als Agens der Evolution und der normativen Theorie gegeben ist. Beide Akzente lassen sich sachlich begründen, stehen aber doch in dieser Theorie in einem etwas ungeklärten Verhältnis zueinander.

2. Neo-Evolutionismus

1.

Anknüpfend an die Konzeptionen von *Talcott Parsons* war für lange Zeit eine Weiterentwicklung des Struktur-Funktionalismus als Neoevolutionismus vorherrschend. Alle diese Theorien gehen von der Annahme aus, dass Gesellschaften „lernen" und dass eine Weiterentwicklung eine Zunahme der internen Pluralisierung sowie damit verbunden eine Steigerung der Komplexität der Systeme bedeutet. Die erhöhte Differenzierung hat die Autonomisierung (Freisetzung) gesellschaftlicher Teilbereiche zur Folge, und dies wiederum soll gleichbedeutend sein mit einer Zunahme der Rationalität im Funktionieren eines Teilbereichs. Dabei bleibt prekär, was denn nun diese funktional differenzierten Bereiche als System zusammenhält. Nach *Niklas Luhmann* (1927–1998) ist das dominante Prinzip der Differenzierung die Funktion (Luhmann 1977: 29–53). Damit ist über die Integration und Hierarchisierung von Funktionen noch nichts ausgesagt, und ohne eine solche Hierarchisierung ist eine Entwicklungsrichtung nicht bestimmbar.

Hartmann Tyrell (geb. 1943) sieht durchaus auch in modernen Gesellschaften das Nebeneinander von funktional diffusen bzw. multifunktionalen Elementen neben hochdifferenzierten, vermeidet aber den naheliegenden weiteren Schluss, darin ein Spezifikum moderner Gesellschaften zu sehen und nicht nur ein Überleben archaischer Organisationselemente (Tyrell 1976: 393–417). Hierauf werden wir selber anschließend noch eingehen. In seinen Überlegungen über die Familie als Ur-Institution erwägt allerdings auch *Tyrell* die Angemessenheit einer multifunktionalen Institution in einem modernen System (Tyrell 1977: 193).

Als evolutionäres Leitmotiv betont *Tyrell* die „thematische Reinigung" von Teilbereichen durch Ausgliederung von Elementen, die dieser Bereich mit anderen gemein hat. Dies kann begleitet sein von einem Prozess, den er mit der Bezeichnung „Penetration" belegt: der Gültigkeit der in einem „zuständigen" Teilbereich durchgesetzten Rationalität in anderen Teilbereichen. Beispiele wären die Gültigkeit von Rechtsnormen oder die Hinnahme politischer Entscheidungen.

Eine nachvollziehbare Theorie des sozialen Wandels als Teil des Neoevolutionismus lässt sich bei *Niklas Luhmann* nur in seinen Schriften bis gegen Ende der achtziger Jahre erkennen. Da ist zunächst als Eigenheit zu berücksichtigen, was *Luhmann* unter Struktur-Funktionalismus versteht (Luhmann 1984). *Luhmann* kritisiert *Parsons*, dieser unterstelle Struktur als gegeben und frage dann erst nach Funktionen. Es ist fraglich, ob *Luhmann* überhaupt im üblichen Sinne in sein System Strukturen einbezieht. Zentral ist bei ihm wie bei anderen Evolutionisten auch die immer weitergehende Differenzierung von Gesellschaft und deren Gebilde in Teilsysteme. Diese Teilsysteme werden „selbstreferentiell", d. h. sie orientieren sich zunehmend an sich selbst. Als Beispiel verweist *Luhmann* auf die Entwicklung des Rechts vom Naturrecht zu einem Recht, das auf Recht beruht. Ein solchermaßen nur noch selbstreferentielles Recht (fiat justitia, pereat mundo) habe eine sehr viel höhere „Komplexitätsverarbeitungskapazität" (Luhmann 1987a).

Zentrale Teilsysteme einer modernen Gesellschaft sind nach *Luhmann* Politik, Ökonomie, Recht, Wissenschaft. Ihre Ausdifferenzierung erfolgt „autopoietisch", wie sich auch in der Natur Wesenheiten entwickeln. Dieser für *Luhmanns* Entwicklungslehre zentrale Begriff ist selbstverständlich überhaupt keine Erklärung, sondern Poesie. Soziale Systeme, so *Luhmann,* bilden sich aufgrund sinnhaft aufeinander bezogener Handlungen und Kommunikation, die zu einer Grenzziehung zwischen innen und außen führen, zu einer Unterscheidung zwischen System und Umwelt des Systems. Durch eine solche Grenzziehung entstehen Inseln geringerer Komplexität (Luhmann 1991). Entwicklung lässt sich bei *Luhmann* verstehen als fortwährende Erhöhung der Kapazität der Verarbeitung von Komplexität durch Binnendifferenzierung.

Modernität als Differenzierung drückt sich aus in Geldwirtschaft, staatlich organisierter Politik, Massenmedien, positivem Recht, allgemeiner Schulbildung und forschungsintensiver Wissenschaft. Man könne sagen, „daß die evolutionären Errungenschaften, die die moderne Gesellschaft vor allen ihren Vorgängerinnen auszeichnet, … aus bescheidenen Anfängen in Größenordnungen hineingewachsen sind, die die moderne Gesellschaft auf Irreversibilität festlegen" (Luhmann 1992: 42).

In diesen modernen Gesellschaften beginnt sich der „semantische Apparat Alteuropas" zu verabschieden, wobei für den späten *Luhmann* „Alteuropa" mit einem Zustand gleichzusetzen ist, in dem es eine übereinstimmende Vorstellung von Vernunft oder eine gemeinsame Einstellung zur Welt nicht mehr gibt. Das für die Moderne charakteristische Fehlen einer „Meta-Erzählung" (der Ausdruck kommt von den französischen Postmodernisten) ist der Beginn einer „Reflexion der Form von Selbstbeobachtungen und Selbstbeschreibungen eines Systems, die im System selbst vorgeschlagen und durchgesetzt werden müssen in einem Prozess, der seinerseits wieder beobachtet und beschrieben wird" (Luhmann 1992: 8).

Damit hat sich *Luhmann* als inzwischen Postmoderner aus der Wissenschaft verabschiedet. Das ist weniger verwunderlich, weil er – wie der *Parsons* des AGIL-Schemas – schon lange nicht mehr Wirklichkeit beschreiben wollte. In seinen Flügen über den Wolken – so schrieb *Luhmann* einmal über seine Schriften – wollte er Angebote zur Beschreibung der Welt als subjektive Beobachtung vorschlagen. Dann müssen wir darin – so der spätere *Luhmann* – unser „kausallogisches" Denken aufgeben. Vorher allerdings verstand er seine Theorie der Differenzierung zur Erhöhung der Problemverarbeitungskapazität von Systemen durchaus als sozialwissenschaftlich.

Die Betonung lediglich der Differenzierung halten *Eugen Buß* (geb. 1943) und *Martina Schoeps* für empirisch und theoretisch unbefriedigend. Der evolutorischen Reihe undifferenziert (= segmentäre Gesellschaften) und ausdifferenziert (= Hochkulturen) fügen sie als dritte Entwicklungsstufe die Entdifferenzierung hinzu (Buß / Schoeps 1979: 316 f.).

Mit der *Luhmann*'schen Version der Differenzierungstheorie stimmen sie in den Gründen für die Prozesse der Ausdifferenzierung überein: Die funktionale Spezifizierung führt ceteris paribus zu einer Steigerung der Effizienz durch die relative Autonomie, die ein Bereich hiermit erhält. Dies wiederum erfordert eine „thematische Reinigung" im Sinne von *Tyrell* (Buß / Schoeps 1979: 316). Allerdings ist es unzweckmäßig, sich diese als völlige Ausgliederung multifunktionaler Elemente vorzustellen. Als Beispiel verweisen *Buß* und *Schoeps* auf die Ausgliederung von Funktionen – wie die religiöse, wirtschaftliche, Erziehungs- und zum Teil auch Freizeitfunktion – aus der Familie, bei der aber als multifunktionale Eigenschaft die Partnerschaft übrig bleibt. Diese hat eine gesteigerte Kompatibilität der Familie mit funktional spezifischen Bereichen zur Folge.

Bereits *Luhmann* thematisierte als Problem immer weitergehender Ausdifferenzierung eine Erhöhung der Komplexität. Das bedarf der Korrektur durch Mechanismen, wie sie *Luhmann* anführte (Luhmann 1974; 1975). Ohne Komplexitätsreduktion wären hochdifferenzierte Gesellschaften nicht erträglich. Mechanismen einer Komplexitätsreduktion sind Vertrauen, Liebe oder Macht. In jedem Fall wird die Erklärungsbedürftigkeit durch Verweis auf die erwähnten Mechanismen reduziert.

Die dritte Stufe einer evolutorischen Entwicklung unter dem Leitmotiv der Differenzierung ist nach *Buß* und *Schoeps* die Entdifferenzierung. „Entdifferenzierung ist … keine rückwärts gewandte Bewegung zu einfachen, undifferenzierten Strukturen, die Anpassungsabfall, Niedergang, Desintegration oder

Zusammenbruch sozialer Teilsysteme zur Folge hat und bildet letztlich auch keinen revolutiven Sprung, mit dem die Komplexität moderner Gesellschaften überwunden wird. Im Gegenteil: Entdifferenzierung ist ein evolutiver Prozess", der parallel zu oder nach der Ausdifferenzierung „einsetzt und die gesellschaftlichen Teilsysteme weiterentwickelt" (Buß / Schoeps 1979: 317). Das soll bedeuten, dass über eine Koordination hinaus systemfremde Funktionen in ausdifferenzierte Teilbereiche eingebunden werden.

Stefan Jensen (geb. 1940) hat in die Diskussion den Begriff der Interpenetration eingeführt. Damit meint er die Durchdringung von Teilbereichen durch allgemeine Prozesse – etwa Rechtssprüche oder politische Entscheidungen. Solche verbindenden Prinzipien dringen in die Teilsysteme ein, die auf diese Weise für externe Kriterien geöffnet werden (Jensen 1978: 116–129).

Beim Neoevolutionismus ist unstrittig, dass durch Eigenrationalität die Effizienz der jeweiligen Teilbereiche gemäß den eigenen Kriterien erhöht wird. Nicht so eindeutig ist, ob damit auch der Beitrag eines Teilbereiches zum Gesamtsystem optimiert wird. Weitgehend geteilt wird die Sorge, dass sich durch die Differenzierung die Störanfälligkeit eines Systems erhöht. Diese bei den Nachfolgern von *Luhmann* angesprochene Problematik soll durch Entdifferenzierungsprozesse gedämpft bzw. neutralisiert werden. „Im Zuge der Ausdifferenzierung erreichen die Eigendymanik und die sogenannte thematische Reinigung ihren Grenznutzen" (Buß / Schoeps 1979: 324). Zugleich wächst die Zahl von Funktionen, die sich gegenüber einer exklusiven Zuordnung zu einem Teilbereich neutral verhalten, und hinzu kommt die Verbindung der Rationalität verschiedener Teilbereiche zu einem Kompositum.

Buß und *Schoeps* verweisen auf die Problematik einer weitestgehenden Ausdifferenzierung wirtschaftlicher Abläufe. Die ökonomischen Entscheidungsprozesse namentlich in überregionalen und multinationalen Unternehmen unterliegen einem wachsenden Spannungsfeld zwischen betriebswirtschaftlichen Aspekten einerseits und gesellschaftlichen, speziell sozialpolitischen Komponenten andererseits. Zunächst werde dies bei der Umweltbelastung thematisiert und mit dem Begriff der „Externalisierung" wirtschaftlicher Kosten erfasst. Sozialtechnisch wurde das dann Anfang der achtziger Jahre in den USA durch die „Sozialbilanz" aufzufangen versucht, die vor der Bilanz im engeren ökonomischen Sinn den gesamtgesellschaftlichen Nutzen wirtschaftlicher Entwicklungen von Betrieben in Zahlen zu fassen versuchte. Um so erstaunlicher ist die gegenwärtige Dominanz des Kriteriums „shareholder value", wo diese zusätzlichen Funktionen zur Gewinnmaximierung im engsten Sinn als bloße Infrastrukturkosten für die einzelwirtschaftliche Rationalität behandelt werden (Scheuch 2000c: 111–147).

Dies ist nicht nur eine Frage des Konfliktes zwischen verschiedenen normativen Maßstäben. Die Problematik ist allgemeiner: Stark ausdifferenzierte Teilbereiche werden funktional abhängiger von ihrem sozialen Umfeld. Ein Beispiel ist die Entwicklung im Ärztesystem. Auf die zentrale Stellung des Hausarztes folgt die Ausbildung des Facharztes als eigentlicher therapeutischer Instanz. Angesichts der wechselseitigen Abhängigkeiten von Vorgängen in einem Organismus erweist sich diese Aufteilung der medizinischen Behandlung in Fachkenntnisse jeweils für einzelne Organe als unzureichend. In der gegenwärtigen Entwicklung führt das zur Forderung nach einem Facharzt für Allgemeinmedizin, der den medizinischen Spezialisten zuarbeiten muss.

Mit der Rückwendung der Prozesse der Differenzierung an die Realität ist der Neoevolutionismus als Versuch einer allgemeinen Theorie des sozialen Wandels zumindest vorläufig an eine Grenze gestoßen. Die Vorstellungen eines linearen monokausalen Modernisierungsprozesses lassen sich empirisch nicht halten. Gesellschaften werden nicht nur effizienter durch weitere Prozesse der Differenzierung und evolutorischer Veränderungen, sondern eher widersprüchlicher.

Wird die grundlegende Perspektive akzeptiert, so wie sie nach *Parsons* auch bei *Luhmann* und schließlich bei *Tyrell* vorherrscht, dann folgt daraus, dass Modernisierung als Wandel von Teilsystemen nicht funktionieren kann. Modernität wäre hiernach nur insgesamt zu haben und nicht als Übernahme einzelner Elemente wie Bürokratie oder Marktwirtschaft. Dagegen sprechen die Beispiele Japan und Korea sowie inzwischen China. Darüber gibt es jedoch Kontroversen, deren Ausgang noch unentschieden ist.

2.

Im englisch-sprachigen Bereich entwickelt sich der Neoevolutionismus anders, wird konkreter, als *Parsons* zur Zeit seines AGIL-Schemas war. Das gilt auch für den in Klassifikationen verliebten Meisterschüler von *Parsons, Marion J. Levy jr.* (1918–2002). Funktionskataloge, wie ihn auch *Levy* aufstellte, haben meist ein Element der Willkür. *Levy* wollte seinen Funktionskatalog gegen diesen Vorwurf durch die Wahl eines Kriteriums absichern: Dieses sind die Überlebensnotwendigkeiten („functional prerequisites") einer Gesellschaft. Welche Funktionen sind mindestens zu erfüllen, damit eine Gesellschaft auf verschiedenen Niveaus der Entwicklung überleben kann (Levy 1952: 149–197)?

Wenig Schwierigkeiten bereitet es, einen solchen Funktionskatalog für Gesellschaften auf einer elementaren Entwicklungsstufe aufzustellen. Die „natürliche" Natur – das ist die noch nicht vom Menschen nach seinen Bedürfnissen hergerichtete Natur –, die biologische Ausstattung des Menschen und die Existenz anderer menschlicher Gesellschaften sind das Umfeld für das Überleben. Offensichtlich ist darin eine Bereitschaft zum Zeugen und Gebären von Kindern ebenso notwendig wie die Pflege des Kleinkindes, soll eine menschliche Gruppe überleben. Hinzu muss ausreichend Nahrung kommen. Mit den Mitteln des Kulturvergleichs zeigte *Levy*, wie vielfältig selbst diese elementaren Funktionen kulturell geformt sind. In mehreren Regionen dieser Welt sind Kleidung und Schutz vor Wetterbedingungen erforderlich. Auch hier folgt aus der funktionalen Notwendigkeit für das Überleben einer Gesellschaft keinesfalls Uniformität in der Reaktion. Nicht alle Mitglieder einer Gesellschaft sind zu einem gegebenen Zeitpunkt fähig, zu den Überlebensfunktionen einen Beitrag zu leisten. Hier müssen soziale Regeln dafür sorgen, dass diesen gegenwärtig „unnützen" Mitgliedern geholfen wird. *Talcott Parsons* hatte diesen „bioökonomischen" Voraussetzungen für die Weiterexistenz einer Gesellschaft keine Aufmerksamkeit geschenkt.[77]

In den weitaus meisten Fällen gehen vom Umfeld einer menschlichen Gruppe vielfältige Bedrohungen aus. Eine jede Gesellschaft muss in diesen Fällen Vorsorge treffen – wie durch Regeln, was Nahrung ist und wie man sie zubereitet. Je stärker differenziert eine Gesellschaft ist, um so spezialisierter sind die Abwehr- und Ordnungskräfte, während auf einer Existenzweise des bloßen Überlebens, darüber hinaus bei Stammeskulturen, solche Verteidigung nicht ausdifferenziert ist; siehe die römischen Berichte über die Teutonen. Speziell gegen Naturkatastrophen und lebensbedrohende Zufälle sollen in technisch einfachen Kulturen magische Riten und Beschwörungen helfen. Je hilfloser Menschen angesichts einer Bedrohung sind, umso schmerzlicher muss ein Opfer sein, um zu wirken.

Die weiteren von *Levy* angeführten funktionalen Erfordernisse beziehen sich auf soziale Mechanismen, die allerdings zunächst verbunden sein können mit biologischen Eigenschaften. Das gilt vor allem für Rollendifferenzierung und Rollenzu-

77 Inzwischen gibt es eine eigene Forschungsrichtung Sociobiologie. Siehe hierzu Wilson 2000.

weisung, die zunächst nach Geschlecht und Alter ausgebildet werden. Bei Kulturen mit höheren Graden der Differenzierung lösen sich Rollenzuweisungen immer stärker von solchen vorgegebenen Eigenschaften für alle Mitglieder einer Gesellschaft und stellen ab auf besondere Fähigkeiten oder sonstige Eigenschaften einer Person. Weitergehende Spezialisierung erfordert Koordination, und diese erzwingt negative und positive Sanktionen. Diese Strukturierung macht nach *Levy* soziales Leben erst voraussagbar. Voraussagbarkeit ist aber ein funktionales Erfordernis. Sprache ist nach *Levy* funktional erforderlich nicht nur als Vehikel zum Transport von Mitteilungen, sondern als Symbolsystem, um gemeinsame kognitive Orientierungen zu bewirken – eine weiterere funktionale Voraussetzung für das Überleben einer Gesellschaft.

Levy unterscheidet eine Fülle weiterer funktionaler Erfordernisse für höher differenzierte Gesellschaften: Regeln für zulässige Mittel, Regeln für den Ausdruck von Gefühlen, Angemessenheit der Sozialisation für eine gegebene Gesellschaft, Kontrolle asozialen Verhaltens und Regeln für den Prozess der Institutionalisierung. Von größerem Interesse als diese Regulierungen sind zwei weitere funktionale Erfordernisse bei komplexeren Gesellschaften, die bei der Analyse von Sozialstrukturen öfters übergangen werden. Da ist zu bedenken, dass die frühkindliche Sozialisation nicht ausreichen mag und es deshalb erforderlich werden könnte, fortwährend die Motivation zu verstärken – worauf *Wilbert E. Moore* (1914–1987) in seiner Auseinandersetzung mit der Schrift von *Marion J. Levy jr.* verweist (Moore 1979: 543–548). Schließlich wird insbesondere in Ansätzen, in denen vom Verhalten individueller Akteure ausgegangen wird, durchweg vernachlässigt, dass Gesellschaften ohne kollektive Werte und Ziele nicht vorstellbar sind. Sie geben Antwort auf die Fragen nach dem Warum von sozialen Ordnungen. Zwar wachsen mit zunehmender sozialer Differenzierung die Mittel, um die Bedrohungen durch Natur und das Umfeld einer Gesellschaft zu beherrschen, aber zugleich auch die gesellschaftsinternen funktionalen Erfordernisse.

Diese nahezu Endlos-Liste funktionaler Voraussetzungen für das Überleben von Sozialsystemen bei *Levy* ist sicherlich nicht sonderlich praktikabel für empirische makrosoziologische Untersuchungen. Sie zeigt aber, wie voraussetzungsvoll soziale Existenz ist. Der jetzige Individualisierungsschub in westlichen Gesellschaften findet an solchen funktionalen Erfordernissen mit ziemlicher Sicherheit Grenzen.

3.

An *Talcott Parsons* sind Begriffe und Schemata orientiert, mit denen *Stein Rokkan* (1921–1979) und *Shmuel N. Eisenstadt* (geb. 1923) empirische Untersuchungen mit makrosoziologischen Themenstellungen durchführten. Beide Sozialwissenschaftler hatten ihre eigenen Schwerpunkte: So war *Rokkan* ein wichtiger Parteienforscher und Methodologe; *Eisenstadt* veröffentlichte Werke zur Jugendsoziologie und – bedeutendster Schwerpunkt – zur Soziologie historischer Ereignisse. Beide arbeiteten zusammen bei der Thematik Entstehung von Nationalstaaten mit der Absicht, die Anwendbarkeit des AGIL-Schemas auf konkrete Abläufe demonstrieren zu können.

Die ersten Arbeiten in diesem Bereich von *Rokkan* entstanden während des Prozesses der Entkolonialisierung nach 1945. Insbesondere für Afrika und Südostasien waren an irgendwelchen europäischen Konferenztischen willkürlich Grenzen gezogen worden, die weder geographisch, noch sozial, noch wirtschaftlich als Grundlage für staatliche Entwicklung im westeuropäischen Sinn gelten konnten. Grenzen der jeweiligen kolonialen politischen Einheiten trennten öfters Zusammengehöriges, als dass sie für Gemeinsames einen einheitlichen politischen Rahmen bereit stellten. Entkolonialisierung war meist gleichbedeutend mit der bloßen Übergabe der Macht durch die

Kolonialherren an gewöhnlich selbst ernannte Eliten, die sich zuvor im Kampf gegen die Kolonialherren hatten profilieren können.

Dass Länder wie Nigeria, Burma, Indonesien oder der Kongo keine Nationalstaaten waren und sich von daher auch politische Institutionen des Westens nicht einfach übertragen ließen, war den Beobachtern selbstverständlich klar. Dennoch leiteten sie aus diesem Defizit als Wünschbarkeit ab, nun müssten – orientiert am Vorbild des Westens – durch Übertragung westlicher politischer Institutionen die bunten Bevölkerungsmischungen zu Nationalstaaten westlicher Provenienz mutieren. Dies erwies sich als abenteuerlicher Irrweg.

Als hoffnungsvollsten Kandidaten für eine nationalstaatliche Entwicklung nach dem Vorbild der Demokratie von Westminster identifizierten *Arthur S. Banks* und *Robert B. Textor* (geb. 1923) für eine der größten vergleichenden internationalen Untersuchungen Nigeria (Banks / Textor 1963). Die beiden Autoren konnten für die damalige Zeit recht beeindruckende Belege für ihr Urteil anführen: Dieses bevölkerungsreichste Land Afrikas hatte Bodenschätze, war fruchtbar, besaß eine relativ geordnete Verwaltung und schien so sehr an einer Westminster-Demokratie orientiert, dass die Richter dort nach englischem Vorbild Perücken trugen. Inzwischen ist Nigeria „kaputt“, zerfallen in einander feindselige Landesteile, zur Hälfte beherrscht vom mittelalterlichen Recht der „Scharia“, wirtschaftlich verarmt. Das Übertragen von Institutionen europäischer Nationalstaaten bewirkt für sich nichts von Dauer. Eine soziologisch-historische Analyse des Prozesses der Staatenwerdung in Westeuropa könnte helfen – so *Rokkan* –, die sozialen Voraussetzungen für den Erfolg der Institutionalisierung von Nationalstaaten zu klären.

In seinem eigenen Ansatz kombiniert *Stein Rokkan* die Ideen von *Talcott Parsons*, die Integration eines Sozialsystems mit dem AGIL-Schema zu erfassen, mit einer der vielen wichtigen

Ideen des bedeutenden englischen Sozialökonomen *Thomas H. Marshall. Marshall*, der Arbeiten über Klassenkonflikte vorlegte, hatte darauf verwiesen, dass diese in erfolgreichen Demokratien in Grenzen gehalten werden konnten, indem sukzessiv gewährte Teilnahmerechte auf immer weitere Gruppen der Bevölkerung übertragen wurden (Marshall 1949).

In traditionellen Gesellschaften ist es verbreitet, den Zugang zu wirtschaftlichen Betätigungen nach sozialen Merkmalen zu beschränken. Reste davon waren bei uns Betätigungsverbote von Frauen im Bergbau und in der Schifffahrt. Somit ist die Freiheit wirtschaftlicher Teilnahme keine Selbstverständlichkeit. Und in korporatistischen Ländern werden immer noch Zugangsbeschränkungen ersonnen.

Das wichtigste dieser Teilhaberechte ist das Wahlrecht, das im Verlauf des 19. Jahrhunderts schrittweise ausgedehnt wurde, bis schließlich zu Beginn des 20. Jahrhunderts alle erwachsenen Männer und nach dem Ersten Weltkrieg auch alle erwachsenen Frauen in Westeuropa das Wahlrecht erhielten.[78]

Ein drittes wichtiges Teilhaberecht ist die Beteiligung am Wohlergehen in der Gesellschaft. Hier dienen Sozial- und Verteilungspolitik als ein Mittel, die zunächst weitgehend ausgeschlossenen neuen Erwerbsgruppen der industriellen Gesellschaft, insbesondere die Arbeiter, nun auch in diesem Sinn als Vollbürger in das System mit einzugliedern. Von dieser Vorstellung ging bekanntlich Reichskanzler *Otto von Bismarck* (1815–1898) bei seiner Sozialgesetzgebung aus.

Thomas H. Marshall verweist darauf, dass die Teilhaberechte gegenseitig substituierbar waren und sind: So wurde etwa in England relativ großzügiger die Ausdehnung der politischen Beteiligung als Mittel der Integration gewählt, im Deutschen

78 Eine Ausnahme war die Schweiz, in der Frauen erst weit nach dem Ende des Zweiten Weltkrieges das Recht erhielten, an allen Wahlen und Abstimmungen teilzunehmen.

Reich eher die Ausdehnung der sozialen Beteiligung bevorzugt. Sollen allen Gruppen eines Nationalstaates alle Teilhaberechte zugestanden werden, so setzt dies nach *Marshall* einen sehr hohen Grad an Entwicklung voraus. Versuchen Entwicklungsländer diese Eigenschaft entwickelter Länder sofort nachzuahmen, wird das ganze System überlastet (Rokkan 1971: 293–411).

Schlussfolgerung: Gerade im Zustand der Entwicklung muss gewählt werden zwischen weitergehender wirtschaftlich-sozialer Teilnahme oder weitergehender politischer Teilnahme. Diese Vorstellung steht im völligen Kontrast zu den Wunschvorstellungen westlicher Liberaler über die richtige Politik für Entwicklungsländer.[79]

Die Staaten sind aber bei *Rokkan* nicht nur im Zustand der Entwicklung hin auf die Modernisierung voneinander unterschieden, sie bleiben auch verschieden. Für *Rokkan* bildet die unterschiedliche Problemlösung bei einer jeweiligen Konfliktsituation die Grundlage für die sich ausbildenden Parteiensysteme. Die Grundkonflikte im 19. und 20. Jahrhundert führten jeweils zur Entwicklung von politischen Konfrontationen, und so sind in den Spaltungen des heutigen Parteiensystems längst vergessene inhaltliche Streitfragen der Vergangenheit noch Teil der Gegenwart (Rokkan 1982).

Nach *Rokkan* haben alle europäischen Nationalstaaten nacheinander vier Grundkonflikte auszuhalten gehabt, die allerdings je nach Land unterschiedlich intensiv ausfielen und damit zur bleibenden nationalen Besonderheit beitrugen (Rokkan 1987).

79 Japan, aber noch ausgeprägter Taiwan, Korea und Singapur sind Beispiele für eine vorrangige Ausdehnung sozialer Teilhaberechte, die erst im zweiten Schritt durch Ausdehnung der politischen Teilhabe komplettiert oder zumindest ergänzt wurden.

Erster Konflikt: *Peripherie und Zentrum.* Das ist der Konflikt zwischen dem Versuch, von einer Zentrale aus Flächenstaaten zu organisieren, und den Wünschen nach Beibehalten der lokalen sowie regionalen Besonderheiten. In manchen Staaten spielt dies heute noch eine entscheidende Rolle, wie etwa in Norwegen, das als Sozialsystem etwas flapsig als eine Versammlung selbständiger Tallandschaften gekennzeichnet werden kann, im Gegensatz etwa zu Großbritannien, wo versucht wurde, die regionalen Besonderheiten von Schottland durch einen kulturellen Vernichtungsfeldzug zu beseitigen. In der Bundesrepublik ist an diesem Konflikt letztlich die Revolution von 1848 gescheitert, als die großdeutsch gesinnten politisch und wirtschaftlich besonders fortgeschrittenen westlichen Landesteile des Deutschen Reiches sich gegenüber den zentrifugalen beiden Großmächten Preußen und Österreich nicht durchsetzen konnten. Preußen war zu dieser Zeit wirtschaftlich und politisch deutlich unterentwickelt.

Der zweite große Konflikt ist nach *Rokkan* der zwischen *Landwirtschaft und Industrie.* Er spiegelt sich in der Politik konkret wider als Streit um den Freihandel. In dieser Fassung ist allerdings die Diagnose zu sehr an der englischen Erfahrung ausgerichtet. Die deutsche Version dieses Konfliktes ist der Gegensatz zwischen den überkommenen korporatistisch organisierten Wirtschaftsweisen und der neuen Industrie. In England ging der Kampf um den Freihandel, im Deutschen Reich um die Befreiung der wirtschaftlichen Entwicklung von korporatistischer Reglementierung.

Drittens der Konflikt *Kirche und Staat.* Er wird in England und Frankreich sehr früh ausgetragen, in Deutschland und Italien erheblich später. In Frankreich führt er dazu, dass mit der Französischen Revolution die politischen Autoritäten die Kirche als eine mediatisierende Instanz zwischen Zentralregierung und den einzelnen Bürgern weitgehend ausschalten. In Preußen gipfelt dieser Konflikt in den siebziger Jahren des 19. Jahrhunderts im Kulturkampf. In diesem werfen deutsche Nationalisten den bekennenden Katholiken vor, sie würden einer ultramontanen Autorität (Rom) mehr Loyalität entgegenbringen als der Nation, die allein Objekt solcher Loyalität sein dürfe.

Schließlich ist viertens der Konflikt zwischen *Arbeitern und Bürgertum* um ihre Integration in die Gesellschaft von strukturell bleibender Bedeutung. Er führt zur Entstehung von Gewerkschaften, und die in diesem Kampf ausgebildeten jeweiligen Vertretungsorganisationen agieren bis in unsere Tage als selbständige Elemente des politischen Lebens.

Dem Konflikt Peripherie und Zentrum entspricht die Entstehung einer regionalen Partei gegenüber den im Staat insgesamt präsenten politischen Vertretungen. Das ist in Europa noch von Bedeutung bei der ETA in Spanien, beim Südschleswigschen Wählerverband und bei der CSU als Nachfolgerin der Bayerischen Volkspartei, bei den Regionalparteien Belgiens, oder bei der Lega Nord in Italien.

Den Gegensatz mittelalterlich-korporatistisch verfasstes Gewerbe gegen Industrie führte in Deutschland eine Anzahl kleinerer Parteien weiter; aber auch die größeren Parteien übernahmen teilweise die Forderungen der antiindustriellen Gruppierungen. Erst nach dem Zweiten Weltkrieg setzte sich auch in Deutschland das Prinzip des Eigenbereichs wirtschaftlicher Dynamik durch.

Der Konflikt Kirche und Staat führte dort, wo er spät aufbrach und ohne Konsens blieb, zur Entstehung von klerikalen Parteien, die sich auf einen soliden Unterbau kirchlich beeinflusster Institutionen stützen konnten.

Aus dem Konflikt Arbeiter und Bürgertum entstanden in allen europäischen Staaten Arbeiterparteien, die zunächst Kinder der Gewerkschaften waren. Dies wirkt bis heute weiter fort, obgleich in Ländern wie der (alten) Bundesrepublik die Arbeiter unter den Erwerbstätigen eine Minorität sind. Nach einem Mikrozensus der achtziger Jahre ist der Anteil derjenigen, die gewerblich produzieren, auf etwa 27% der berufstätigen Bevölkerung anzusetzen (Buß 1985, Buß / Schoeps 1979: 315–329). Ein Vergleich der Unterschiede zwischen England und Norwegen zeigt die Bedeutsamkeit nationaler Besonderheiten: In England ist immer noch der politische Konflikt zwischen Arbeitern und Bürgertum dominant, wogegen in Norwegen die Spannungen zwischen Zentrum und Peripherie vorrangig sind.

Diese Grundkonzeption *Rokkans* – der Modernisierungsprozess bewirkt charakteristische Konflikte mit traditionellen Gesellschaftsstrukturen; die Konflikte erfordern alle eine Antwort, werden aber in der Auseinandersetzung nicht wirklich gelöst, sondern im Laufe der Entwicklung mehr oder weniger vergessen – ist durchaus von praktischer Bedeutung auch für Entwicklungsländer. Ebenso erscheint die Konzeption von *Marshall* – Befriedung wird durch Gewährung von dosierter Teilhabe an Rechten statt durch Repression oder völliges Nachgeben erreicht – außerordentlich plausibel und praktisch zugleich. *Rokkan* aber wollte diese Ideen weiter treiben zu einer Formulierung eines allgemeinen Konfliktmodells der Politik.

Nach *Rokkan* sind am Ende vier „cleavages“ (Bruchlinien/ Spaltungen) charakteristisch für westliche Demokratien:

(1) Dominante vs. lokale Kulturen
(2) Kirchen vs. säkulare Regierungen
(3) Landwirtschaft vs. gewerbliche Wirtschaft
(4) Arbeiter vs. Arbeitgeber

Diese lassen sich dem AGIL-Schema nach *Lipset* und *Rokkan* wie folgt zuordnen:

A: „Zwei dieser Bruchlinien sind unmittelbare Folgen dessen, was wir die nationale Revolution nennen können, (1) der Konflikt zwischen der zentralen, den Nationalstaat schaffenden Kultur und (2) dem zunehmenden Widerstand der ethnisch, sprachlich oder religiös unterlegenen Kultur in den Provinzen oder der Peripherie und der Konflikt zwischen dem zentralisierenden, standardisierenden und mobilisierenden Nationalstaat sowie den historisch gewachsenen korporatistischen Privilegien der Kirche.

B: Zwei (der Bruchlinien) sind Produkt der Industriellen Revolution: (3) der Konflikt zwischen Landwirtschaft und den Industriellen, und (4) der Konflikt zwischen Eigentümern und Arbeitgebern auf der einen Seite sowie den Pächtern, Tagelöhnern und Arbeitern auf der anderen Seite“ (Lipset / Rokkan 1967: 14).

Die erste der beiden Konfliktlinien führte zur Französischen Revolution, die andere zur wirtschaftlichen Revolution in England. In dieser Weise lassen sich historische Vorgänge nach dem AGIL ordnen und strukturell deuten.

Übersicht: Die innere Struktur des I Quadranten:
Dimensionen und Typen von Spaltungen und Konflikten

		Polity Gegensätze innerhalb der Eliten		
		Zentrum-Achse		
Wirtschaft: interessen-spezifische Gegensätze	(4) Arbeiter gegen Unternehmer, Besitzer	funktionale Achse	(2) Kirche gegen Regierung	*Integrative Ordnungen:* Ideologische Gegensätze
	(3) primärer gegen sekundären Sektor	Peripherie	(1) unterworfene gegen herrschende Kultur	
		Gemeinden, Haushalte lokal und regional begründete Gegensätze		

Erstellt nach Angaben in Flora 1981: 429, Abbildung 11

Die drei bei *Marshall* unterschiedenen Teilhaberechte sind nach *Wolfgang Zapf* (geb. 1937) inzwischen in voll entwickelten modernen Staaten dem Grundsatz nach gewährt. Für *Zapf* bedeutet Modernität hier und heute die Gleichzeitigkeit von demokratischer Ordnung in der Politik, sozialstaatlichen Leistungen für die Bürger und Marktwirtschaft (Zapf 1991). Das berichtet *Zapf* deskriptiv; dies kann aber auch gedeutet werden als sich gegenseitig stützende Ordnungselemente. Die Nähe zur Konzeption einer sozialen Marktwirtschaft, wie sie aus dem Ordoliberalismus abgeleitet wurde, sollte deutlich sein.

In dieser Konzeption wird das Ungenügen eines einzelnen Steuerungsprinzips durch das Nebeneinander von verschiedenen Ordnungsprinzipien kompensiert. Führt die sogenannte erste Einkommensverteilung zu sozialen Unzuträglichkeiten, so kann die zweite Einkommensverteilung über Transferleistungen des Sozialstaates hier ausgleichend wirken. Demokratische Ordnung soll über Politik erzwingen, dass diese Aspekte eines gegliederten Sozialsystems aufeinander bezogen bleiben.

Moderne, wirtschaftlich und sozial voll entwickelte Systeme haben sich innerhalb staatlicher Ordnungen herausgebildet. In der Wirtschaftstheorie wird das des Öfteren ausgeblendet. Es gibt zwar keine völlige Übereinstimmung in diesem Punkt, doch herrscht die Meinung vor, Staat im heutigen Sinn sei eine Entwicklung der Neuzeit im Westen. In diesem Sinn ist Staat ein Ordnungsgefüge, innerhalb dessen sich soziale, wirtschaftliche und politische Prozesse vollziehen. Der Begriff selber wird erst in der Neuzeit geprägt, wobei insbesondere *Niccolò Machiavelli* (1469–1527) wiederholt vom Staat als einem besonderen Gebilde schreibt (Machiavelli 1532). Staat im Sinn der frühen Neuzeit beinhaltet vor allem eine gegliederte Verwaltung und ein Gewaltmonopol. Anders als der Stab eines Fürsten ist die gegliederte Verwaltung nicht auf eine Person, sondern auf eine Ordnung bezogen, und sie wird nicht tätig auf Anweisung, sondern selbständig beim Vorliegen von Tatbeständen.

Das Gewaltmonopol steht historisch zunächst im Gegensatz zu der Freiheitsordnung in der traditionellen Gesellschaft, in der Kennzeichen eines freien Menschen ist, Waffen zu tragen und diese auch einzusetzen, um das eigene Recht zu verteidigen.

Dem Unfreien werden Waffen vorenthalten mit dem Versprechen, Fürsten und andere Waffenträger würden stellvertretend seine Rechte wahrnehmen. Aus dieser Konzeption und aus dieser historischen Erfahrung heraus wurde das Recht eines jeden Amerikaners, Waffen besitzen zu dürfen, in die Verfassung der USA aufgenommen.

Die modernen Staaten verpflichten sich in Anlehnung an die Verfassung der Französischen Republik, die Rechte von Bürgern durchzusetzen, die ihnen vordem von Fürsten oder anderen Territorialherren vorenthalten worden waren. Zugleich hat sich dann aber auch jeder Bürger – zumindest jeder erwachsene Mann – im Konfliktfall zu bewaffnen und für die staatliche Ordnung zu kämpfen.

Ein solcher Rahmen war für die Entwicklung der uns heute selbstverständlich erscheinenden modernen Staaten sicherlich eine wichtige, aber doch nicht zureichende Voraussetzung. Hinzu kam die Trennung von zwei Aspekten der Realität, die etwa in den antiken Staaten als Einheit galten: Gesellschaft und Staat. Wort und Begriff der Gesellschaft entstehen erst mit der modernen staatlich verfassten Ordnung. *Gesellschaft* umfasst die Gemeinsamkeit der Sprache, der kulturellen Normen und der Lebensweisen; sie wird als inhaltliche Übereinstimmung verstanden. *Staat* ist die äußerliche Ordnung, innerhalb der Entwicklung in der Gesellschaft gegliedert wird. Es entspricht der deutschen Staatstradition in Anlehnung an *Hegel,* dass der Staat als Sachwalter des Gemeinwohls über der ärgerlichen Tatsache der Gesellschaft stehen soll. Dies aber widerspricht der Erfahrung: Gerät der Staat in Gegensatz zur Gesellschaft, so pflegt sich diese durchzusetzen.

Kennzeichnend für die moderne Entwicklung ist, dass immer mehr Aufgaben als Staatszwecke verstanden werden. Als Begriff hierfür hat sich das Wort *Leistungsstaat* durchgesetzt, dem unter anderem nach *Ernst Forsthoff* (1902–1974) die Aufgabe der kollektiven Daseinsvorsorge zukommt.

4.

Über den Zusammenhang zwischen Modernisierung und staatlicher Ordnung nachzudenken ist gerade jetzt angebracht, nachdem der Staat in seiner Bedeutung durch übernationale Vereinigungen und globalisierende Prozesse relativiert wurde. Unsere politischen Strukturen und Sozialordnungen sind jedoch in der Staatsordnung verankert. Am ehesten ist mit einer Relativierung des Staates die Entwicklung der Wirtschaft vereinbar. Daraus erwächst aber die Grundsatzfrage, ob die Verschränkung von politischer Ordnung, Sozialstaatssystem und Wirtschaft, die in den westlichen Gesellschaften am Ende der Entwicklung hin zur Moderne stand, sich mit der „Globalisierung" wenn nicht auflöst, so doch im Zusammenhang lockert.

Im Mittelpunkt einer ersten Phase der Arbeiten von *Shmuel N. Eisenstadt* steht auch bei ihm der Begriff der strukturellen Differenzierung. Und als Evolutionist versteht *Eisenstadt* diese Differenzierung als Reaktion auf Spannungen, denen ein System ausgesetzt ist. Durch die Differenzierung kann die Anpassungsfähigkeit bzw. allgemein die Kompetenz des Systems im Umgang mit den Spannungen erhöht werden (Bock 1963: 229–237). All dies ist orthodoxer „Parsonianismus". Die weiteren Ausführungen sind dann „Neo"-Funktionalismus, weil nicht mehr angenommen wird, dass Differenzierung grosso modo den Systemen gut bekommt und dieser Vorgang der Differenzierung linear verläuft, kumulativ ist und die Entwicklung sich über universale Stufen vollzieht. Es werden jedoch zentrale Annahmen des Evolutionismus beibehalten, nämlich dass der Verlauf von Entwicklung keinesfalls zufällig abläuft und dass durch die Differenzierung die Effektivität der Systeme erhöht wird (Wolf 1964: 108–119).

Positiv für das Funktionieren eines Systems wirkt die Differenzierung nur, wenn es gelingt, sie auf das System zu beziehen, oder in den Worten von *Eisenstadt:* sie zu integrieren (Eisenstadt 1968: 230 f.). Weiterführend gegenüber den Aussagen von *Parsons* sind die Schriften von *Eisenstadt* insbesondere in den sechziger und siebziger Jahren, indem er die Bedingungen sowohl des Gelingens wie auch des Fehlschlagens von struktureller Differenzierung zu spezifizieren versucht. Differenzierung wird hier verstanden als ein erhöhter Grad an Spezialisierung. Dabei werden eigene Institutionen, eigene Handlungsmaxime und ein für die Aufgaben geeignetes Personal aus weniger spezialisierten Bezügen herausgelöst.[80]

Nach *Eisenstadt* sind weitergehende strukturelle Differenzierungen ein januskopfiger Vorgang – und mit diesem Verständnis entfernt er sich erheblich von Grundvorstellungen bei *Parsons*: Jede weitere Differenzierung erhöht die Fähigkeit eines Systems, insbesondere mit externen Problemen umgehen zu können, verstärkt aber auch die Schwierigkeiten der Koordination zwischen ausdifferenzierten Bereichen. Nach *Eisenstadt* ist es durchaus nicht einheitlich, wie sich Differenzierung durchsetzt: Sie kann sowohl Endpunkt einer graduellen Entwicklung sein als auch eine abrupte Veränderung durch eine Herausforderung (Eisenstadt 1964: 235–247). Einschränkend gegenüber dem bisher ausgeführten bemerkt *Eisenstadt,* dass nicht aller sozialer Wandel Differenzierungsvorgänge voraussetzt. Wandel kann auch Folge eines Umgewichtens zwischen ausdifferenzierten Bereichen sein (Eggan 1963: 347–355). Schließlich muss ein Fehlschlagen der Integration nicht plötzlich erkennbar werden, sondern kann sich schleichend vollziehen – ein Vorgang, den *Eisenstadt* „Regression" nennt und für den ihm die Nachfolgestaaten im Zerfall des Römischen Imperiums Beispiele sind.

80 Eisenstadt verwendet die Bezeichnung „disembedded" für diesen Prozess des Herauslösens aus eigenem Zusammenhang. Das Wort ist so ungebräuchlich, dass es sich als Terminus eignet.

Gleiche strukturelle Probleme können nach dieser Sicht auch zu unterschiedlichen Lösungen führen. Während die frühen Stadien der sozioökonomischen Differenzierung in Byzanz, im älteren Kalifat der Abbasiden und in China nach der Han-Zeit einander ähnelten, waren die späteren Formen institutioneller Differenzierung sehr verschieden (Eisenstadt 1963). Das Byzantinische Imperium wurde ein politisch durchgeformtes, hochgradig militaristisches System; das Kalifat mutierte zu einer Theokratie; und Han-China entwickelte sich fort zu einer Allianz zwischen Großgrundbesitzern und Mandarinen-Bürokratie. Historisch von Bedeutung sind Systeme mit ungleichem Niveau der Differenzierung in verschiedenen Bereichen. Beispiele sind für *Eisenstadt* Feudalsysteme, die es sowohl in Japan wie in Europa gab. Hier waren bei einem allgemein niedrigen Differenzierungsgrad einer bäuerlichen Wirtschaftsordnung einige kulturell zentrale Bereiche viel höher differenziert. Die Kirche im mittelalterlichen Europa entwickelte sich international zu einem hoch differenzierten System, das nur teilweise in die Systeme der jeweiligen Länder integriert war.

Eisenstadt hält an der Vorstellung von *Parsons* fest, dass es eine endliche Zahl evolutionärer Universalien gibt, betont aber die große Bandbreite der „Lösungen" auf einem jeweiligen Niveau der strukturellen Differenzierung. Das folge aus der Bedeutung von Unternehmereliten im Prozess der strukturellen Differenzierung. Sie vermutet er besonders in kulturellen Enklaven wie Sekten, intellektuellen Subkulturen oder Wissenschaftler-Kreisen. Dazu komme die Bedeutsamkeit von Diffusion als Auslöser und Förderer sozialen Wandels. Das Charisma, das von den Unternehmereliten (Unternehmer im Sinn von *Schumpeter*) ausgehe, müsse selbstverständlich verblassen, aber ganz im Sinn von *Weber* könne darauf die Institutionalisierung der von den Eliten ausgelösten Prozesse des Wandels folgen.

Am bekanntesten ist *Eisenstadt* durch seine universal-historischen Werke geworden, wobei „The Political System of Empires“ (1963) als sein Magnum Opus gilt. Gegenstand ist eine Analyse aller bürokratisierten Patrimonialstaaten. Sie nehmen in der evolutorischen Reihe von *Eisenstadt* eine Mittelstellung zwischen Gesellschaften mit vorwiegend zugewiesenen (ascriptiven) Mitgliedschaften und modernen Systemen ein. Je nach Zählweise sind das zwischen 32 und 63 „Imperien“. Nach *Eisenstadt* ist es unmöglich, die Charakteristika moderner politischer Systeme zu deuten, ohne ihre historische Abkunft von diesen halb-modernen Systemen zu verstehen.

Über hundert Seiten nehmen Aufstellungen und Tabellen über die Eigenschaften dieser mittleren Imperien ein. *Eisenstadt* klassifiziert die Imperien nach vier Status-Gruppen, sechs Machtbereichen, neun Entscheidungs-Arenen, vier institutionellen Kontexten und nach der Art der Einwirkung auf vier Status-Berufe. Die Materialsammlung ist gigantisch, aber um so auffälliger ist das damalige Fehlen der koreanischen Reiche Silla und Peaksche wie des Tokugawa-Shogunates in Japan.

Obgleich alle hier berücksichtigten Imperien der gleichen Stufe der Evolution zugeordnet werden, sind die Unterschiede bedeutsam – wie nach der Konzeption von *Eisenstadt* auch zu erwarten war. Fünf dieser Systeme blieben in der Ausbildung bürokratischer Systeme halbwegs stecken: das Athen des 5. Jahrhunderts v. Chr., das Imperium von Dschingis Khan, das Frankreich des Feudalismus, das karolingische Imperium und das Persien der Ahmeniden-Dynastie. Beispiele der erfolgreich weiterentwickelten Imperien sind das China der Han-Dynastie, das persische Imperium der Sassaniden, Byzanz, das Inka-Reich sowie die Gupta-, Maurya- und Mogul-Imperien in Indien, sowie das friederizianische Preußen. Bei durchaus wichtigen Unterschieden sei jedoch allen diesen Imperien gemein der Aufstieg von Eliten, von denen eine herrscht und die anderen „abfindet“, das Ausbilden eines bürokratischen Vollzugsapparats für den politischen Willen, die zumindest teilweise effektive Zentralisierung von Entscheidungen und eine Herrschaftsstrategie. Diese bestehe darin, dass erfolgreiche Führungsschichten zwischen der Zuteilung von Rangstufen nach Sozialprestige und der Übertragung wichtiger Funktionen trennen. Damit sieht sich *Eisenstadt* in seiner Grundannahme bestätigt: Ähnliche Kontextbedingungen führen zu ähnlichen Strukturen.

Nachdem *Eisenstadt* früher bereits über Massenmobilisierung im Konsens als Voraussetzung für Modernisierung gearbeitet hatte (Eisenstadt 1966), wandte er sich unter dem Einfluss von *Edward A. Shils* dem Thema Protestbewegungen und Revolutionen als Agens des sozialen Wandels zu (Eisenstadt 1978). Nach *Eisenstadt* führt die Internationalisierung von Systemen zu dem Paradox, dass heute als die natürlichste Art der Veränderung der durch die internen Kräfte der Gesellschaft bewirkte Wandel gilt. Demgegenüber herrscht in traditionalen Gesellschaften die Vorstellung, dass es eines Anstoßes von außen oder einer Revolution im Inneren bedarf, um erheblichen Wandel zu bewirken.

Eine Wende in Grundauffassungen *Eisenstadts* ist ein darauf folgender Aufsatz über axiale Veränderungen („Axial Age"), was noch treffender als die Wortwahl bei *Eisenstadt* wiederzugeben ist mit „Zeitenwende" (Eisenstadt 1982: 294–314). *Eisenstadt* verweist auf die Hochkulturen um die Zeit 1000 v. Chr. als Zeitalter, in dem die Vorstellungen über Transzendenz und Alltagsleben, über Diesseits und Jenseits auseinanderfallen. Seither ist die Ordnung aller Hochkulturen brüchig. „Von jetzt ab" – so interpretiert *Jeffrey C. Alexander* (geb. 1952) *Eisenstadt* – „gilt es, wenigstens in jeder Hochkultur, für jede praktizierte Sozialordnung eine Brücke zu finden, diese Kluft zu überspannen. … Klüfte werden bleiben, und Brücken werden schließlich einfallen. Und selbst wenn man über die besten schreitet, verliert man die Kluft unter ihnen nie aus den Augen" (Alexander 1992: 85).[81] *Eisenstadt* selbst beschreibt das moderne Leben als paradox, als eine bemerkenswerte Kombination utopischer Entrücktheit und ruinöser Tragödie. Von jetzt ab versteht *Eisenstadt* Gesellschaften nicht mehr primär als Sozialsysteme, sondern als Zivilisationen, interessieren ihn nicht mehr vorrangig die Mechanismen der Veränderungen, sondern die Inhalte als Kulturen – oder genauer: als „Zivilgesellschaften". Wie *Weber* in den späteren Abschnitten seiner Arbeit ist forthin für *Eisenstadt* jede Hochkultur, insbesondere die moderne Zivilisation, prekär, von fundamentalistischen Gegenbewegungen bedroht (Eisenstadt 1982: 89).

5.

Bei dem weiteren Strukturfunktionalisten im Gefolge von *Talcott Parsons* ist nicht mehr der Nationalstaat das Gehäuse der Veränderung, sondern es interessiert Modernisierung als auch internationaler Prozess. Und statt den Begriffsapparat noch zu komplizieren, wie dies bei *Marion J. Levy* geschieht, haben diese Analysen zunehmend einen hohen empirischen Gehalt.

Neil J. Smelser, dessen Schwerpunkt die Wirtschaft ist, versteht diese wie *Parsons* als ein Subsystem der Gesellschaft. Stärker als bei *Parsons* selbst ist für ihn, den man lange Zeit durchaus als seinen „Schüler" verstehen kann, die Blickrichtung: die Moderne als Telos. Sie ist nach ihm Endpunkt einer Entwicklung, die durch folgende Veränderungen bestimmt ist (Smelser 1959):

(1) Von der Landwirtschaft für den Eigenbedarf hin zur Landwirtschaft für Märkte
(2) Vom Landleben hin zu städtischer Lebensweise
(3) Von einfacher Technik hin zu komplexer Technik
(4) Von der Kraft von Tieren zur Versorgung mit Energie

81 Dies ist die Überarbeitung einer Rede anlässlich der Emeritierung Eisenstadts von der Hebrew University in Jerusalem 1991.

Jede dieser Veränderungen ist die Störung eines Gleichgewichts, die dann zu einem neuen Äquilibrium hin tendiert – welches aber keineswegs die Wiederherstellung eines früheren Zustands, sondern ein neues Äquilibrium ist. Als empirische Grundlage für seine Analyse der Prozesse wirtschaftlicher Veränderungen untersucht er in seiner ersten großen Monographie die Baumwollindustrie in Lancashire während des Zeitraums 1770 bis 1840.

Im Verlaufe dieser 70 Jahre verwandelte sich die Produktion von Baumwolltuch durch das Herauslösen der Herstellung aus der Familie hin zur Verlagerung in den Fabrikraum. Da *Smelser* in Systemzusammenhängen denkt, liegt bei ihm der Akzent der Analyse auf den nichtökonomischen Veränderungen als Folge der Veränderungen im Produktionsprozess. Während in der wirtschaftsgeschichtlichen Betrachtung der Akzent einseitig auf den Wirkungen liegt, die aus dem Ersetzen der Heimarbeit durch den Einsatz des mechanischen Webstuhls und der Dampfturbine folgen, identifiziert *Smelser* als sozial mindestens ebenso wichtig das Herauslösen von Berufsrollen aus ihrer Einbettung in Verwandtschaftsstrukturen (Smelser 1959: 180). Daraus folgt dann weiter eine zunehmende Rollendifferenzierung nach Alter und Geschlecht. Nachdem die Berufsarbeit aus der Wohnstätte herausgelöst wird, entfaltet sich das Familienleben in einer neuen Qualität von Privatsphäre.

Den Prozess der Trennung der Berufsarbeit aus dem Verband der Familie empfanden die Menschen, die von nun an als Baumwollarbeiter vegetierten, als spannungsreich. Schon bald brachen soziale Unruhen aus, die in der „Maschinenstürmerei" gipfelten. Die zahlreichen Streiks hatten als Ziel neben der besseren Bezahlung den 10-Stunden-Arbeitstag, um überhaupt ein Leben neben der Arbeit führen zu können (Smelser 1959: 227). Für die Arbeiter der Frühindustrialisierung in England wurde die Störung des Gleichgewichts durch diesen Prozess, die Berufsarbeit auszudifferenzen, unerträglich, und die sozialen Unruhen können auch gedeutet werden als Wunsch, ein neues Gleichgewicht des Lebens zu gewinnen.

Smelser zeigt die wechselhafte Geschichte der Trennung von soziologischem und wirtschaftswissenschaftlichem Denken. In den ökonomischen Schriften werden – wenn überhaupt – nichtökonomische Faktoren durchweg nur insoweit berücksichtigt, als sie den Wirtschaftsablauf fördern oder beeinträchtigen. Speziell die Wirtschaftssoziologie ist über eine Anhäufung partikularer Erkenntnisse nicht wirklich zu einer Ergänzung der Ökonomie gekommen, und als Modellökonomie hat sich diese ohnehin von der Realität verabschiedet. Das wird sich erst ändern, wenn die Ökonomen die Wirtschaft als Subsystem der Gesellschaft verstehen (Smelser 1963). Wird das AGIL-Schema bedacht, dann ist es selbstverständlich, dass wirtschaftliches Handeln nicht nur von kulturellen Werten, sondern auch von politischen Faktoren beeinflusst wird. Die Wirtschaftswissenschaftler haben vergessen, dass Wirtschaften als Teilsysteme eingebettet sind in ihre jeweiligen Gesellschaften (Granovetter 1992a, 1992b). Wird diese Tatsache vernachlässigt, muss das zu erheblichen Spannungen führen. Bereits jetzt sind im Westen Unternehmen genötigt, die Widerstände zu berücksichtigen, welche bei der „Externalisierung“ von innerbetrieblichen Kosten entstehen.

Als entscheidend für Wandel hin zum Telos Modernität sieht *Smelser* die Veränderung vieler sozialer Positionen und Rollen von vorgegebenen (ascriptive) hin zu erworbenen (achieved) Eigenschaften an. Nur so könne eine hohe soziale Mobilität erreicht werden, und die wiederum sei Voraussetzung für Modernisierung (Smelser / Lipset 1966).

Sowohl die soziale Mobilität im Sinne der Häufigkeit von individuellen Aufstiegsmöglichkeiten – Abstiegsmöglichkeiten werden nicht thematisiert – als auch die Gruppenmobilität steigen mit der Modernisierung. Ein Beispiel für individuelle Mobilität ist die Chance eines Arbeiterkindes, in die Position eines qualifizierten Büroangestellten aufzusteigen. Ein Fall von Gruppenmobilität ist die Veränderung des Ansehens der vormaligen Kaufmannsgehilfen, die nun als Angestellte der numerisch wichtigste Teil des Mittelstandes werden. Und noch eine dritte Veränderung ist kennzeichnend für Modernisierung: die Veränderung des Systems der Schichtung.

Im Zuge der Industrialisierung entstehen neue Positionen; andere verändern ihren Inhalt. Diese Positionen sind nicht automatisch aufgrund von Zuschreibung nach der Herkunftslage zu besetzen; es müssen Kriterien entwickelt werden, an denen Personen als Individuen zu messen sind. Mit der zunehmenden Differenzierung der Sozialstruktur lockert sich darüber hinaus der Zusammenhang der verschiedenen Statusdimensionen, und dies wiederum fördert die individuelle Mobilität. „Erheblicher sozialer Wandel als bedeutender Wirtschaftswandel oder soziale Revolution muss ein erhebliches Steigen der sozialen Mobilität einer Gesellschaft zur Folge haben“ (Smelser / Lipset 1966: 17).

An Material aus europäischen Ländern hat diese Theorie *Kaare Svalastoga* (1914–1997) im Jahre 1965 geprüft. Er fand, dass im Verlauf der Industrialisierung die Abhängigkeit des Status von Söhnen vom Status der Väter auf nur noch 20 Prozent absank. Diesen Vorgang hatten *Smelser* und *Lipset* als „Durchlässigkeit“ bzw. „Rigidität“ des Schichtungssystems bezeichnet. Nach *Svalastoga* soll sich diese Durchlässigkeit weltweit erhöhen, weil sich eben die ganze Welt nach dem Muster der westlichen Industrialisierung verändert (Smelser / Lipset 1966: 70).

Rückblickend versteht *Neil J. Smelser* die evolutionistischen Ansätze als Reaktion auf die sich rasch ausbreitende Internationalisierung im 19. und frühen 20. Jahrhundert. Da schien es sinnvoll, den an vielen Stellen der Welt durch diese Internationalisierung ausgelösten Wandel durch ein einheitliches Entwicklungsschema – hinter all der offensichtlichen Verschiedenheit – zu erfassen. Mit Evolutionismus wurden die „westlichen" Länder zum Vorbild der Welt, und das wiederum deutet *Smelser* als eine Apologetik des Kolonialismus und Imperialismus. In der Zeit der Entkolonialisierung sei an die Stelle des Evolutionismus i.e.S. die Perspektive der Modernisierung getreten (Smelser 1992: 388). Der heute für die Auseinandersetzung mit Veränderungen dominante Vorgang sei die Internationalisierung, in der externe Beeinflussungen mit internen Faktoren für Veränderungen interagieren.

In seinen heutigen Schriften hat sich *Smelser* ziemlich entfernt von einem Anhänger *Parsons*, der das AGIL-Schema für ein zentrales analytisches Werkzeug hielt. Er selbst nennt in einem neueren Beitrag als bleibend an dieser früheren Version des Struktur-Funktionalismus dessen Verständnis von Institutionen und die Einsicht, dass Anpassung und Widersprüche immer wieder Gleichgewichtsprozesse auslösen (Smelser 2000: 74 ff.), sowie den Akzent auf struktureller Differenzierung. Mit dem Neofunktionalismus sei neben der Analyse von Systemen als zusätzlicher Akzent der auf den Handlungen getreten.[82] Kultureller Konsens wird nicht – wie bei *Parsons* – als zentrales Integrationsmuster vorausgesetzt, sondern daneben betont, dass auch aus Konflikt, der ein fortwährender Aspekt des sozialen Wandels ist, Integration folgen kann (Alexander 1985). Das hatte übrigens bereits *Lewis A. Coser* so gesehen (Coser 1956).

In seiner Analyse der Internationalisierung betont *Smelser* vier Dimensionen (Smelser 1992: 389 ff.). Die offensichtlichste Dimension ist die wirtschaftliche Internationalisierung. Sie wird bewirkt durch Handel, aber auch Internationalisierung der Pro-

82 Wieso diese Perspektive dann noch „Funktionalismus" genannt werden kann, ist u. E. rätselhaft. Angewandt auf Prozesse des Wandels geht es bei funktionalistischen Erklärungen – ob mit oder ohne Darwin'schem Hintergrund – um Veränderungen kollektivistischer Art.

duktion sowie in den letzten Jahrzehnten der Kapitalströme. *Smelser* betont, dass hiermit ein System prekärer Abhängigkeiten entstanden ist: Ganz offensichtlich werden Länder, in die Kapital exportiert wird, durch ihre Schulden abhängig; aber die Kapitalexporteure kommen auch ins Schleudern, wenn viele Empfängerländer gleichzeitig ihre Schulden nicht mehr bedienen können. Für uns als Beobachter ist rätselhaft, wie lange sich die amerikanische Regierung von den großen Finanzhäusern bewegen ließ, diesen Kapitalexport in Dritte-Welt-Länder gleichzeitig mit einem gewaltigen Kapitalimport aus Japan und Westeuropa hinzunehmen. Zwar gibt es inzwischen Institutionen zum Regulieren solcher Vorgänge wie WTO (Welthandelsorganisation) oder IWF (Internationaler Währungsfonds), aber sie sind offensichtlich politisch gegenüber der US-Regierung zu schwach. Und letztere war ebenso offensichtlich voll Teil der amerikanischen Kultur des kurzfristigen Kalkulierens.

Prekär ist offensichtlich auch die Stellung der Nationalstaaten als die noch wichtigsten politischen Institutionen. Während die internationale Wirtschaft in den neunziger Jahren des vorigen Jahrhunderts sich weitestgehend abgelöst hatte von den Rahmenbedingungen der jeweiligen Volkswirtschaften, musste die Politik in den Nationalstaaten eine Brückenfunktion wahrnehmen zwischen den internationalen Vorgängen und den internen Folgen für das eigene Land. Anders als viele Sozialwissenschaftler heute, die wie etwa *Ulrich Beck* (geb. 1944) dem Nationalstaat ein baldiges Ende prophezeien, greift jedoch der Staat zunehmend in interne und internationale Prozesse ein. *Smelser* stimmt hier *Theda Skocpol* (geb. 1947) zu, dass die Politik der Staaten autonomer und durch einen Prozess der Ausdifferenzierung gekennzeichnet wird (Skocpol 1979). Andererseits wird die Politik der Staaten in ihrer politischen Entscheidungsfreiheit durch die Internationalisierung politischer Bewe-gungen eingeengt. Auch hier ergibt mithin die Analyse ein widersprüchliches Bild.

Als dritte Dimension der Internationalisierung identifiziert *Smelser* die Kultur. Dabei nennt er, für einen Europäer überraschend, zunächst die Diffusion von Technik und Wissenschaft. Als weitere Dimension der kulturellen Diffusion wird von ihm die Massenkommunikation hervorgehoben. Dies ist übrigens kein Vorgang nur der Jetzt-Zeit. Wie auch *Eisenstadt* betont, ist für geschichtliche Zeiten hier auf die Diffusion von Religionen zu verweisen und – so fügen wir hinzu – auf die Diffusion von Militärtechniken. Jedenfalls gibt es eine Diffusion von Vorstellungen und Gegenständen des „modernen Lebens", gegen die Regierungen, wie früher die der Volksrepublik China, eine wirksame Aussperrung nicht durchsetzen können.

Smelser nennt als vierte Dimension der Internationalisierung das Wachstum internationaler Gemeinschaften. Er verweist dabei auf die Evolution von Regelsystemen wie den mehr oder weniger unausgesprochenen Vorstellungen über die in der internationalen Politik zu respektierenden Grenzen, jenseits derer verheerende Konflikte ausbrechen würden. Analoge Regelsysteme gebe es unter weltweit agierenden Managern, die „global players" genannt werden. Auch hier ist relativierend anzumerken, dass in regionalen Kontexten sich dies in Hochkulturen schon früher entwickelt hatte – wie etwa im Mittelalter bei der Internationalisierung des Adels, oder im 19. Jahrhundert ansatzweise in der Internationalisierung von Dynastien der Geschäftswelt (Carroll / Fennema 2002: 393–419). Wir verstehen diese Analyse von *Eisenstadt* als Charakterisierung einer Übergangssituation – wobei offen bleibt, wohin es von hierab geht.

Anmerkung

Bei der Planung dieses Bandes war beabsichtigt gewesen, an dieser Stelle ausführlich einzugehen auf *Jeffrey C. Alexander,* der in den USA als besonders bekannter, wenn auch umstrittener Vertreter des Neofunktionalismus gilt (Joas 1988: 272–285). Vom eigenen Anspruch her ist er ein neuer, der veränderten Situation der Zeit entsprechender *Talcott Parsons* (Alexander 1989: 77–101). Dagegen spricht allerdings, dass er in der Behandlung seiner Vorstellung, wie die zentrale Konzeption sozialer Differenzierung weiterzuführen ist, keinen Bezug nimmt auf die beiden Kernstücke der Taxonomien von *Parsons*: die Orientierungsalternativen und das AGIL-Schema (Alexander 1990[83]).

Entscheidend für unseren Verzicht auf eine Behandlung waren aber zwei weitere Eigenheiten. Einmal ist *Alexander* nach unserem Verständnis als Kultursoziologe nur marginal interessiert an Wandel (Smelser / Alexander 1999). Dabei werden die von ihm berücksichtigten Vorgänge wie die Einführung des Computers bis zum PC, oder die Entwicklung des Falles Watergate, nicht als Teil einer Entwicklungslinie, sondern als einzelne Anekdoten behandelt, mit denen er seine Kombination von Funktionalismus und Kultursoziologie bloß illustriert. Das ist Programm: „daß Theoretisieren auf allgemeiner Ebene – Theoretisieren ohne Bezug zu spezifischen empirischen Problemen oder benennbaren Bereichen – ein bedeutsames ... Unternehmen ist".

Der zweite Umstand: Wir verstehen ihn passagenweise einfach nicht. Die von ihm beachteten kulturellen Vorgänge sieht er als „Diskurse": „Diskurse sind symbolische Sets, die klare Bezüge zu Sozialsystembeziehungen verkörpern" (Alexander 2000: 149–175). Ihre Inhalte sind Zeichen. Wie aber sind diese deutbar? „Wenn die Bedeutung eines Zeichens nicht beobachtet oder aus der Untersuchung des Bezeichneten oder Objektiven geschlossen werden kann, wodurch wird sie dann festgelegt?" (Alexander 2000: 155). Erklärung: *Alexander* bezieht

83 Nach seinem eigenen Verständnis handelt es sich hierbei um sein Hauptwerk.

sich auf *Ferdinand de Saussure* (1857–1913), der sehr lange Zeit vor den Postmodernisten bereits postmodernistisch antwortet: „durch seine Beziehungen zu anderen Signifikanten" (Saussure 1964). Systeme von Zeichen seien aus endlos vielen solcher Beziehungen zusammengesetzt.

Da beschlossen wir, es für uns bei dem zu belassen, was der späte *Niklas Luhmann* als „alteuropäisches Denken" tadelte.

Zwischenbilanz

Der Struktur-Funktionalismus war in der Ethnologie bzw. Kulturanthropologie die Reaktion auf das Ausufern von Beschreibungen fremdartiger Sitten und Gebräuche. So kann auch der Erfolg des Struktur-Funktionalismus in der amerikanischen Soziologie gedeutet werden. Bereits mit der „Survey"-Bewegung, verstärkt durch die Chicago-Schule, hatte sich in den USA empirische Sozialforschung durchgesetzt. Zwar gab es immer wieder Versuche der Theoretisierung, wie in der Chicago-Schule mit der Vorstellung einer Konkurrenz zwischen Gebieten um Nutzungsarten – übrigens unter Bezug auf die Biologie –, aber neben dem Marxismus keinen „großen" Entwurf. Der Struktur-Funktionalismus versprach eine Perspektive, mit der sich eine Fülle von Einzelbeobachtungen in allgemeine Schemata einordnen ließ.

So wie im 19. Jahrhundert der Sozialdarwinismus ein weithin akzeptiertes Interpretationsschema bereitstellte, wurde in den USA die Systematisierung des Struktur-Funktionalismus durch *Talcott Parsons* zu einem über Jahrzehnte hinweg dominanten Deutungsschema. Viele der bekanntesten Soziologen dieser Zeit waren – wenigstens vorübergehend wie *Clifford Geertz* (geb. 1926) – „Schüler" von *Talcott Parsons.* Vier von ihnen wurden hier vorgestellt, die jeweils auf ihre Weise den „Parsonianismus" weiterentwickelten – je nach der von ihnen gewählten Problemstellung. Ob es die Entwicklung von Nationalstaaten zu klären galt, oder die für die Existenz von Gesellschaften zentralen Funktionen aufzufinden waren: verbindlich blieb für alle der Schüler im weiteren Sinn die Annahme, die Entwicklung von Gesellschaften sei zu verstehen als Prozess der Differenzierung von wichtigen Teilbereichen und dem Ausbilden von Eigenlogiken.

Wie das Beispiel von *Stein Rokkan* zeigt, konnten mit diesem Ansatz konkrete Unterschiede zwischen Nationalstaaten auf die gleiche Weise funktionalistisch gedeutet werden. Das wird noch umfassender an dem epochalen Werk von *Shmuel N. Eisenstadt* deutlich. Hier wird zugleich angesprochen, dass dieser Vorgang auch misslingen kann. Wie bei *Joseph Schumpeter* wird deutlich, dass Fortschritt ohne Kosten nicht zu haben ist.

Hiermit schon weit entfernt von den Vorstellungen bei *Parsons* wird thematisiert, dass gerade Hochkulturen prekär sind. Die Turbulenzen der Zeit nach dem Zweiten Weltkrieg auch in westlichen Gesellschaften legten die Integration von Veränderung als Konflikt in die Gedankengebäude des Struktur-Funktionalismus nahe. Mit *Neil J. Smelser* wird zum Thema, dass sich sozialer Wandel von Gesellschaften mit einer einfachen Vorstellung von Systemen nicht gut vereinbaren lässt. Mit der Internationalisierung muss der Struktur-Funktionalismus weiter gedacht werden als offen für die große Bedeutung von Diffusionen heute. Es galt auch die Unterschiedlichkeit zu erfassen, mit der Vorgänge der Internationalisierung im jeweiligen Sozialsystem verarbeitet werden. Hier deutet sich an, was später zur Konzeption von „hybriden" Sozialstrukturen führt – also zu der Vorstellung von Gesellschaften als Systeme von Widersprüchlichkeiten.

Mit dem Neoevolutionismus wird es möglich, Entwicklung als Lernvorgänge auch von anderen Gesellschaften in eine evolutionistische Schauweise mit aufzunehmen. Es ist überlegenswert, sich vorzustellen, dass dieses Lernen aus Erfahrungen auch benachbarter Gesellschaften als ein alltäglicher Vorgang, ebenso wie eine wechselseitige Aufmerksamkeit der entwickelten Gesellschaften füreinander – statt einer vorherrschenden Abwehrstellung gegenüber „fremden“ Einflüssen als Bedrohung der Eigenheit – ein wesentlicher Aspekt des Modernen an modernen Gesellschaften ist.

Gegenwärtig gibt es in der amerikanischen Soziologie keine entfernt so dominante Richtung, wie es der Struktur-Funktionalismus zu seiner Zeit war. Verschiedene Ansätze wie Rational Choice oder Formen des symbolischen Interaktionismus existieren neben dem Struktur-Funktionalismus. Das reizt zu Kombinationen, so wie dies einmal *Talcott Parsons* mit der Verbindung von *Max Weber, Emile Durkheim, Vilfredo Pareto* und – unausgesprochen – *Herbert Spencer* einmal mehr oder weniger gelang. Seit dem Einbruch der Ideologien der verschiedensten Art in die Sozialwissenschaften – etwa ab Anfang der siebziger Jahre – gibt es keine „amerikanische“ Soziologie mehr.

Nach dem Ende des Zweiten Weltkrieges kam die Soziologie als amerikanischer Import nach Westdeutschland. Dabei wurden nur wenige junge Soziologen und das auch nur vorübergehend – wie *Niklas Luhmann* – zu wirklichen Struktur-Funktionalisten. Im Zusammenhang mit der distanzierten Rezeption durch *Parsons* wurde *Max Weber* wieder entdeckt und zur Leitfigur der Soziologen. Dabei war er in Deutschland bereits kurz nach seinem Tod 1921 weitestgehend vergessen: Als „funktionales Äquivalent“ von *Parsons* dominierte damals die formale Soziologie *Leopold von Wieses und Kaiserwaldaus*. Weithin unbeachtet war in der Weimarer Zeit das geblieben, was sich im amerikanischen Exil als „kritische Theorie“ verkleidete. Als Neomarxismus wurde das neben der Orientierung an dem sukzessiv neu entdeckten *Max Weber* zur lange Zeit noch vorherrschenden Richtung. Inzwischen ist die Lage auch in der Bundesrepublik pluralistischer geworden, ergänzt um Austauschtheorien und phänomenologische Richtungen. Wichtige eigene Beiträge zum sozialen Wandel vermögen wir nicht zu erkennen, wohl aber eine dichte Empirie zur Beschreibung desselben.

Teil VI: Wandel als Modernisierung von Wirtschaft und Politik

Vor 1914, zur Zeit der „Klassiker" der Sozialwissenschaften, wurden Theorien gesamtgesellschaftlichen Wandels entwickelt. Meist sollten diese nach dem Anspruch der Autoren für alle Hochkulturen gelten; gegen Ende der „klassischen" Zeit sollten sie dann vornehmlich nur noch den besonderen Charakter der westlichen Moderne kenntlich werden lassen. In der Zwischenkriegszeit wurde der Erklärungsgegenstand eingeengt auf die mögliche Weiterentwicklung der westlichen Gegenwartsgesellschaften. Die Entwürfe von Wandlungstheorien in den vierziger Jahren und insbesondere ab den späten fünfziger Jahren sind dann überwiegend nur noch Modernisierungstheorien. Sozialer Wandel wird vornehmlich erörtert im Zusammenhang der Entwicklung wirtschaftlich zurückgebliebener Gebiete.

Zunächst interessierten nicht so sehr die eigenen als entwickelt geltenden Gesellschaften des Westens als vielmehr die damals noch „unterentwickelt" genannten nicht-westlichen Gesellschaften. Die eigentliche Problemstellung lautete: Wie wandlungsfähig sind diese „einfachen" Gesellschaften, und wie könnte ein Prozess der Entwicklung beschleunigt werden? Das Telos dieses Wandels sollten dabei die entwickelten westlichen Länder sein. Eine Fülle internationaler und nationaler Organisationen sowie staatlicher Bürokratien erhielten als Entwicklungsbehörden finanzielle Mittel, benötigten aber ihrerseits Rat, wie diese Mittel am wirksamsten zu verwenden seien. In dieser Atmosphäre, die sich allerdings während der siebziger Jahre allmählich auflöste, wurde für die Modernisierer in den Sozialwissenschaften ein Anwendungsbezug der Theorien wichtig, um ihre empirischen Arbeiten zu finanzieren. Zugleich erhofften sie, durch die Anwendung verschiedene Entwicklungstheorien zu testen.

1. Die Wandlungsfähigkeit einfacher Gesellschaften

Insbesondere in der Ethnologie ist ein bevorzugter Erklärungsfaktor die Kultur. In der Tradition der Kulturanthropologie der Schule um *Franz Boas* wird Kultur als das zentrale Element der Gesellschaft verstanden, so dass sich mit dem Wandel der Kultur auch alle anderen Aspekte verändern würden.

Es ist in der Ethnologie üblich, die Vielzahl der Theorien und Fallstudien zum Thema kultureller Wandel nach zwei Prinzipien zu ordnen:

(1) ob sie diesen Wandel als bewirkt durch die eigene Kultur verstehen *(Theorien des endogenen Wandels)* oder
(2) ob sie als Agent des Wandels einen Einfluss von außen akzentuieren *(Theorien des exogenen Wandels).*

Zweiter Gliederungsgesichtspunkt ist in den verschiedenen Theorien die Aussage über den Prozess des Wandels.

Ein auch heute noch wichtiger Ansatz ist das Paradigma der *Akkulturation* durch *Melville Jean Herskovits* (1895–1963) (Herskovits 1938). Unter Akkulturation wird die wechselseitige Durchdringung zweier selbständiger Kultursysteme verstanden. In der von *Herskovits* ausgehenden Folge von Untersuchungen erwies sich allerdings, dass meist ein solches wechselseitiges Durchdringen nicht vorliegt, sondern gewöhnlich eine der beiden Kulturen die einflussmächtigere ist. Ist diese Macht begrenzt, kommt es zu einem Gegeneinfluss; ist die beeinflusste Kultur aber selber schon brüchig, dann bricht das System kulturell zusammen. Solche Vorgänge lassen sich in der Dritten Welt dort beobachten, wo eine wenig entwickelte Kultur plötzlich unter den Einfluss der entwickelten Länder gerät – gewöhnlich durch Handel und Massenmedien.

In allgemeinerer Form hat sich bei den von der Kulturanthropologie beeinflussten Sozialwissenschaftlern das Paradigma der „Entwicklung" durchgesetzt. Damit ist Wandel einer Kultur in eine Richtung hin gemeint. Diese Entwicklung wird meist verstanden als eine Bewegung hin zu größerer Modernität. Eine einflussreiche Definition ist die von *Cyril S. Belshaw* (geb. 1921): „Entwicklung bedeutet einen Anstieg in den Kapazitäten einer Gesellschaft, sich für ihre eigenen Zwecke zu organisieren und ihre Programme effektiver zu verwirklichen" (Belshaw 1972: 83).

Hiernach ist der Schlüssel für den Wandel die Veränderung in der Organisation: „Eine Gesellschaft ist entwickelter und die andere unentwickelter, wenn die erste verglichen mit der zweiten viel kompliziertere Entscheidungen herbeiführen kann und kompliziertere Prozesse bewältigt" (Belshaw 1972: 83). Entsprechend der evolutionistischen Tradition bedeutet Entwicklung eine steigende Komplexität und zugleich Integration eines Kultursystems (Berry 1980: 218).

Es gibt keine allgemeine Einigung darüber, ob exogenen oder endogenen Faktoren die größere Bedeutung zukommt. Jedenfalls darf bei der heutigen Bedeutsamkeit exogener Faktoren nicht übersehen werden, dass Kulturen nicht als statisch zu verstehen sind, auch wenn es sich um Gesellschaften mit geringer Entwicklung von Technik und Wirtschaft handelt. Alle Kulturen sind auf Wandel angelegt, betont neben *Herskovits* auch *Evon Z. Vogt* (geb. 1918) (Vogt 1968: 556).

Die heutige Ethnologie hat sich zu einem erheblichen Teil freigemacht von der Vorstellung, Gesellschaften seien durchweg auf ein statisches Äquilibrium hin organisiert, wogegen die Vorstellung von Bewegung hin zu einem neuen Äquilibrium sich als fruchtbare Perspektive erweist. Nur ist dies – formuliert in der Sprache der Nationalökonomen – kein statisches, sondern ein Fließgleichgewicht. Wie im Zusammenhang mit der Kritik an den Darstellungen von *Morgan* bereits erwähnt, haben alle darauf hin näher untersuchten Gesellschaften „Geschichte“ in dem Sinn, dass selbst wichtige Struktureigenschaften über Jahrhunderte hinweg nicht stabil sind.

So kann eine Kultur von einer matrilokalen Regel für den Wohnsitz eines Paares hinüber wechseln zu einer patrilokalen Regel, wenn das aus einer Verkettung von Veränderungen als besser zur Lebensweise passend empfunden wird, wobei nach einer solchen Veränderung selbstverständlich andere Aspekte einer solchen Kultur unter einen Anpassungsdruck geraten. Ein Beispiel für die Veränderungsfähigkeit schriftloser Kulturen sind die Indianer-Stämme der großen Ebenen der heutigen USA. Das Ersetzen des Bogens durch das Repetiergewehr hatte nur eine begrenzte Anpassung erfordert, weil die gleiche Sache – Kämpfen im Abstand – jetzt auf technisch wirksamere Weise erfolgen konnte. Die Integration des ihnen vor der spanischen Eroberung unbekannten Pferdes bewirkte dagegen eine Umstellung der Lebensweise: Aus sesshaften Stämmen wurden wieder Nomaden.

Es gibt einen umfassenden Versuch, eine Lehre vom kulturellen Wandel mit einer evolutorischen Perspektive zu verbinden: der Ansatz von *George Peter Murdock* (1897–1985). Dabei wird aber, anders als bei *Spencer*, Evolution verstanden als eine Art Ausprobieren unterschiedlicher kultureller Lösungsmöglichkeiten für sachliche Probleme eines Sozialsystems. Die meisten Evolutionen in der Natur erweisen sich dabei als Sackgassen. Nur eine geringe Zahl bewirkt eine gute Lösung – aber auf Zeit.

1937 wurden an der Yale University am Institute of Human Relations die Arbeiten für einen Cross-Cultural Survey aufgenommen, den Human Relations Area File (HRAF). Zunächst entwickelten die Wissenschaftler unter der Leitung des Ethnologen *George Peter Murdock* eine Art Grundschema zur Kennzeichnung von Kulturen mit dem Akzent auf Familiensystemen, Verwandtschaftsarten, Art des lokalen Gemeindelebens, sexuellem Verhalten und Wirtschaftsweise. Später wurden mit der Absicht, Korrelationen zwischen den verschiedenen Aspekten von Kultur aufzuzeigen, 250 „Gesellschaften" in allen fünf Erdteilen ausgewertet (Murdock 1949).

Murdock selber weist darauf hin, dass ungeachtet dieser großen Zahl von Untersuchungseinheiten die Analyse schon deshalb unvollkommen ist, weil es sicher mehr als tausend solcher „Gesellschaften" auf der Erde gab und es damit wahrscheinlich ist, dass weitere evolutorische Entwicklungen heute nicht mehr erfassbar sind. Allerdings ist ebenso ein rein zufälliger Evolutionismus nicht vorstellbar: Würden sich Veränderungen als bloßes Ausprobieren von Möglichkeiten vollziehen, wobei Sackgassen und anschließendes Untergehen der Normalfall wäre, dann wären die Hochkulturen der letzten 5.000 Jahre kaum denkbar. Sie sind nur verständlich, wenn unterstellt wird, dass sich die meisten Kulturen zu einem gewissen Maß selbst steuern, dass sie lernfähig sind und dass aus dieser Lernfähigkeit immer neue Anpassungen an Problemsituationen folgen.

Ungeachtet einer großen Bandbreite von Unterschiedlichkeiten konnten von *Murdock* doch einige Universalien durch diese systematischen Beschreibungen und Korrelationen aufgedeckt werden:

(1) Bei aller Vielfalt der Familienformen gibt es überall einen Nuklearkern von Männern und Frauen, die gegeneinander sexuelle Vorrechte geltend machen können.
(2) Überall werden sexuelle Konkurrenzverhältnisse und damit verbundene Konflikte durch Inzestregeln begrenzt.
(3) Selbst auf einfachen Stufen der Entwicklung ist Arbeitsteilung zu beobachten. Diese setzt zunächst bei Geschlecht

und Alter an und wird durch weitere Faktoren wie Verwandtschaft und persönliche Eigenschaften zusätzlich differenziert.

(4) Überall sind in der Nuklearfamilie vier Funktionen für menschliches Überleben konzentriert: die sexuelle, die wirtschaftliche, die Reproduktions- (Kinder) und die kulturell / erzieherische Funktion.

Durch das universelle Inzesttabu wird erreicht, dass überall in der menschlichen Gesellschaft Personen zwei Nuklearfamilien angehören: einer „Orientierungsfamilie" und einer „Fortpflanzungsfamilie". Von da ab ist aber die Vielfalt der Regeln für Verwandtschaft, Wirtschaften und Ausprägung von Kultur überwältigend groß. Der Versuch, wie beim Marxismus eine direkte Entsprechung zwischen Wirtschaftsweise und Sozialorganisation aufzuzeigen, ist auch bei diesem Ansatz nicht erfolgreich gewesen.[84] „Die Formen der Sozialorganisation scheinen in der Tat ein durchschlagendes Fehlen von Korrelationen mit Niveaus und Arten der Technik, der wirtschaftlichen Organisation von Eigentumsrechten, Klassenstruktur oder politischer Integration aufzuweisen" (Murdock 1949: 187). So weisen Gesellschaften wie die Yankees von Neuengland, die baumbewohnenden Negritos der Andamanen-Inseln, die imperialistischen Inkas von Peru, die Yaghan des Feuerlandes, die Chinesen sowie die Papuas von Neuguinea starke Ähnlichkeiten hinsichtlich ihrer Verwandtschaftsregeln auf.

Am ehesten lassen sich diese Beobachtungen mit einer Art von opportunistischer Anpassung an sachliche Bedingungen erklären. Sind bei Jäger-Sammler-Kulturen die Männer auf längere Zeit von ihren Frauen getrennt, liegt Polyandrie nahe;

84 Obwohl eine sehr viel größere Zahl von Variabeln in der Kartei von Murdock berücksichtigt ist, benutzt er in seinen praktischen Arbeiten den Begriff „Sozialstruktur" als weitgehend synonym mit „Familien- und Verwandtschaftssystemen".

nomadisch ausgeübtes Großviehhirtentum ist mit extremem Patriarchalismus und Haremsbildung eher vereinbar. Dagegen steht früher Grabbau bei unsteter Versorgung mit anderen Nahrungsmitteln eher im Einklang mit einer starken Stellung der Frauen. Während die Entwicklungsmöglichkeiten für Kultur weitgehend unbegrenzt scheinen, ist die Variationsbreite bei der Sozialorganisation elementarer Lebensbereiche begrenzt. Neben diesem von *Murdock* sogenannten Prinzip der endlichen Anpassungsmöglichkeiten (an sachliche Bedingungen) soll es dann doch so etwas wie begrenzte Ordnung in der Evolution geben (Murdock 1966: 138–141).

Verglichen mit den Lehren des 19. Jahrhunderts hat sich bei der Betrachtung des Wandels die Perspektive umgekehrt: Der Wandel erscheint nun nicht mehr als die zu erklärende Besonderheit, sondern als eine Selbstverständlichkeit. Er tendiert zu einer größeren Kontrolle über die Bedingungen des Überlebens, und wenn die Kontrolle nicht endogen erreicht wird, ist eine Situation gegeben, in der exogene Einflüsse eher übernommen werden. Ob und unter welchen Umständen Hochkulturen und insbesondere auch Staaten entstehen, ist mit dieser Beobachtung nicht mehr zu erklären.

Wie bei dem Projekt „Human Relations Area File" (HRAF) versuchen auch *Arthur S. Banks* und *Robert B. Textor* mit ihrem Projekt „Cross Polity Survey" durch die Erhöhung der Fallzahl einbezogener Gesellschaften Regelhaftigkeiten des Zusammenhangs von Eigenschaften für Länder nachzuweisen. Beim Cross Polity Survey werden insgesamt 115 am 1. April 1963 selbständige Gesellschaften berücksichtigt. Das waren zum damaligen Zeitpunkt alle zumindest nominell unabhängigen politischen Systeme in Staatsform. 57 Variabeln sollten für jedes Land berücksichtigt werden, wie die Bevölkerungsdichte oder die Art des Rechtssystems oder der frühere Kolonialherr oder der Alphabetisierungsgrad der Bevölkerung. Die auf Lochkarten für jedes einzelne Land erfassten Eigenschaften wurden in einem Computer – leistungsfähige Maschinen wurden damals an einigen Universitäten für Forscher zugänglich – in 2 × 2-Tabellen nach Ländern geordnet und dann ausgewertet. Ein Beispiel:

	Früher Britisch	Früher Französisch
Alphabetisierung über 10 %	Indien, Irak, Israel	Algerien, Kambodscha
Alphabetisierung unter 10%	Uganda, Sudan	Kamerun, Mauretanien, Togo

Dann wurden für jede dieser in den Quadranten sortierten Gesellschaften Korrelationen zwischen der Art des Landes (z.B. in Osteuropa vs. anderswo auf der Welt) und den 57 Variabeln ermittelt. Als Korrelationsmaße wurden der Fisher Exact Test und Chi-Quadrat berechnet.[85]

Das ist nun lupenreiner Induktionismus, und so musste man sich der Frage stellen: Ist nicht ein erheblicher Teil der beobachteten Beziehungen zwischen Variabeln Ergebnis inhaltlich bedeutungsloser Zufälle? Als Antwort auf diesen Zweifel schlossen die Autoren *Banks* und *Textor* fünf Unsinnsvariabeln in die Berechnungen mit ein: fünf Schnurhaarfarben wurden rein zufällig als Eigenschaften den 115 Staaten zugeteilt. Aus der Häufigkeit statistisch signifikanter Beziehungen zwischen Ländern und Unsinnsvariabeln sollte ersichtlich werden, wie viele der statistisch bedeutsamen Beziehungen vielleicht Ausdruck bloßer Zufälle sind.

Nun sind Beziehungen sicherlich nicht zu deuten ohne Annahmen über den Charakter der Einheiten. Zweifellos können die Einheiten Dahomé, Vereinigte Arabische Republik, England und Sowjetunion nicht als „schwarze Kisten" für die Deutung von Korrelationen mit den abhängigen Variabeln benutzt

85 Der Fisher Exact Test wird eigentlich nicht als Korrelationsmaß, sondern als numerischer Ausdruck der Zuverlässigkeit einer beobachteten Beziehung benutzt. Auch Chi-Quadrat ist zunächst kein Korrelationsmaß.

werden. Welchen Wissensgewinn habe ich, wenn mir mitgeteilt wird, dass ein wirtschaftlich hoch entwickelter Staat eine Korrelation von 0.94 mit der Eigenschaft hat, der internationale Finanzstatus sei sehr hoch, während die Korrelation mit geringer Entwicklung und schlechtem Finanzstatus 0.79 beträgt? (Banks / Textor 1963: Korrelationstabelle 41).

Ein wenig analytisch geklärtes Leitmotiv der aufwendigen Rechnerei ist die Annahme, dass die Art der früheren Kolonialmacht von größter Bedeutung für das Funktionieren von Institutionen auch nach der staatlichen Unabhängigkeit als Einflussgröße weiter wirkt. Liest man die Tabellen auf der Grundlage der Zustände im Jahre 1963 mit dem Wissen von heute, so kann gefolgert werden, dass diese Unterstellung für Afrika unhaltbar ist und für Asien nicht verallgemeinert werden darf. Am ehesten erscheint die Kolonialisierung durch Spanien oder Portugal bei den Ländern Südamerikas als Gemeinsamkeit weiter zu wirken, obgleich dort die Bevölkerungszusammensetzung der Einzelstaaten auch ethnisch sehr unterschiedlich ist.

Es gibt keine Übereinstimmung, was als wichtigste Einflussgrößen für Veränderungen anzusehen sind – mit Ausnahme der Einigung darüber, dass es mehr als ein Aspekt ist. Gut belegt sind religiöse Ideen als Agenten des Wandels oder eine Wanderung von einem Territorium in eines mit anderen klimatischen Bedingungen. Hier wird dokumentiert, wie sich Stämme aus den Sprachfamilien der Athabascen bei der Wanderung vom Norden des heutigen Kanadas in den jetzigen Südwesten der Vereinigten Staaten in ihrer Struktur änderten. Erfindungen können ebenso Wandlungen auslösen wie politische Umwälzungen. Vor allem aber können die inneren Widersprüche, die in einer jeden differenzierteren Gesellschaft zu finden sind, immer wieder als Kräfte des Wandels wirken. „Soziale Organisation ist ein teilunabhängiges System, in vieler Hinsicht mit Sprache zu vergleichen und ähnlich durch eine interne Eigendynamik charakterisiert“ (Murdock 1949).

2. Modernisierungsforschung

Entwicklungshilfe als Regierungsinitiative beginnt im Jahre 1949 mit dem Punkt-IV-Programm des amerikanischen Präsidenten *Harry S. Truman* (1884–1972). Die wissenschaftliche Begleitung und sozialwissenschaftliche Reaktion auf die sich nun allgemein verbreitende Entwicklungshilfe ist der Beginn der Modernisierungsforschung im Sinne der fünfziger bis siebziger Jahre des vorigen Jahrhunderts.

1.

Sie wird stark beeinflusst durch eine Gruppe von Theorien und Forschungen, die in der Literatur als „Theorien der individuellen Modernisierung" gekennzeichnet werden. Vertreter dieser Perspektive, *Daniel Lerner* (geb. 1917), *David McClelland* (1917–1998) und *Alex Inkeles* (geb. 1920) verstehen ihre Ansätze alle als Widerspruch gegen die ökonomischen Erklärungen des Wirtschaftswachstums. Obgleich die drei Autoren mit den Universitäten Harvard und M.I.T. (beide in Cambridge, Massachussets) verbunden waren und sie somit in räumlicher Nähe arbeiteten, haben ihre theoretischen Aussagen nichts miteinander gemein – mit Ausnahme der Überzeugung, dass Modernität einer Gesellschaft einen bestimmten Menschentyp zugleich erzeuge und voraussetze, eben einen modernen Menschen. Die Aussagen von *Lerner* sind eher politologisch gefärbt, die von *Inkeles* stärker soziologisch und die von *McClelland* psychologisch.

Daniel Lerner veranschaulicht den Gegensatz zwischen traditionaler und moderner Orientierung an einem Fallbeispiel, das er in einer empirischen Untersuchung von Dörfern in Anatolien gewonnen hatte. Hier bekämpften sich traditionale Autoritäten, die nur auf ihr türkisches Dorf bezogen waren, und eine mit ihnen jetzt konkurrierende moderne Elite als „Neuerer", denen die Medien die entscheidenden Kompetenzen vermittelten. In diesen Dörfern ist die Kommunikation die differentia spezifica, um im Zirkulationsprozess von Eliten und Gegeneliten traditionelle Strukturen zu überwinden (Lerner 1958). Das entscheidende Agens für Veränderungen sind die neuen Medien, die das alte orale Kommunikationssystem ablösen. Durch Medien werden die Menschen mobiler – und Mobilität ist nach *Lerner* Voraussetzung für Modernisierung. Zugleich bedeutet diese Modernisierung „Verwestlichung". Aber es seien nun einmal die westlichen Gesellschaften, die sich industrialisierten und damit die Prozesse auslösten, welche Modernisierung bedeuteten: Säkularisierung, Urbanisierung und Bürgerbeteiligung am öffentlichen Leben. Es sei möglich, dass im Nahen Osten – der Gegend, in der *Lerner* seine Untersuchungen durchführte – dieser Prozess durch die Medien beschleunigt verlaufe.

Daniel Lerner weist nach, dass durchweg von einem ganz einfachen Verständnis dessen ausgegangen wird, was das Ziel der Entwicklung sein soll. Er zitiert in diesem Zusammenhang das Vorwort von *Karl Marx* zum 1. Band des „Kapitals": „Ein Land, das industriell entwickelter ist, zeigt lediglich den anderen das Bild ihrer eigenen Zukunft" (Lerner 1968: 386). Dieses Zitat belegt, dass bereits vor dem Ersten Weltkrieg die Vorstellung verbreitet war, Entwicklung laufe ab als Bewegung hin zu dem Modell eines wirtschaftlich, sozial und kulturell hochentwickelten Landes. Die Mächte England und Frankreich rechtfertigten ihren Kolonialismus mit der Behauptung, sie würden die Zivilisation in ihre Kolonien bringen – und mit Zivilisation meinten sie die eigene Gesellschaft. Eine erfolgreiche Entwicklung hieße dann die Anglifizierung oder Frankofizierung der entsprechenden nicht-entwickelten Gesellschaften. Als Denkfigur war das eine Weiterführung des früheren Kolonialismus der Spanier und Portugiesen, die ihre Rechtfertigung daraus ableiteten, den Heiden das Christentum zu bringen.

Da dieser Prozess aber nicht auf einige wenige europäische Mächte beschränkt blieb und schließlich auch Länder umfasste wie Japan und die Sowjetunion, wurde ein Terminus für Einflüsse allgemeiner Art von „entwickelten" auf „unterentwickelte" Gesellschaften notwendig. Gewählt wurde als allgemeiner Begriff „Modernisierung", wobei aus Gründen der Höflichkeit die Bezeichnung „unterentwickelte Gesellschaften" ersetzt wurde durch „Entwicklungsländer". In dieser „Unschuldsphase" der Modernisierungsforschung in den fünfziger und Anfang der sechziger Jahre des vorigen Jahrhunderts war Modernisierung ein Synonym für wirtschaftliche Entwicklung; diese wiederum wurde als Wachstum der Produktivität bzw. als Pro-Kopf-Wachstum des Bruttosozialproduktes gemessen (Lewis 1955: 9).

Kennzeichnend für die Entwicklung in Europa ist nach *Lerner*, dass Urbanisierung und Industrialisierung sich einander bedingt haben. Sie sind begleitet von einem Ansteigen der Alphabetisierungsquote und der Kommunikationsmittel. Aus beidem folgen mobile Persönlichkeiten, die wiederum die Voraussetzung für den Erfolg des Systems sind. So vollzog sich nach *Lerner* Entwicklung als ein Wechselspiel zwischen Individuen, die von herkömmlichen Beschränkungen freigesetzt sind und mit dieser Freiheit etwas anzufangen wissen, und Sozialstrukturen, die durch diese freigesetzten Personen weiterbewegt werden.

In den Entwicklungsländern verlaufen nach *Lerner* die Prozesse jedoch nicht parallel: Die Urbanisierung und nicht zuletzt die Teilmobilisierung von Bevölkerung durch Massenkommunikation setzen sich schneller durch als die Industrialisierung. Für *Lerner* ist die Schnelligkeit des wirtschaftlichen Wachstums entscheidend für das Gelingen des Modernisierungsprozesses, da dieser vom Wachstum abhängig ist. Die traditionellen Gesellschaften werden ohnehin durch Kommunikation und Alphabetisierung destabilisiert. Mit dem Wirtschaftswachstum muss, wenn eine Entwicklung stabil sein soll, eine Ausdehnung der politischen Teilnahmerechte und der Kommunikationsfähigkeiten einhergehen. Dabei betont *Lerner* das Problem der „Revolution of Rising Expectations" – der Explosion von Wünschen, bevor deren Erfüllung wirtschaftlich möglich wird.[86] Daraus könnte dann die „Revolution of Rising Frustrations" werden – die Revolution der anschwellenden Unzufriedenheit.

Bei der Modernisierung ist nach *Lerner* das auslösende Moment wirtschaftlicher Art. Dadurch wird ein soziales Umfeld verändert, in welches sich die steigende individuelle Produktivität wirksam eingliedert. Das setzt voraus, dass die einzelnen Menschen die neuen Spielregeln in sich aufnehmen und eine andere Beziehung zu Mitmenschen einüben. Dies ist für *Lerner* die Empathie als Fähigkeit, sich in den nächsten hineinzuversetzen; dies gilt ihm als Voraussetzung, die notwendige herrschaftsfreie Kooperation im Alltag zu entwickeln. Damit ist auch nach *Lerner* Entwicklung durchaus nicht nur ökonomisch, sondern ein Wechselspiel zwischen ökonomischem Anstoß und der sozialen Reaktion als weiteren Anreiz für die wirtschaftliche Entwicklung.

Die Modernisierungsforschung im Zustande der „Unschuld" – bevor das Ziel selber problematisiert wird – hat, so *Lerner,* Mitte der sechziger Jahre zu einigen Übereinstimmungen geführt. Modernisierung setzt voraus das Erreichen

(1) eines Wachstums, das sich selbst trägt („self sustaining growth"),
(2) der Mobilisierung von Bürgern zur Teilnahme an öffentlichen Angelegenheiten,
(3) der Verbreitung einer säkularen und rationalen Orientierung,

86 Diese Konzeption wird gewöhnlich Lerner zugeschrieben. Sie stammt jedoch von Staley 1954.

(4) der zunehmenden Mobilität innerhalb der Gesellschaft und
(5) einer Veränderung im vorherrschenden Persönlichkeitstyp.

Letzteres verbindet *Lerner* mit den Vorstellungen bei *Hadley Cantril* (1906–1969), dass die moderne Persönlichkeit ehrgeizig sei (Cantril 1965), oder der Konzeption bei *David McClelland* von der erfolgsorientierten Persönlichkeit (McClelland 1961), oder der Lehre von *David Riesman* (1909–2002) über den Zusammenhang mit Demokratie und außengeleiteter Persönlichkeit (Riesman 1950) bzw. seiner eigenen Konzeption der Empathie. Die Berufung auf *McClelland* ist dabei nicht korrekt, weil dieser in der Veränderung von Persönlichkeitstypen hin zur Dominanz von erfolgsorientierten Personen die Ursache für wirtschaftlichen Wandel sieht und nicht wie *Lerner* deren Begleiterscheinung bzw. Folgen.

Was *Lerners* Ansatz von einer Reihe der zu seiner Zeit verbreiteten Modernisierungsbestrebungen unterscheidet, ist sein Akzent auf der Notwendigkeit von Persönlichkeitsveränderungen. Institutionen können nicht isoliert verpflanzt und aus der Verpflanzung erwartet werden, dass sie als wirksame Agenten der Modernisierung funktionierten. Ohne gleichzeitige Modernisierung der Menschen im Sinne der Erhöhung ihrer sozialen und psychischen Mobilität ist Entwicklung nicht möglich.

Die Vorstellungen über Modernisierung und Modernität des Sozialpsychologen *David McClelland* wurden wesentlich durch zwei soziologische Klassiker geprägt: Von *Max Weber* übernahm *McClelland* die Inhalte dessen, was Modernität ausmacht, und von *Joseph Schumpeter* die Erwartung, was moderne Personen gesellschaftlich bedeuten (McClelland 1961).[87] Anschließend an *Weber* meint *McClelland*, dass sich der Erziehungsstil im calvinistischen Protestantismus hin zur Ermunterung von mehr Unabhängigkeit und Selbständigkeit ver-

87 Die Kernidee wurde bereits dargestellt in McClelland et al. 1953.

schiebe. Das bewirke eine höhere Leistungsmotivation als eine gottgefällige Pflichterfüllung. Als drittes Element in seiner Vorstellung über die unternehmerische Persönlichkeit im Entwicklungsprozess kommt hinzu die Achievement-Aspirations-Beziehung von *William James* (1842–1910) (James 1890). Die so sozialisierten Personen entwickelten ein Bedürfnis nach Leistung – eine Motivierung, die *McClelland* „n-achievement" nennt. Diese Menschen wirkten als Unternehmer im Sinne von *Schumpeter*, und wenn es sie in einer Kultur in ausreichender Dichte gebe, dann folge daraus die moderne Wirtschaftsgesellschaft.

McClelland führte eine Reihe empirischer Erhebungen durch, um die Leistungsorientierung in verschiedenen Ländern zu bestimmen. Das Instrument hierzu war ein in den USA verbreiteter projektiver Test, der „Thematische Apperzeptionstest" (TAT), für den *McClelland* ein eigenes Verschlüsselungsschema entwickelte. Im Zuge der amerikanischen Entwicklungshilfe wurde u.a. im pazifischen Raum das Vorgehen von *McClelland* benutzt, um die Dichte von unternehmerischen Typen zu bestimmen und die so identifizierten „Unternehmer" gezielt zu fördern. Durch Schulung sollte nachgeholt werden, was an anderen Orten und zu anderen Zeiten aus gesellschaftlichen Bedingungen folgte: die Entwicklung einer „n-achievement-Persönlichkeit".[88]

Für *Alex Inkeles* ist „individuelle Modernität" ein Persönlichkeitstyp – so wie er in seinen früheren Arbeiten den Nationalcharakter verstand. Als Persönlichkeitstyp gedeutet ist Modernität nicht etwas Partikuläres, beschränkt etwa auf einen Teilbereich des sozialen Lebens wie Wirtschaften oder Geselligkeit, sondern eine alle Lebensbereiche umfassende Disposition. Modernität wird erlernt, insbesondere durch die Schule (je

88 „n" steht für „need" = Bedürfnis, und der etwas kryptische Begriff heißt nichts anderes als „Bedürfnis nach Erfolg".

mehr davon, um so mehr Modernität) und in den Fabriken (je größer, um so förderlicher für Modernität (Inkeles 1974). Diese Modernität drückt sich aus im Verhalten in der Familie (eigene Partnerwahl, Geburtenkontrolle), in der Gemeinde (Teilnahme an öffentlichen Angelegenheiten) und gegenüber dem Staat (Interesse an Politik, Wahlbeteiligung). In der eigenen empirischen Forschung wird dann individuelle Modernität zu einer Persönlichkeitseigenschaft, die man in einem stärkeren oder schwächeren Ausmaß haben kann.

Inkeles entwickelte hierfür einen eigenen Test, der 119 Fragen von vorwiegend hypothetischem Charakter umfasst: den Overall Modernity Scale (OM Scale). Mit einer modifizierten Fassung, dem IM-Test (International Modernity) führte *Inkeles* Erhebungen bei jeweils 1000 Männern (!) in Argentinien, Bangla Desh, Chile, Indien, Israel und Nigerien durch (Inkeles 1983). Die Veröffentlichungen von *Inkeles* sind kritisiert worden, weil das Vorgehen in den empirischen Untersuchungen nicht überzeugte (Probanden-Auswahl, das Fehlen einer an sich angebrachten konfirmatorischen Faktorenanalyse), wegen der mit der Theorie nicht vereinbaren Befunde (Nationalität als Faktor von vergleichbarer Bedeutung mit Schule und Fabrik), aber nicht zuletzt auch wegen seines Begriffs der Modernität.

2.

Es liegt nahe zu fragen, wo denn die deutschen Beiträge zur Modernität bleiben. Zur Modernitätstheorie als ein Aufzeigen von Möglichkeiten zur Modernisierung von Entwicklungsländern, so wie sie hier an den Beispielen von *Lerner, McClelland* und *Inkeles* vorgestellt wurden, gibt es keinen deutschen Beitrag. *Wolfgang Zapf* ist zuzustimmen: Diese Version von Modernisierungstheorien ist „eine amerikanische Erfindung“ (Zapf 1991a: 32). Inzwischen gehört sie vorwiegend nur noch zur Geschichte des Faches, seit die Euphorie der Aussichten auf eine punktgenaue Entwicklungshilfe verklungen ist. In dieser Entwicklungshilfe-Modernisierung wurde das Ziel der Entwicklung nicht problematisiert: es war die Westernisierung nicht-westlicher Gesellschaften – eigentlich nicht einmal dieses, sondern die Amerikanisierung aller Gesellschaften. Aber nicht so sehr die Einsicht in eine solche Verengung des Verständnisses von Modernisierung bedeutete die Abkehr von diesen „Theorien“, sondern vor allem das Scheitern von Entwicklungshilfe in vielen der Entwicklungsländer einerseits und der wirtschaftliche Erfolg ohne allgemeine Verwestlichung in solchen Ländern wie Japan und insbesondere in den vier „kleinen Tigern“ Hongkong, Singapur, Südkorea und Taiwan andererseits.

Peter Flora (geb. 1944) betont drei Bedeutungen der Konzeption von Instabilität, die das vorherrschende Merkmal der Entwicklungsgesellschaften ist (Flora 1974: 37):

(1) Es gibt individuelle Instabilität aufgrund unterschiedlicher Veränderungen der Persönlichkeit und der Sozialstruktur.
(2) Es gibt Instabilität aus dem Nebeneinander verschiedener Persönlichkeitstypen – insbesondere von traditionalen und modernisierten Personen.
(3) Es gibt Instabilität als Ergebnis einer Phasenverschiebung in der Entwicklung der Sozialstruktur.

In diesem Zusammenhang ist insbesondere auf die „Überurbanisierung“ zu verweisen, die sich als Folge eines Zurückbleibens der Wirtschaftsentwicklung hinter dem Verstädterungsgrad ergibt (Flora 1974: 36).

Tatsächlich befindet sich heute die Welt in einem Zustand ohne Vorbild: Es gibt praktisch keine Gesellschaften mehr, die sich nicht von ihrem traditionellen Zustand fortbewegt haben. Selbst wenn Länder wie Burma oder Albanien vorübergehend den Kontakt zur Außenwelt unterbinden wollen, so ist doch der Prozess der weltweiten Einflussnahme durch die entwickelten

Industriegesellschaften nicht wirklich auszusperren. In dieser Situation wurde bis Mitte der sechziger Jahre gehofft, durch Übertragung eigener Erfahrungen auf andere Länder den Prozess des sozialen Wandels durch rationale Planung zu beschleunigen. Hierbei wurde schon bald die Erfahrung gemacht, dass ein Verpflanzen von Institutionen kein geeignetes Mittel war. Ob sich in einem Entwicklungsland die Einwohner sonntags Krawatten umbinden oder ob ein Land Fabrikordnungen aus Industrieländern übernimmt, besagt für den Prozess der Modernisierung wenig. Meist bleiben solch bloß verpflanzte Institutionen in dem Empfängerland Fremdkörper.

Und noch eine zweite Erfahrung mussten die Vertreter der Modernisierungslehre im Zustand der Unschuld machen: Es sind gerade die entwickelten Gesellschaften, die am ehesten Einflüsse von außen aufnehmen und sie im Inneren in sozialen Wandel umsetzen können. Die heutigen Übergangsgesellschaften in der „Dritten Welt" haben hiermit viel größere Schwierigkeiten. Modernisierung ist einmal voraussetzungsvoller, als in den Konzeptionen angenommen wurde, die in den fünfziger bis siebziger Jahren vorherrschten; sie ist nach vielen praktischen Erfahrungen auch weniger als ein widerspruchsfreies System zu verstehen (Scheuch 2000b: 372–383).

3.

Eben dies wird in einem der wenigen allgemeinen Beiträge zur Modernisierungstheorie ignoriert, die von deutschen Sozialwissenschaftlern formuliert wurden, die international beachtet werden, nämlich von *Niklas Luhmann* kurz vor seinem Tode (Luhmann 1997). Bei ihm und bei *Jürgen Habermas* (geb. 1929) sind zwei Bezüge bestimmend: das Verständnis von Modernität als Vollendung des Versprechens der Aufklärung und die Betonung der funktionalen Differenzierung als Agens der Evolution hin zur Moderne (Scheuch 1991a: 109–139). *Luh-*

mann und *Habermas* unterscheiden sich dann grundsätzlich in der Sicht des Konflikts als Aspekt der Modernisierung.

Nach *Luhmann* ist für moderne Gesellschaften das Prinzip der funktionalen Differenzierung zentral – was zunächst einmal unkontrovers ist (Luhmann 1978: 211–228). Daraus folgt – ein für *Luhmanns* Sprachspiele charakteristischer Neologismus – „Polykontexturalität". Das soll heißen, dass alle Beobachtungen und Aussagen darüber abhängig sind vom Kontext, in dem sie entstehen. Dies wiederum bedeutet, dass keine Realität erkennbar ist, die unabhängig wäre vom Kontext ihrer Beobachtung. Es gibt für moderne Gesellschaften nach *Luhmann* keinen zentralen Beobachtungspunkt – etwa die Wirtschaft oder die Wissenschaft –, sondern Aussagen über die Gesellschaft „emergieren" (etwa = hervorkommen wie von selbst) aus einen Netzwerk von Beobachtungen. So entstehe die Moderne erst jetzt aufgrund von Kontinuitäten wie Geldwirtschaft, staatlich organisierter Politik, positivem Recht, Schulbildung der gesamten Bevölkerung, Massenmedien und forschungsintensiver Wissenschaft. Diese Evolution sei irreversibel; aber überholt sei die mit dieser Entwicklung verbundene Vorstellung einer für die ganze Welt verbindlichen Vernunft (Luhmann 1997).

Allerdings unterstellt *Luhmann*, dass es dann doch global verbindliche Standards geben wird: die jeweilige Funktionalität der ausdifferenzierten Teilsysteme. Gesteuert wird der Prozess durch Kommunikation, die wiederum bestimmt wird durch „Codes" für die jeweiligen Teilbereiche. Solche Codes sind – ähnlich wie bei *Parsons* die „universal media of exchange" – Geld, Liebe, Wahrheit. Wenn sich diese Evolution weltweit einmal durchgesetzt haben sollte, dann ist weiterer sozialer Wandel nach diesem Kategoriensystem von *Luhmann* nicht mehr vorstellbar. Diese „Lehren" von *Luhmann* dürften die zukünftige Erörterung von Modernisierung und Modernität nicht mehr beeinflussen, zumal *Luhmann* auch gar nicht eine Beschreibung der Realität ambitionierte. Seine Lehren haben inzwischen zur Ausbildung einer eigenen sozialwissenschaftlichen Sekte, gruppiert um eine eigene Zeitschrift, geführt.

Jürgen Habermas als Alternative zu und Dialogpartner von *Luhmann* hält dagegen an der klassischen Vorstellung fest, Modernisierung sei das Weiterführen des Prozesses einer universalen Rationalisierung. Das Vehikel hierfür ist die Sprache bei kontroversen Geltungsansprüchen und eben nicht Rationalität im Sinne des Funktionalismus (Habermas 1981). *Habermas* ist hier ein konventioneller Philosoph; denn in der Schul-Philosophie ist seit *Ludwig Wittgenstein* (1889–1951) Sprachanalyse zentral. Bei *Habermas* wird dies allerdings in kritischer Absicht entfaltet, die in seinen späteren Schriften nur etwas mühsam von einem Konstruktionismus zu unterscheiden ist. Gesellschaft konstituiert sich in kommunikativem Handeln, das sich nach *Habermas* auf drei Realitäten bezieht: auf die Welt der Dinge, für die als Gültigkeitsmaßstab im kontroversen Dialog der Anspruch der Wahrheit erhoben wird, die Welt des Sozialen mit dem Gültigkeitsanspruch der Richtigkeit und die Innenwelt von Personen, wo der Gültigkeitsanspruch die Wahrhaftigkeit ist. Voraussetzung für das Gelingen einer solchen kontroversen Erörterung ist die Absicht der Einigung und einer lebensweltlichen Übereinstimmung an Normen und Wissen.

Modernisierung wird vorangetrieben durch Widersprüche zwischen diesen Lebenswelten – die *Habermas* wie die phänomenologische Philosophie versteht – und die Ausdifferenzierung von spezialisierten Eigenbereichen mit Geltungsansprüchen, die denen der Lebenswelt widersprechen. Geld als Tauschmittel und die Herauslösung von Macht aus verwandtschaftlichen Bezügen ermöglichen evolutionäre Gewinne an Komplexität. Werden die Steuerungsmechanismen Geld und Macht autonom, so entfalten sie eine Tendenz, weitere Bereiche der Lebenswelt „zu kolonialisieren“. Das Projekt der Moderne wird nach *Habermas* nur dann gelingen, wenn diese Kolonialisierung der Lebenswelt abgewehrt wird (Habermas 1981, 1985).

Das von *Habermas* in seiner Privatsprache thematisierte Sachproblem ist keineswegs neu: Was er „Kolonialisierung“ nennt, nämlich die Ausrichtung der Gesellschaft nach einem Leitbereich, der Standards des Zuarbeitens für alle anderen Bereiche durchsetzt, gibt es in theokratischen oder in militaristischen Systemen. Es gibt heute zweifellos eine Tendenz zur Ökonomisierung aller möglichen Gesellschaftsbereiche – wie der Bildung oder des Gesundheitswesens und nicht zuletzt auch des Familienlebens, wenn von Gerichten die Hausfrauentätigkeit nach Marktpreisen zu bewerten versucht wird. Zweifellos wird bei *Habermas* die Problematik der Modernität als Ausdifferenzierung und Autonomisierung von Teilbereichen angemessener behandelt als bei *Luhmann*, aber der sprachliche und begriffliche Aufwand ist nicht nur unnötig, sondern verunklarend.

4.

Einen ganz eigenen Ansatz, die Entwicklung von Sitten und damit verbunden Herrschaftsformen zu erklären, vertritt *Norbert Elias* (1897–1990). Hierfür prägt *Elias* den Begriff „Figurationsanalyse“. Damit wird bezeichnet, dass das Verhalten von Personen nicht nur durch sie selber mit Mitteln etwa der Psychologie zu erklären ist, sondern als Ausdruck von Interdependenzen, in denen alle Menschen leben (Elias 1969). Das gilt selbst für einen so mächtigen König wie *Ludwig XIV.* (1643–1715).

Zentral für die Schriften von *Norbert Elias* sind seine Ausführungen über soziale Evolution von Institutionen (Soziogenese) und von Mentalitäten (Psychogenese), womit er Makrosoziologie und Mikrosoziologie verbindet. Leitmotiv bei der Psychogenese ist die zunehmende Selbstkontrolle der Individuen über Affekte. Diese Entwicklung ereignet sich nach *Elias* insbesondere in der höfischen Gesellschaft (Elias 1976, 2 Bde.).

Den Prozess der zunehmenden Affektkontrolle zeichnet *Elias* an den Umständen der Entstehung auf: „Vielleicht mag es auf den ersten Blick als eine unnötige Komplizierung erscheinen, wenn bei jedem geschichtlichen Gebilde nach seiner Genese gefragt wird. Aber da nun jede geschichtliche Erscheinung, menschliche Haltungen ebenso, wie gesellschaftliche Institutionen, tatsächlich einmal „geworden" sind, wie könnten sich Denkformen einfach und als zureichend zu deren Aufschluss erweisen, die alle diese Erscheinungen durch eine Art von künstlicher Abstraktion aus ihrem ursprünglichen, geschichtlichen Fluss herauslösen, die ihnen ihren Bewegungs- und Prozesscharakter nehmen und sie wie statische Gebilde unabhängig von dem Wege zu fassen suchen, auf dem sie entstanden sind und sich verändern?" (Elias 1976, 1: LXXVII).

Der Akzent seiner Erklärungen und der sehr detaillierten Beschreibungen liegt auf der Entwicklung von Sitte und Schicklichkeit an Adelshöfen. Hier entstehen die ersten Regeln für gesittetes Verhalten insbesondere am französischen Hof. Bei *Friedrich Nietzsche* heißt es in „Jenseits von Gut und Böse": „Überall wo es einen Hof gab, hat es das Gesetz des Gutsprechens und damit auch das Gesetz des Stils für alle Schreibenden gegeben" (zitiert nach Elias 1976, 1: 44). Hier entwickelt sich auch unser heutiges Verständnis von „zivilisiert" nach dem Zerbrechen der Einheit der katholischen Kirche und ihrer Symbiose mit der Rittergesellschaft.

1530 veröffentlichte *Erasmus von Rotterdam* (1466 oder 1469–1536) eine kleine Schrift, deren lateinischer Titel übersetzt werden kann mit „Zivilisierte Sitten einer Knabenzeit". In dem Teil, der vom Verhalten beim Essen in einer Gemeinschaft handelt, ermahnt *Erasmus*, dass an den Nasenlöchern kein Schleim sein sollte und wenn doch, dass dieser mit abgewandtem Körper zu beseitigen sei. Die Gäste bringen zu Tische nur ihr eigenes Messer mit, und Löffel sowie Gabel werden gemeinsam verwandt. Wenn sich die Tafelnden dann gegenseitig etwas Flüssiges mit dem Löffel reichen, so ermahnt *Erasmus*: „Koste es und gib den Löffel zurück, nachdem Du ihn abgewischt hast". Fleisch wird auf Platten gereicht, und es ist gutes Benehmen, nicht die einzelnen Scheiben mit den Händen anzufassen, um sich ein besonders attraktives Stück daraus zu nehmen. Alle essen damals noch mit ihren Händen, aber der zivilisierte Mensch lässt sich vor dem Essen die Hände mit Wasser benetzen. Unhöflich ist es, die Finger abzulecken oder am Rock abzustreifen. Aber sehr tolerant ist die Gesellschaft beim Umgang mit Völlegefühl. Da darf der Knabe sich ruhig öffentlich übergeben.

Hier sei abzubrechen und darauf verwiesen, dass andere Körperfunktionen ebenfalls angesprochen werden mit Ermahnungen, die für uns heute lebenden Menschen die Peinlichkeitsschwelle überschreiten.

An Adelshöfen setzt sich nach *Elias* ein Prozess der Zentralisierung hin zum herrschenden Königshof durch, der verbunden ist mit der Entwicklung des Staates. Staatenbildung ist dann erreicht, wenn im Konkurrenzkampf um das Gewaltmonopol eine Zentralisierung beim Monarchen gelingt. Dann kann sich auch die Zivilisiertheit im Sinne höfischen Verhaltens insgesamt ausbreiten, wobei die allgemeiner werdenden Erwartungen an die Selbstkontrolle der Individuen zunehmen. Diese Selbstkontrolle über Affekte wird gedeutet als Zunahme des rationalen Verhaltens.

Die Schriften von *Norbert Elias* sind voller interessanter Details; er ist eine Art Botaniker der Sitten. Hierin liegt auch ihr Erfolg begründet.

5.

Wie die vorerwähnten Autoren verstehen auch *Erwin K. Scheuch* (geb. 1928) und *Marvin B. Sussman* (geb. 1918) Modernisierung als eine Erhöhung von Mobilität. „Wir fassen die Entwicklung zu Bedingungen einer zunehmenden Modernität in den Begriffen des mehr orthodoxen marxistischen Gedankens der 'Freisetzung', der Befreiung von den handgreiflichen Zwängen der menschlichen Existenz“ (Scheuch / Sussman 1970: 242). Es wäre zu eng, diese Freisetzung nur als Befreiung von wirtschaftlichen Zwängen zu verstehen. Offensichtlich werden die Wahlmöglichkeiten auch in anderen Lebensbereichen, bis hin zu moralischen Regeln, im Verlauf der Entwicklung größer. Deshalb wählen *Scheuch* und *Sussman* die Erhöhung der Wahlmöglichkeiten der Lebensführung – begrifflich ausgedrückt als *Erhöhung der Zahl der Optionen* – zu ihrem Kriterium für gesellschaftliche Modernität. Dies braucht allerdings nicht in einem Gleichschritt der Entwicklung von Optionen in den verschiedenen Bereichen einer Gesellschaft zu geschehen.

Gerade die später entwickelten Gesellschaften wie zunächst Japan, zu einem gewissen Grad aber auch vorher Deutschland mit seinen korporatistischen Eigentümlichkeiten, zeigen sehr große Ungleichheiten der Freisetzung je nach Lebensbereichen. „Technisierung des Arbeitsplatzes kann in moderner Rollenausübung resultieren, aber diese Bedingung muss nicht eine entsprechende Lage im familialen Bereich hervorrufen, sondern es ist durchaus möglich, dass die traditionellen Rollen in der Familie durch die Modernisierung der Rollen in anderen Bereichen unberührt bleiben“ (Scheuch / Sussman 1970: 243).

Nach diesem Ansatz sind solche Individuen modern, die die Kompetenzen eines optimalen Umgangs mit Optionen entwickeln, insbesondere diejenigen, um mit bürokratischen Organisationen umgehen zu können. Nicht zuletzt müssen sie in der Lage sein, die widersprüchlichen Anforderungen, die aus der Ausdifferenzierung von Institutionen und Bereichen folgen (Beruf, Verein, Partei, Kirche), zu einer möglichst spannungsfreien Lebensweise hin aufzulösen.

In der weiteren Ausführung soll sich dieses Modell insbesondere eignen, sektorale Modernisierung als Zwischenschritt zu einer gesamtgesellschaftlichen Modernisierung besser erfassen zu können.

3. Ökonomische Modelle

1.

Seit den sechziger Jahren sind bis heute Modelle von vorrangigem Einfluss, die von Ökonomen entwickelt wurden. Als Auslöser dieser Tradition kann das Werk von *Colin Clark* (1905–1989) gesehen werden (Clark 1940). *Clark* brachte die verwirrende Fülle von Einzelheiten, mit denen der strukturelle Umbau der Gesellschaft im Tagesgeschehen erfasst wird, auf ein einfaches Grundschema, indem er nach der heute ziemlich selbstverständlich gewordenen Taxonomie zwischen primären, sekundären und tertiären Sektoren der Wirtschaft unterschied (Clark 1940: 37).

(1) Der primäre Sektor wird definiert als extrahierend – wie Bergbau und Landwirtschaft. Er ist primär in dem Sinn, dass direkt mit der Natur interagiert und aus dieser Material entnommen wird.
(2) Die Weiterverwertung von Rohmaterialien wird der sekundäre Sektor genannt. Die wichtigste Form von sekundären Aktivitäten ist die industrielle Produktion.
(3) Tertiär nennt *Clark* alle Aktivitäten, die Dienstleistungscharakter haben. Dazu zählt er das Transportwesen, die Regierung, die Freizeit, die Medizin, die Ladengeschäfte. Er versteht Dienstleistungen als eine Residualkategorie (Clark 1940: 375 f.).

Entwicklung ist nun nach *Clark* gekennzeichnet durch einen Wechsel zwischen den drei Sektoren. In einem unentwickelten Zustand arbeiten über 80 Prozent der erwerbstätigen Bevölkerung im primären Sektor. Bei Steigerung ihrer Produktivität werden Arbeitskräfte für den sekundären Sektor freigesetzt; das führt wiederum zu einem Anstieg der Erzeugung in diesem Sektor. In der industriellen Gesellschaft arbeitet dann die Mehrheit aller Erwerbstätigen im sekundären Sektor. Die höchste Stufe der wirtschaftlichen Entwicklung wird erreicht, wenn sich der Anteil der Personen im tertiären Sektor dem im sekundären Sektor annähert und ihn schließlich sogar überholt.

Als Aussage über die Vergangenheit, begrifflich erfasst als Wechsel der Dominanz von einem primären zugunsten eines sekundären Sektors, ist das Schema von *Clark* rein deskriptiv. Als Voraussage über die weitere Entwicklung soll er auch normativ verstanden werden: An der Ausdehnung des tertiären Sektors sollen Volkswirtschaften ihren Entwicklungsstand bestimmen. Dieser letztere Aspekt ist heftig kritisiert worden; denn gerade in manchen wenig entwickelten Staaten – wie im Vorderen Orient oder in Indien – ist der Dienstleistungssektor weit überbesetzt und beschäftigt viel mehr Menschen, als es nach der Wertschöpfung gerechtfertigt wäre.

Zu diesem empirischen Einwand kommt als Prinzipienfrage hinzu, ob es denn etwas Einigendes für alle im Begriff „tertiärer Sektor" zusammengefassten Erwerbstätigkeiten gibt – mit Ausnahme des Umstandes, dass sie weder dem primären noch dem sekundären Sektor zugehören. Zweifellos ist die Prognose von *Clark* als reine Tatsachenaussage bisher voll eingetroffen: Der gewerbliche Sektor geht in seiner Bedeutung für die modernen Wirtschaften und als Arbeitgeber zurück. Mit der Automation könnte sich vielleicht die Entwicklung so wiederholen wie in der Landwirtschaft im letzten Jahrhundert. Aber damit ist noch nichts ausgesagt über den Charakter des tertiären Sektors als eines wirtschaftlich und sozial eigentümlichen Bereichs.

Eine soziologische Ausgestaltung der Konzeption bei *Colin Clark*, dass sich die Entwicklung im Dreischritt von der Vorherrschaft des primären, dann des sekundären und schließlich des tertiären Sektors vollzieht, ist die Entwicklung hin zur postindustriellen Gesellschaft bei *Daniel Bell*. Er nennt die drei Stufen von *Clark* vorindustrielle Gesellschaft (= Agrargesellschaft), industrielle Gesellschaft und postindustrielle Gesellschaft. Letztere ist gleichbedeutend mit dem Vorherrschen der Dienstleistungen und wird entsprechend auch als Dienstleistungsgesellschaft bezeichnet. An die Stelle der Beziehungen zwischen Menschen tritt nach *Bell* die Kommunikation zwischen den Menschen. Die postindustrielle Gesellschaft ist für ihn primär ein Spiel zwischen Personen: Immer mehr Berufe werden durch Mensch-Mensch-Beziehungen, weniger dagegen durch Mensch-Produkt-Beziehungen gekennzeichnet. Für diese Entwicklung sind – so *Bell* – die fortwährend steigenden Löhne letztendlich der wichtigste Grund (Bell 1976b).

Das eigentliche Interesse *Bells* gehört nicht mehr dem Übergang von vorindustrieller zu industrieller Gesellschaft, sondern sein Hauptanliegen ist, die Vision der postindustriellen Gesellschaft zu konkretisieren.

Während die Taxonomie von *Colin Clark* in den allgemeinen Sprachgebrauch einging, er als Autor aber eher vergessen ist, wird *Jean Fourastié* (1907–1990) in entsprechenden Lehrbüchern breiter dargestellt. Auch *Fourastié* geht von der Annahme aus, dass die gesellschaftliche Evolution durch wirtschaftliche Entwicklung dominiert wird. Die wirtschaftliche Entwicklung aber ist wiederum ein Produkt des technischen Fortschritts (Fourastié 1954: 323).

Gemessen wird Fortschritt am Anstieg der Arbeitsproduktivität. Diese entwickelt sich am schnellsten im sekundären Sektor, weniger schnell in der Landwirtschaft[89] und nur minimal bei Dienstleistungen. Nach *Fourastié* erreicht der Konsum von

89 Das ist als allgemeine Tatsachenaussage übrigens unzutreffend. So entwickelte sich die Produktivität in der Landwirtschaft nach dem Zweiten Weltkrieg in der Bundesrepublik schneller als die in der gewerblichen Wirtschaft allgemein.

Übersicht: Allgemeine Merkmale der Übergangsperiode nach Jean Fourastié

	Traditionale Zivilisation	Übergangsperiode			Tertiäre Zivilisation
Zeitraum	vor 1850	1850–1930 Anlaufphase	1930–3000 Expansionsphase	3000 + Endphase	Später
Technischer Fortschritt	nicht oder kaum vorhanden	beachtlich	groß	sehr groß	außerordentlich und ständig zunehmend
Beschäftiungsstruktur:					
primärer Sektor	stabil	abnehmend	abnehmend	abnehmend	stabil
sekundärer Sektor	stabil	zunehmend	stabil	abnehmend	stabil
tertiärer Sektor	stabil	langsam zunehmend	zunehmend	zunehmend	stabil
Preise (sehr langfristige Bewegungen)	stabil	beinahe stabil	sehr heftige Schwankungen	tendenzielles Übergewicht stabiler tertiärer Preise	stabil
Krisen	Krisen primärer Unterproduktion	leichte Krisen primärer Überproduktion	schwere Krisen primärer und sekundärer Überproduktion	schwere Krisen sekundärer Überproduktion	Krisen tertiärer Unterproduktion
Renten	langfristig stabile Grundrenten	Entstehung sekundärer Renten	Umsturz der Rentenstruktur	Verschwinden oder spürbare Reduzierung der primären und sekundären Renten	tertiäre Renten
Lebensstandard	sehr niedrig: langfristig stabil, kurzfristig sehr schwankend; große Einkommensunterschiede	stagnierend	schnell wachsend	tendiert langsam gegen ein Maximum	sehr hoch: kurz- und langfristig stabil; geringe Einkommensunterschiede; weiterhin tertiärer Mangel

Angelehnt an Flora 1974: 29

primären und sekundären Gütern einen Sättigungsgrad[90], weshalb sich das Wachstum der Nachfrage auf den tertiären Sektor verlagert. Weil hier kaum Rationalisierungen zu erwarten sind – sie würden meist die Qualität der Dienstleistung beeinträchtigen –, wird ein immer größerer Anteil der Erwerbstätigen im tertiären Sektor arbeiten. Das Endstadium ist eine „civilisation tertiaire", in der es ein neues Gleichgewicht und eine nur noch langsame Veränderung der Lebensweise geben wird. Auf lange Zeit hin werden wir aber noch in der Übergangsperiode einer Industriegesellschaft zu leben haben. In ihr gibt es Probleme aus wirtschaftlichen Krisen und Anomien, verbunden mit politischer Instabilität. Die Krisenhaftigkeit dieser Übergangszeit ist aber anders als die der traditionellen Zivilisationen. Folgten in diesen traditionellen Gesellschaften die Krisen aus der Unterproduktion, so resultieren sie in der Industriegesellschaft aus einer Überproduktion.

Noch nachhaltiger allerdings werden die Gesellschaften durch die Umschichtung der erwerbstätigen Bevölkerung belastet, die zu einer „desorientation intellectuelle et morale" führt. Dagegen setzt *Fourastié* eine Bildungsrevolution, die zu einem Hunger nach Tertiärem, zu einer „Nachfrage nach Seele" führe.

Die Zunahme der Produktivität und damit der steigende Lebensstandard führe aber auch zu Belastungen, denen man durch eine drastische Senkung der Lebensarbeitszeit begegnen müsse. Etwa 25 Jahre Lebensarbeit (bei einer Wochenarbeitszeit von 35 Stunden minus Ferien und Fehlzeiten) müssten nach ihm schließlich ausreichen (Fourastié 1966).

90 Auch das ist als Tatsachenaussage eine unzulässige Verallgemeinerung. Bei der Nahrungsmittelaufnahme ist zwar die Kalorienzahl konstant, aber die Wertschöpfung der Güter steigt fortwährend an. Analoges gilt für gewerbliche Güter. Hinzu kommt die Wirkung von Erfindungen wie in der Unterhaltungselektronik.

Übersicht: Stadien des Wirtschaftswachstums nach *W. W. Rostow* (Auszug)

Stadien	*Merkmale*
I. Traditionelle Gesellschaft	Geringes Produktivitätsniveau...; herausragende ökonomische Bedeutung der Landwirtschaft ... und große Bedeutung der Familien- und Stammesbeziehungen.
II. Anlaufphase	Wachstum eines zentralisierten Nationalstaates und Vergrößerung des wirtschaftlichen Marktes; langsame Verschiebung des wirtschaftlichen (Produktion und Investition) und politischen (Elite) Schwergewichtes vom primären zum sekundären und tertiären Wirtschaftssektor; ... Verdrängung der zugeschriebenen durch erworbene, spezialisierte Funktionen...
III. Take-Off oder Durchbruch	Der Beginn des Take-Off resultiert aus dem Zusammentreffen einer bestimmten vorangegangenen Entwicklung (Phase 2) mit einem spezifischen Impuls; einer politischen Revolution, einer technologischen Innovation, einer internationalen Konstellation ... rascher Anstieg der Investitionsrate auf mehr als 10 % des Volkseinkommens...
IV. Entwicklung zur Reife	Die Gesellschaft erschließt den Großteil ihrer Hilfsmittel der modernen Technologie, wobei neue Sektoren (Stahl, Elektrizität, Chemie usw.) eine führende Rolle übernehmen. ... Die Unternehmer wandeln sich von „Abenteurern" zu Managern bürokratischer Organisationen...
V. Jenseits der Reife	Das Interesse der Gesellschaft verlagert sich von den Problemen der Produktion zu den Problemen des Konsums und der Wohlfahrt im weitesten Sinne...

Angelehnt an Flora 1974: 49

2.

Die in der späteren Ökonomie einflussreichste Stufentheorie ist die von *Walt W. Rostow* (1916–2003) (Rostow 1960), die dieser von 1960 ab in verschiedenen Büchern entwickelte. Dabei richtete sich – seiner auch entwicklungspraktischen Perspektive entsprechend – sein Hauptinteresse auf die sogenannte Take-Off-Phase. Damit ist der Abschnitt in der Entwicklung gemeint, von dem ab Wachstum in Gang kommt und sich fortan selber trägt. In der weiteren Ausarbeitung fügte *Rostow* die vorhergehenden und folgenden Stufen hinzu, so dass insgesamt ein Fünf-Stufen-Modell entstand. Das orientiert sich an der Entwicklung in Westeuropa seit Mitte des 17. Jahrhunderts – womit *Rostow* zu den Sozialhistorikern zählt, die den Beginn der Entwicklung zur Industriegesellschaft viel weiter zurücklegen als in der deutschen Sozialgeschichte.

„Der Take-Off ist eine definitive Wasserscheide in der Gesellschaftsgeschichte: Der Prozess der Erfindungen ist nicht mehr sporadisch, sondern mehr oder weniger ein institutionalisierter Teil des gesellschaftlichen Lebens. Diese Kapazität gibt dem Take-Off-Abschnitt seine grundlegende historische Bedeutung“ (Rostow 1971: XXIII). Definiert wird diese Take-Off-Phase durch drei Eigenschaften (Rostow 1971: 292):

(1) Die produktiven Investitionen steigen von weniger als fünf auf mindestens zehn Prozent des Nettosozialproduktes an.
(2) Es entwickeln sich mehrere industrielle Sektoren mit hohen Wachstumsraten.
(3) Es besteht ein politischer, sozialer und institutioneller Rahmen, der ein stabiles Wirtschaften erlaubt.

Entsprechend seinem Interesse an Entwicklungspolitik betont *Rostow* die Bedeutung exogener Faktoren in der „Take-Off-Phase“.

Nach *Rostow* ist dieses Wachstum in der Take-Off-Phase ein bereichsspezifischer Prozess. Eine der Branchen wird Vorreiter mit hohen Produktivitätszuwächsen. Wenn diese abflachen, geht die Rolle des führenden Sektors auf eine andere Branche über. Dieser Prozess wiederholt sich, so dass das Wirtschaftswachstum eine Abfolge immer neuer Führungssektoren wird.

Nun wäre zu erwarten gewesen, dass *Rostow* hierzu eine inhaltliche Aussage formuliert – etwa welche Abfolge von Wirtschaftsbranchen zu erwarten oder optimal ist. Aber dies geschieht nicht, weil *Rostow* an anderer Stelle explizit sagt, es gebe keine allgemeine Theorie des Wachstums – wiewohl er an anderen Stellen ausführt, sein Fünf-Stufen-Modell dürfe universale Gültigkeit beanspruchen (Rostow 1971: 312). Es findet sich allerdings eine interessante weitere Wendung zu dieser defätistisch klingenden Äußerung; denn *Rostow* postuliert, dass es eine regelmäßige Abfolge von Problemen gibt, die im Entwicklungsprozess von Gesellschaften zu lösen sind – wobei sich dann die Lösungen untereinander unterscheiden können (Rostow 1971: 313). Das ist der gleiche Grundgedanke wie bei *Stein Rokkan*, und bei beiden geht er auf *Thomas H. Marshall* zurück (Marshall 1949, 1963).

Das weitere Interesse von *Rostow* gilt besonders der Untersuchung seiner dritten Bedingung, nämlich der Eigenschaften des politisch-sozialen institutionellen Rahmens, die für stetige Entwicklung notwendig sind. Politik erscheint ihm einerseits als ein Prozess der Mobilisierung von Menschen, Geld sowie Zustimmung und andererseits als Zuweisung von Ressourcen zu den verschiedenen gesellschaftlichen Bereichen (Rostow 1971: 346). Das wird von besonderer Bedeutung, wenn sich das Wachstum nach der Take-Off-Periode hin zur Entwicklung der Reife verlängert, also beim Übergang von der III. in die IV. Phase hinein. Hierfür untersucht *Rostow* historisch vergleichend acht Länder (insbesondere die USA und Rußland) in bezug auf eine größere Zahl quantitativer und qualitativer Indikatoren.

Diese Entwicklung von *Rostow* mündet in die New Political Economy, eine Entwicklung der Volkswirtschaftspolitik, welche der staatlichen Intervention und der politischen Garantie von Entwicklung eine Schlüsselstellung für die Überwindung wirtschaftlicher und gesellschaftlicher Unterentwicklung zuordnet.

Kritisch ist gegen *Rostow* vor allem zweierlei einzuwenden: Die erste der drei Voraussetzungen für eine sich selbst tragende wirtschaftliche Entwicklung, nämlich die Verdoppelung der Investitionen von fünf auf zehn Prozent, ist eine gegriffene Zahl,

Übersicht: Explizite und implizite Indikatoren der *Rostow*'schen Analyse

	Quantitative Indikatoren	*Qualitative Indiktatoren*
Wirtschafts-wachstum	Rate des Bevölkerungswachstums; Urbanisierungsgrad und -rate; Veränderungsrate des Brutto-Sozialprodukts pro Kopf der Bevölkerung; Brutto-Sozialprodukt und Arbeitsbevölkerung, aufgegliedert nach den drei Wirtschaftssektoren (in %); Staatsausgaben in % des Brutto-Sozialprodukts; Index der Nahrungsmittelpreise; Index des durchschnittlichen Realeinkommens; Zahl der Arbeitslosen in % der Arbeitsbevölkerung	
Wohlfahrt und Wachstum	*Wohlfahrt*: Anteil der Ausgaben für die „Wohlfahrt" (Bildung, soziale Sicherheit u. a.) an allen Staats-ausgaben; Anteil am Volkseinkommen: (a) Löhne und Gehälter (b) Unternehmerlöhne, Profite, Zinsen und Kapitalrenten *Wachstum:* Anteil der Ausgaben zur Förderung des Wirtschaftswachstums an allen Staatsausgaben	*Wohlfahrt*: Gesetzgebung zum Schutz der Arbeiter: Arbeits-und Vertrags-bedingungen; Sicherung gegen Alter, Krank-heit, Unfall, Invalidität und Arbeitslosigkeit; Steuergesetzgebung (progressive Einkommenssteuer); öffentliches Bildungswesen *Wachstum*: Schutzzölle: Freihandel gegen Protektionismus; direkte staatliche Unterstützung des Wachstums: Subventionen, Steuergesetzge-bung, Infrastruktur, Investitions-steuerung

Übersicht: Explizite und implizite Indikatoren der *Rostow*'schen Analyse (Forts.)

Konstitutionelle Ordnung	Zahl der Wahlberechtigten in % der Gesamtbevölkerung; Anteil der Ausgaben für die „innere Ordnung" an allen Staatsausgaben; Stabilität: Zahl der Regierungen (bzw. der Regierungswechsel); Zahl der Gewerkschaften; Zahl der Gewerkschaftsmitglieder in % der Arbeitsbevölkerung; Zahl der Streiks (bzw. der durch Streiks verlorenen Arbeitstage)	Allgemeine Grundrechte: „bürgerliche" Freiheitsrechte (Meinungs- und Pressefreiheit u. a.); „politische" Beteiligungsrechte (vor allem: Wahlrecht); Rechtssicherheit; Verfassungsrechte von Exekutive und Legislative (Budgetrecht u. a.); Rechte der Arbeiterklasse (Organisations- und Streikrecht u. a.); Rechte der besitzenden Klassen (Unternehmerfreiheit gegen staatliche Kontrolle u. a.)
Sicherheit	Anteil der Militärausgaben an allen Staatsausgaben; quantitative Indikatoren für: das militärische Potential, die Auf- und Abrüstung, die Kriegsbeteiligung, Außenhandel (-sbilanz), Zahlungsbilanz	internationale Verträge; Kriege (Beteiligungsform und Resultat); Gebietseroberungen; qualitative Indikatoren für: ökonomischen Imperialismus, Verstaatlichung ausländischer Unternehmen, Autarkiebestrebungen – ökonomische Koopeation

Entnommen aus Flora 1974: 83

die weder theoretisch begründet noch empirisch belegt ist. Dass ein Investitionsschub einen Entwicklungsprozess in Gang bringen kann, ist jedoch nicht fraglich – siehe die Wirkung des *Marshall*-Plans im zerstörten Europa nach dem Zweiten Weltkrieg. Empirisch widerlegt ist dagegen eine wichtige Behauptung *Rostows*, die Take-Off-Periode verlaufe schockartig und erstrecke sich lediglich über zwei bis drei Jahrzehnte. Die inzwischen vorgelegte wirtschaftshistorische Forschung in den älteren Industrieländern belegt eine viel allmählichere Entwicklung, als bei *Rostow* postuliert wird.

Beides ist aber für die entwicklungspraktische Bedeutung von *Rostow* nachrangig. Die Untersuchung der Beziehungen zwischen sozialer und wirtschaftlicher Entwicklung sowie politisch-staatlichem Rahmen ist für die Entwicklungshilfe von großer praktischer Bedeutung – auch wenn selbst im Nachhinein keine wirkliche Entwicklungstheorie erkennbar wird.

Zwischenbilanz

Mit „Entwicklung“ als Thema der in diesem Abschnitt zusammengefassten Arbeiten ist der Erklärungsbereich bei sozialem Wandel eingeengt. Die drei hier angeführten Kapitel bedeuten in ihrer Abfolge eine noch weitergehende Einengung von Entwicklung als nur noch auf Modernisierung. Üblicherweise nimmt mit der Einengung eines Erklärungsbereichs die Aussagekraft von empirischen Arbeitsbereichen zu. Hier ist das nicht allgemein der Fall.

Die umfangreichen quantitativen ethnologischen Projekte des „Cross Polity Survey“ und des „Human Relations Area File“ (HRAF) haben nicht das von ihren Protagonisten erhoffte Ergebnis erbracht. Sie waren ganz Produkte ihrer Zeit, wo neue Instrumente das Verarbeiten riesiger Datenmengen praktikabel werden ließen. Zum damaligen Zeitpunkt war jedoch die Aussagekraft vieler Daten zweifelhaft, so dass sich für dieses Arbeiten die spöttische Wendung „GIGA“ durchsetzte (Garbage in – garbage out) (Müll rein – Müll raus). Und dennoch war nicht all dies umsonst. Diese Projekte haben auch ohne fehlende Ergebnisse unser Wissen verlässlich vermehrt. Mit dem HRAF wurde nachgewiesen, dass es keinen einfachen Zusammenhang zwischen Wirtschaftsweise und sozialen Strukturen gibt. Bestimmte Wirtschaftsweisen wie Großviehzüchtung legen bestimmte soziale Strukturen nahe, wie Familien- und Verwandtschaftssysteme, determinieren sie aber nicht. Unbequemlichkeiten zwischen den Teilen einer Sozialordnung können von den

Menschen als eine der vielen Belastungen hingenommen werden, mit der allgemein eine jede Gesellschaft zu leben hat.

Weiter lehren uns ethnologische Berichte, wie flexibel selbst schriftlose Kulturen sein können. Daneben gibt es auch viele Fälle von großer Resistenz gegenüber Eingriffen von außen. In der Entwicklungshilfe wurde in der Phase der „Unschuld“ eine Veränderung hin zur eigenen, westlichen Gesellschaft als Ziel erwartet. Da wurde mit Verblüffung erfahren, wie sehr die meisten der geförderten Länder mit starken sozialen Zusammenhängen leben. Erst durch die neuere Sozialgeschichte wird den Sozialwissenschaftlern deutlich, wie sehr ihr eigener Weg zu den heutigen Wirtschaftsgesellschaften „pfadabhängig“ (path dependent) war – im Verlaufe der Veränderungen übrigens stärker als im heutigen Zustand.

Die zu ihrer Zeit viel beachteten Modernisierungstheorien der quantitativ vorgehenden Ökonomen sind von heute aus gesehen vielleicht am wenigsten instruktiv gewesen. Insbesondere die Behauptung, die numerische Dominanz des tertiären Sektors als Quelle für Beschäftigung sei ein Indiz für Modernität, ist zum Alltagswissen in Führungskreisen geworden. Bedauerlicherweise – denn „Dienstleistung“ ist eine Sammelbezeichnung für sozial völlig Heterogenes. Nachdenkenswert ist die damalige Akzeptanz von *Fourastié* in den Sozialwissenschaften. Seine Vision des Schrumpfens der Lebensarbeitszeit auf 25 Jahre abstrahiert völlig von der Existenz der Wohlfahrtsstaats-Systeme und der Notwendigkeit, diese durch so gewaltige Transfer-Zahlungen zu finanzieren, wie sie in der Geschichte auch entfernt kein Vorbild haben.

Literaturverzeichnis

Alber, Jens (1982): Vom Armenhaus zum Wohlfahrtsstaat. Analysen zur Entwicklung der Sozialversicherung in Westeuropa. Frankfurt am Main: Campus

Alexander, Jeffrey C. (1985): Neofunctionalism. Beverly Hills: Sage

Alexander, Jeffrey C. (1989): The New Theoretical Movement. In: Smelser (1988): 77–101

Alexander, Jeffrey C. / Colomy, Paul (Eds.) (1990): Differentiation Theory and Social Change. New York: Columbia University Press

Alexander, Jeffrey C. (1992): The Fragility of Progress. An Interpretation of the Turn Toward Meaning in Eisenstadt's Later Work. In: Acta Sociologica 35, 2, 85–94

Alexander, Jeffrey C. (2000): Das Versprechen einer Kultursoziologie. In: Bögenhold (2000): 149–175

Allen, William S. (1981): Die deutsche Öffentlichkeit und die 'Reichskristallnacht'. In: Peukert et al. (1981): 397–411

Allen, William S. (1989): The Nazi Seizure of Power: The Experience of a Single German Town, 1922–1945. Rev. Ed., Harmondsworth: Penguin

Allgemeiner Freier Angestelltenbund (Hrsg.) (1928): Die Angestelltenbewegung. Geschichts- und Handbuch der Wirtschafts-, Sozial- und der Gewerkschaftspolitik. Berlin: Freier Volksverlag

Aron, Raymond, (1971): Hauptströmungen des soziologischen Denkens. Bd. 1, Köln: Kiepenheuer & Witsch, 71–200

Aron, Raymond, (1971): Hauptströmungen des soziologischen Denkens. Bd. 2, Köln: Kiepenheuer & Witsch, 19–250

Banks, Arthur S. / Textor, Robert B. (1963): A Cross-Polity Survey. Cambridge: M.I.T. Press

Barkai, Avraham (1977): Das Wirtschaftssystem des Nationalsozialismus. Ideologie, Theorie, Politik 1933–1945. Frankfurt am Main

Becher, Heribert J. (1980): Albert Eberhard Friedrich Schäffle. In: Bernsdorf et al. (1980): 373 f.

Beckerath, Erwin von (Hrsg.) (1956–1968): Handwörterbuch der Sozialwissenschaften. 12 Bde., Stuttgart: G. Fischer, Tübingen: Mohr, Göttingen: Vandenhoeck & Ruprecht

Bedeschi, Guiseppe (Hrsg.) (1992): Enciclopedia Della Scienze Sociali. Bd. 2, Rom: Istituto della Enciclopedia Italiana

Bell, Daniel (1976a): The Cultural Contradictions of Capitalism. New York: Basic Books

Bell, Daniel (1976b): Die nachindustrielle Gesellschaft. Frankfurt am Main: Campus

Bell, Daniel (1976c): Die Zukunft der westlichen Welt. Frankfurt am Main: Fischer

Bellebaum, Alfred (1966): Das soziologische System von Ferdinand Tönnies unter besonderer Berücksichtigung seiner soziographischen Untersuchungen. Meisenheim am Glan: Anton Hain

Bellebaum, Alfred (1976): Ferdinand Tönnies. In: Kaesler (1976): 232–266

Belshaw, Cyril S. (1972): Anthropology. In: International Social Science Journal 24, 1, 80–94

Berle, Adolf A. / Means, Gardiner C. (1932): The Modern Corporation and Private Property. New York: MacMillan (erweiterte Neuauflage 1991, New Brunswick: Transaction Publishers)

Bernsdorf, Wilhelm (Hrsg.) (1969): Wörterbuch der Soziologie. 2. Aufl., Stuttgart: Enke

Bernsdorf, Wilhelm / Knospe, Horst (Hrsg.) (1980): Internationales Soziologenlexikon. Bd. 1: Beiträge über bis Ende 1969 verstorbene Soziologen. 2. neubearbeitete Aufl., Stuttgart: Enke

Berry, J. W. (1980): Social and Cultural Change. In: Triandis et al. (1980): 218

Black, Max (Ed.) (1961): The Social Theories of Talcott Parsons. Englewood Cliffs: Prentice-Hall

Blasius, Dirk / Pankoke, Eckart (1977): Lorenz von Stein. Geschichts- und gesellschaftswissenschaftliche Perspektiven. Darmstadt: Wissenschaftliche Buchgesellschaft

Boas, Franz (1940): Race, Language, and Culture. New York: MacMillan

Bock, Kenneth E. (1963): Evolution, Function and Change. In: American Sociological Review 28, 2, 229–237

Bögenhold, Dieter (Hrsg.) (2000): Moderne amerikanische Soziologie. Stuttgart: Lucius & Lucius

Bottomore, Tom / Nisbet, Robert A. (Eds.) (1979): A History of Sociological Analysis. London: Heinemann

Boudon, Raymond / Bourricaud, François (1992): Soziologische Stichworte. Opladen: Westdeutscher Verlag

Braudel, Fernand (1986): Die Dynamik des Kapitalismus. Stuttgart: Klett-Cotta

Brinkmann, Carl (1956): Historische Schule. In: Beckerath (1956): 121–126

Broszat, Martin (1969): Der Staat Hitlers. München: dtv

Bücher, Karl (1893): Entstehung der Volkswirtschaft. Tübingen: Laupp

Bundeszentrale für politische Bildung (Hrsg.) (1985): Die Weimarer Republik. Informationen zur Politischen Bildung 109/110. Bonn

Burgess, Ernest W. (Ed.) (1926): The Urban Community. Chicago: University of Chicago Press

Burnham, James (1941). The Managerial Revolution. New York: John Day

Buß, Eugen / Schoeps, Martina (1979): Die gesellschaftliche Entdifferenzierung. In: Zeitschrift für Soziologie 8, 4, 315–329

Buß, Eugen (1985): Lehrbuch der Wirtschaftssoziologie. Berlin et al.: de Gruyter

Cantril, Hadley (1951): Public Opinion: 1935–1946. Princeton: Princeton University Press

Cantril, Hadley (1965): The Pattern of Human Concerns. New Brunswick: Rutgers University Press

Carroll, William K. / Fennema, Meindert (2002): Is There a Transnational Business Community? In: International Sociology 17, 3, 393–419

Castells, Manuel (1996): The Rise of the Network Society. The Information Age: Economy, Society and Culture. Vol. 1, Oxford: Blackwell

Childe, Vere Gordon (1951): Social Evolution. London: Watts

Clark, Colin (1940): The Conditions of Economic Progress. London: MacMillan

Comte, Auguste (1830–42): Cours de philosophie positive. Paris: Bachelier (dt. 1923: Die letzten drei Bände des "Cours", Soziologie. 3 Bde., 2. Aufl., Jena: Fischer. Zuerst 1907–11)

Condorcet, Jean-Ambroise de (1976): Entwurf einer historischen Darstellung der Fortschritte des menschlichen Geistes. Hrsg. von Wilhelm Alff. Frankfurt am Main: Suhrkamp

Conrad, Johannes et al. (Hrsg.) (1909–1911): Handwörterbuch der Staatswissenschaften. 8 Bde., 3., gänzl. umgearb. Aufl., Jena: Fischer

Cooley, Charles H. (1902): Human Nature and the Social Order. New York et. al.: Charles Scribner's Sons

Cooley, Charles H. (1909): Social Organization. A Study of the Larger Mind. New York et al.: Charles Scribner's Sons

Cooley, Charles H. (1956): The Two Major Works. Social Organization and Human Nature and the Social Order. Glencoe: Free Press

Coser, Lewis A. (1956): The Functions of Social Conflict. New York: Free Press

Coser Lewis A. / Larsen, Otto N. (Eds.) (1976): The Uses of Controversy in Sociology. New York: Free Press

Coser, Lewis A. (1979): American Trends. In: Bottomore et al. (1979): 187–320

Coser, Lewis A. (1980): Edward Alsworth Ross. In: Bernsdorf (1980): 357 f.

Counts, George S. (1932): Dare the School Build a New Social Order? New York: John Day

Cremin, Lawrence A. (1957): The Progressive Movement in American Education. A Perspective. In: Harvard Educational Review 27, 251–270

Croner, Fritz (1954): Die Angestellten in der modernen Gesellschaft. Frankfurt am Main: Humboldt

Croner, Fritz (1969): Angestellte. In: Bernsdorf (1969): 23–26

Dahmer, Helmut / Fleischer, Helmut (1976): Karl Marx. In: Kaesler (1976): 62–158

Dahrendorf, Ralf (1965): Gesellschaft und Demokratie in Deutschland. München: Piper

Darwin, Charles (1859): On the Origin of Species by Means of Natural Selection, or the Preservation of Favoured Races in the Struggle of Life. 2 Vols., London: John Murray

Davies, James C. (1962): Toward a Theory of Revolution. In: American Sociological Review 27, 1, 5–19

Dreyfuss, Carl (1933): Beruf und Ideologie der Angestellten. München: Duncker & Humblot

Duprat, Guillaume L. et al. (1932): Gründer der Soziologie: Eine Vortragsreihe. Sozialwissenchaftliche Bausteine. Bd. 4, Jena: G. Fischer

Durkheim, Emile (1893): De la division du travail social. Paris: Alcan (7. Aufl., Paris: Press Université de France 1960)

Durkheim, Emile (1897) Le Suicide: Etude de sociologie. Paris: Alcan (Neuausgabe 1960, 3. Nachdruck 1969)

Durkheim, Emile (1912): Les formes élémentaires de la vie religieuse. Paris: Alcan (4. Aufl., Paris 1960)

Durkheim, Emile (1977): Über die Teilung der sozialen Arbeit. Frankfurt am Main: Suhrkamp

Eggan, Frederick (1963): Cultural Drift and Social Change. In: Current Anthropology 4, 4, 347–355

Eisenstadt, Shmuel N. (1963): The Political Systems of Empires. New York: Free Press

Eisenstadt, Shmuel N. (1964): Institutionalization and Change. American Sociological Review 29, 2, 235–247

Eisenstadt, Shmuel N. (1966): Modernization, Protest and Change. Englewood Cliffs: Prentice Hall

Eisenstadt, Shmuel N. (1968): Evolution. In: Sills (1968): 230 f.

Eisenstadt, Shmuel N. (Ed.) (1970): Readings in Social Evolution and Development. Oxford et al.: Pergamon Press

Eisenstadt, Shmuel N. (Ed.) (1971): Political Sociology. New York: Basic Books

Eisenstadt, Shmuel N. (1978): Revolution and the Transformation of Societies. New York: Free Press

Eisenstadt, Shmuel N. (1982): The Axial Age. The Emergence of Transcendental Visions and the Rise of Clerics. In: European Journal of Sociology 23, 2, 294–314

Eisermann, Gottfried (1980): Ludwig Gumplowicz. In: Bernsdorf et al. (1980): 160 f.

Elben, Wolfgang (1985): Die Weimarer Republik. 7. Aufl., Frankfurt am Main: Diesterweg

Elias, Norbert (1969): Die höfische Gesellschaft. Neuwied: Luchterhand

Elias, Norbert (1976): Wandlungen des Verhaltens in den westlichen Oberschichten des Abendlandes. Über den Prozess der Zivilisation. Bd. 1, Frankfurt am Main: Suhrkamp

Elias, Norbert (1976): Wandlungen der Gesellschaft. Entwurf zu einer Theorie der Zivilisation. Über den Prozess der Zivilisation. Bd. 2, Frankfurt am Main: Suhrkamp

Engels, Friedrich (1884): Der Ursprung der Familie, des Privateigentums und des Staates. Hottingen-Zürich: Schweizerische Genossenschaftsbuchdruckerei

Engels, Friedrich (1888): Ludwig Feuerbach und der Ausgang der klassischen Philosophie. Stuttgart: Dietz

Engels, Friedrich (1891): Die Entwicklung des Sozialismus von der Utopie zur Wissenschaft. 4. vervollst. Aufl., Berlin: Vorwärts

Engels, Friedrich / Marx, Karl (1946): Das kommunistische Manifest. Berlin: Verlag Neuer Weg

Encyclopaedia Britannica (1964): Vol. 21

Eppelmann, Rainer et al. (Hrsg.) (1996): Lexikon des DDR-Sozialismus. Das Staats- und Gesellschaftssystem der Deutschen Demokratischen Republik. Paderborn et al.: Schöningh

Erdmann, Karl Dietrich (1986): Die Weimarer Republik. 7. Aufl., München: dtv

Erdmann, Karl Dietrich (1987): Deutschland unter der Herrschaft des Nationalsozialismus 1933–1939. 6. Aufl., München: dtv

Faris, Ellsworth (1932): The Primary Group: Essence and Accident. In: American Journal of Sociology 37, 41–50

Flora, Peter (1974): Modernisierungsforschung. Zur empirischen Analyse der gesellschaftlichen Entwicklung. Opladen: Westdeutscher Verlag

Flora, Peter (1981): Stein Rokkans Makro-Modell der politischen Entwicklung Europas. In: Kölner Zeitschrift für Soziologie und Sozialpsychologie 33, 3, 397–436

Flora, Peter (1987): The Growth of Industrial Societies and Capitalist Economics. State, Economy and Society in Western Europe 1815–1975. Bd. 2, Frankfurt: Campus

Forester, Tom (Ed.) (1980): The Microelectronics Revolution. Oxford: Blackwell

Fourastié, Jean (1954): Die große Hoffnung des 20. Jahrhunderts. Köln: Bund

Fourastié, Jean (1966): Die 40.000 Stunden. Aufgaben und Chancen der sozialen Evolution. Düsseldorf et al.: Econ

Freyer, Hans (1923): Theorie des objektiven Geistes. Leipzig: Teubner

Freyer, Hans (1925): Der Staat. Leipzig: Rechfelden

Freyer, Hans (1930): Soziologie als Wirklichkeitswissenschaft. Leipzig: Teubner

Freyer, Hans (1931): Revolution von rechts. Jena: Diederichs

Freyer, Hans (1955): Theorie des gegenwärtigen Zeitalters. Stuttgart: Deutsche Verlagsanstalt

Friedmann, Friedrich (Hrsg.) (1927): Arminius. Kampfschrift für deutsche Nationalisten. Berlin: Arminius Verlag

Friedrich, Carl J. (1950): Constitutional Government and Democracy. Rev. Ed., Boston et al.: Ginn

Fromm, Erich (1983): Arbeiter und Angestellte am Vorabend des Dritten Reiches. München: dtv

Frontinus-Gesellschaft (Hrsg.) (1987): Die Wasserversorgung antiker Städte. Mainz: von Zabern

Gabler-Wirtschafts-Lexikon (1988): Wiesbaden: Gabler

Garmendia, J. A. (1980): Ortega y Gasset. In: Bernsdorf et al. (1980): 317

Geiger, Theodor (1932): Die soziale Schichtung des deutschen Volkes. Soziographischer Versuch auf statistischer Grundlage. Stuttgart: Enke

Geißler, Heiner (Hrsg.) (1978): Verwaltete Bürger. Gesellschaft in Fesseln. Bürokratisierung und ihre Folgen für Staat, Wirtschaft und Gesellschaft. Frankfurt am Main et al.: Ullstein

Gibbon, Edward (1776–88): History of the Decline and Fall of the Roman Empire. 6 Vols., London: Strahan & Cadell

Giddens, Anthony (1976): New Rules of Sociological Method. A Positive Critique of Interpretative Sociologies. New York: Basic Books

Giddings, Franklin Henry (1898): Elements of Sociology. New York et al.: MacMillan

Ginsberg, Morris (1956): On the Diversity of Morals. Essays in Sociology and Social Philosophy. Vol. 1, London: Heinemann

Girndt, Helmut (1967): Das soziale Handeln als Grundkategorie erfahrungswissenschaftlicher Soziologie. Tübingen: Mohr (Siebeck)

Gleitze, Bruno (1960): Wirtschafts- und sozialstatistisches Handbuch. Köln: Bund

Goerner, Martin Georg / Wilke, Manfred (1996): Sozialismus. In: Eppelmann et al. (1996): 537–544

Goffman, Erving (1959): The Presentation of Self in Everyday Life. Garden City: Doubleday

Gouldner, Alvin W. / Peterson, Richard A. (1962): Notes on Technology and the Moral Order. Indianapolis: Bobbs-Merrill

Granovetter, Mark (1973): The Strength of Weak Ties. In: American Journal of Sociology 78, 6, 1360–1380

Granovetter, Mark (1992a): Society and Economy. The Social Construction of Economic Institutions. Cambridge: Harvard University Press

Granovetter, Mark (1992b): The Sociology of Economic Life. Boulder: Westview Press

Guggenberger, Bernd (1973): Die Neubestimmung des subjektiven Faktors im Neomarxismus. Eine Analyse des voluntaristischen Geschichtsverständnisses der Neuen Linken. Freiburg et al.: Alber

Gumplowicz, Ludwig (1926–38): Ausgewählte Werke. Hrsg. von Oppenheimer, Franz / Salomon, Gottfried. 4 Bde., Innsbruck: Wagner

Habermas, Jürgen (1981): Theorie des kommunikativen Handelns. 2 Bde., Frankfurt am Main: Suhrkamp

Hägermann, Dieter / Schneider, Helmuth (1997): Landbau und Handwerk. Propyläen Technikgeschichte. Bd. 1, Berlin: Propyläen

Haferkamp, Hans / Smelser, Neil J. (Eds.) (1992): Social Change and Modernity. Berkeley: University of California Press

Handwörterbuch der Sozialwissenschaften (1956): 12 Bde. Bd. 1, Stuttgart et. al.: Fischer et al.

Handwörterbuch der Sozialwissenschaften (1978): Bd. 4, Stuttgart et. al.: Fischer et al.

Harms, Bernhard (Hrsg.) (1931): Kapital und Kapitalismus. Berlin: Reimar Hobbing

Hegel, Friedrich Wilhelm (1971): Theorie-Werkausgabe. Frankfurt am Main: Suhrkamp

Heins, Volker (1992): Max Webers Sozialismuskritik. In: Zeitschrift für Politik 39, 4, 377–393

Helfferich, Karl (1913): Deutschlands Volkswohlstand 1888–1913. Berlin: Stilke

Herf, Jeffrey (1984): Reactionary Modernism. Technology, Culture, and Politics in Weimar and the Third Reich. Cambridge: Cambridge University Press

Herskovits, Melville I. (1938): Acculturation. The Study of Culture Contact. New York: J. J. Augustin

Hielscher, Friedrich (Hrsg.) (1930/31): Das Reich. Berlin: Verlag „Das Reich"

Hildebrand, Bruno (1864): Natural-, Geld- und Kreditwirtschaft. In: Jahrbücher für Nationalökonomie und Statistik 2, 1–24

Hilferding, Rudolf (1931): Die Eigengesetzlichkeit der kapitalistischen Entwicklung. In: Harms (1931)

Hobhouse, Leonard T. (1901): Mind in Evolution. London: MacMillan

Hobhouse, Leonard T. (1906): Morals in Evolution. London: Chapman & Hall

Hobhouse, Leonard T. (1924): Social Development. Its Nature and Conditions. London: Allen & Unwin

Hobhouse, Leonard T. et al. (1915): The Material Culture and Social Institutions of the Simpler Peoples. An Essay in Correlation. London: Chapman & Hall

Hobsbawm, Eric J. (1980): Die Blütezeit des Kapitals. Eine Kulturgeschichte der Jahre 1848–1875. Frankfurt am Main: Fischer

Hobsbawm, Eric J. (1987): The Age of Empire. 1875–1914. London: Weidenfeld & Nicolson

Hofstadter, Richard (1955): Social Darwinism in American Thought. Boston: Beacon Press

Inkeles, Alex (1974): Becoming Modern. Cambridge: Harvard University Press

Inkeles, Alex (1983): Exploring Individual Modernity. New York: Columbia University Press

James, William (1890): Principles of Psychology. 2 Vols., New York: H. Holt

Jasper, Gerhard (1986): Die gescheiterte Zähmung. Wege zur Machtergreifung Hitlers 1930–34. Frankfurt am Main: Suhrkamp

Jensen, Stefan (1978): Interpenetration. Zum Verhältnis personaler und sozialer Systeme. In: Zeitschrift für Soziologie 7, 2, 116–129

Jensen, Stefan (1980): Talcott Parsons. Stuttgart: Teubner

Joas, Hans (1988): Die Antinomien des Neofunktionalismus. Eine Auseinandersetzung mit Jeffrey Alexander. In: Zeitschrift für Soziologie 17, 4, 272–285

Jünger, Ernst (1920): Im Stahlgewitter. Hannover: Selbstverlag des Verfassers

Jünger, Ernst (1922): Der Kampf als inneres Erlebnis. Berlin: E. S. Mittler

Jünger, Ernst (1926): Feuer und Blut. Magdeburg: Frundsberg

Jünger, Ernst (1931): Die totale Mobilmachung. Berlin: Verlag für Zeitkritik

Jünger, Ernst (1932): Der Arbeiter. Herrschaft und Gestalt. Hamburg: Hanseatische Verlags-Anstalt

Jünger, Friedrich Georg (1927): Opium fürs Volk. In: Friedmann (1927): 4–6

Jünger, Friedrich Georg (1930): Revolution und Diktatur. In: Hielscher (1930/31): 9–12
Kaase, Max / Schmid, Günther (Hrsg.) (1999): Eine lernende Demokratie. 50 Jahre Bundesrepublik Deutschland. WZB-Jahrbuch. Berlin: Edition Sigma
Kaesler, Dirk (Hrsg.) (1976): Klassiker des soziologischen Denkens. Bd. I: Von Comte bis Durkheim. München: Beck
Kaesler, Dirk (Hrsg.) (1978): Klassiker des soziologischen Denkens. Bd. II: Von Weber bis Mannheim. München: Beck
Kaesler, Dirk (1978): Max Weber. In: Kaesler (1978): 40–177
Kaesler, Dirk (Hrsg.) (2002): Max Weber. Schriften. 1894–1922. Stuttgart: Kröner
Kalberg, Stephen (1987): The Origin and Extension of Culture Pessimism. In: Sociological Theory 5, 2, 150–164
Kant, Immanuel (1784): Idee zu einer allgemeinen Geschichte in weltbürgerlicher Absicht. Biester (Hrsg.): Berlinische Monatsschrift 4, Berlin: Haude und Spener
Kellenbenz, Hermann (1965): Wirtschaftsstufen. In: Beckerath (1956–1968): 263
Kellermann, Paul (1976): Herbert Spencer. In: Kaesler (1976): 159–200
Kelpanides, Michael (1999): Das Scheitern der Marxschen Theorie und der Aufstieg des westlichen Neomarxismus. Über die Ursachen einer unzeitgemäßen Renaissance. Bern et al.: Lang
König, René (1967a): Soziologie. Fischer Lexikon. Umgearbeitete und erweiterte Neuausgabe, Frankfurt am Main: Fischer
König, René (Hrsg.) (1967b): Handbuch der empirischen Sozialforschung. 2. veränd. Aufl., Bd. 1, Stuttgart: Enke
König, René (1976a): Saint-Simon. In: Die Großen der Weltgeschichte. Bd. 7, Zürich: Kindler, 114–129
König, René (1976b): Auguste Comte. In: Die Großen der Weltgeschichte. Bd. 7, Zürich: Kindler, 592–603
König, René (1976c): Durkheim. In: Kaesler (1976): 312–364

König, René (1976d): Neues über Emile Durkheim In: Kölner Zeitschrift für Soziologie und Sozialpsychologie 28: 309–326

König, René (1976e): Nochmals Durkheim. In: Kölner Zeitschrift für Soziologie und Sozialpsychologie 28: 779–791

König, Wolfgang (Hrsg.) (1997): Propyläen Technikgeschichte. 5 Bde., Berlin: Propyläen

König, Wolfgang / Weber, Wolfhard (1997): Netzwerk, Stahl und Strom. 1840 bis 1914. Propyläen Technikgeschichte. Bd. 4, Berlin: Propyläen

Korte, Hermann (1993): Einführung in die Geschichte der Soziologie. 2. Aufl., Opladen: Leske + Budrich

Kofler, Leo (1955): Die Gesellschaftsauffassungen des historischen Sozialismus. In: Ziegenfuss (1955–1956): 512–529

Kondratieff, Nikolai D. (1926): Die langen Wellen der Konjunktur. In: Archiv für Sozialwissenschaft und Sozialpolitik 56, 3, 573–609

Kondratieff, Nikolai D. (1928): Die Preisdynamik der industriellen und landwirtschaftlichen Waren. In: Archiv für Sozialwissenschaft und Sozialpolitik 60, 2, 1

Korte, Hermann (1993): Einführung in die Geschichte der Soziologie. 2. Aufl. Opladen: Leske + Budrich

Kracauer, Siegfried (1930): Die Angestellten. Aus dem neuesten Deutschland. Frankfurt am Main: Societäts-Verlag

Kracauer, Siegfried (1963): Das Ornament der Masse. Frankfurt am Main: Suhrkamp

Kroeber, Alfred L. (1923): Anthropology. New York: Harcourt, Brace & Co.

Laumann, Edward O. (1973): Bonds of Pluralism. New York et al.: Wiley

Lederer, Emil (1912): Die Privatangestellten in der modernen Wirtschaftsentwicklung. Tübingen: Mohr

Lederer, Emil (1928): Die Umschichtung des Proletariats. In: Allgemeiner Freier Angestelltenbund (1928)

Lepsius, M. Rainer (2001): Die deutsche Vereinigung. Ereignisse, Optionen und Entscheidungen. In: Schluchter et al. (2001): 39–63

Lerner, Daniel (1958): The Passing of Traditional Society. Modernizing the Middle East. Glencoe: Free Press

Lerner, Daniel (1968): Modernization. Social Aspects. In: Sills (1968): 386–395

Levy, Marion J. Jr. (1952): The Structure of Society. Princeton: Princeton University Press

Lewis, Arthur W. (1955): The Theory of Economic Growth. Homewood: Irvin

Lichtblau, Klaus (1997): Georg Simmel. Frankfurt am Main: Campus

Lieber, Hans-Joachim / Helmer, Gerd (Hrsg.) (1988): Marx-Lexikon. Zentrale Begriffe der politischen Philosophie von Karl Marx. Darmstadt: Wissenschaftliche Buchgesellschaft

Linton, Ralph (Hrsg.) (1945): The Science of Man in the World Crisis. New York: Columbia University Press

Lipset, Seymour M. (1963): The First New Nation. New York: Basic Books

Lipset, Seymour M. / Rokkan, Stein (Eds.) (1967): Party Systems and Voter Alignment. New York: Free Press

Lipset, Seymour M. (1981): The Limits of Social Science. In: Public Opinion 4, 5, 2–9

List, Friedrich (1883): Das nationale System der Politischen Ökonomie. 3. Aufl., Stuttgart: Cotta

Littek, Wolfgang / Charles, Tony (Eds.) (1995): The New Division of Labour. Emerging Forms of Work Organisation in International Perspective. Berlin et al.: de Gruyter

Littek, Wolfgang / Heisig, Ulrich (1995): Taylorism Never Got Hold of Skilled White-Collar Work in Germany. In: Littek et al. (1995): 373–395

Löw, Konrad (1982): Die Lehre des Karl Marx. Dokumentation. Kritik. Köln: Deutscher Instituts-Verlag

Lüschen, Günther / Lupri, Eugen (Hrsg.) (1970): Soziologie der Familie. Kölner Zeitschrift für Soziologie und Sozialpsychologie. Sonderheft 14. Opladen: Westdeutscher Verlag

Luhmann, Niklas (1962): Funktion und Kausalität. In: Kölner Zeitschrift für Soziologie und Sozialpsychologie, 14, 617–644

Luhmann, Niklas (1974): Soziologische Aufklärung. Bd. 1: Aufsätze zur Theorie sozialer Systeme. 4. Aufl., Opladen: Westdeutscher Verlag

Luhmann, Niklas (1975): Soziologische Aufklärung. Bd. 2: Aufsätze zur Theorie der Gesellschaft. Opladen: Westdeutscher Verlag

Luhmann, Niklas, (1977): Differentiation of Society. In: Canadian Journal of Sociology 2, 1, 29–53

Luhmann, Niklas (1978): Handlungstheorie und Systemtheorie. In: Kölner Zeitschrift für Soziologie und Sozialpsychologie 30, 2, 211–227

Luhmann, Niklas (1984): Soziale Systeme. Grundriß einer allgemeinen Theorie. Frankfurt am Main: Suhrkamp

Luhmann, Niklas (1987): Soziologische Aufklärung. Bd. 4: Beiträge zur funktionalen Differenzierung der Gesellschaft. Opladen: Westdeutscher Verlag

Luhmann, Niklas (1991): Soziologische Aufklärung. Bd. 1: Aufsätze zur Theorie sozialer Systeme. 6. Aufl., Opladen: Westdeutscher Verlag

Luhmann, Niklas (1992): Beobachtungen der Moderne. Opladen: Westdeutscher Verlag

Luhmann, Niklas (1997): Die Gesellschaft der Gesellschaft. 2 Bde., Frankfurt am Main: Suhrkamp

Machiavelli, Niccolò (1532): Il Principe. Rom: Antonio Blado

MacIver, Robert A. / Page, Charles H. (1949): Society. An Introductory Analysis. New York: Holt, Rinehart & Winston

Maine, Henry S. (1960): Ancient Law. It's Connection With the Early History of Society, and Its Relations to Modern Ideas (1861). Rev. ed., London: Oxford University Press

Malinowski, Bronislaw (1929): The Sexual Life of Savages in North-Western Melanesia. New York: Harcourt, Brace & World

Malinowski, Bronislaw (1935): Coral Gardens and Their Magic. London: Allen & Unwin

Mann, Fritz Karl (1932): Albert Schäffle als Wirtschafts- und Finanzsoziologe. In: Duprat, Guillaume L. et al. (1932)

Mann, Reinhard (Hrsg.) (1980): Die Nationalsozialisten. Analysen faschistischer Bewegungen. Stuttgart: Klett-Cotta

Mannheim, Karl (1929): Ideologie und Utopie. Bonn: Verlag Friedrich Cohen

Marcuse, Herbert (1968): Kultur und Gesellschaft. Bd. 1, 8. Aufl., Frankfurt am Main: Suhrkamp

Marcuse, Herbert (1968): Kultur und Gesellschaft. Bd. 2, 6. Aufl., Frankfurt am Main: Suhrkamp

Marshall, Gordon (Ed.) (1994): The Concise Oxford Dictionary of Sociology. Oxford: Oxford University Press

Marshall, Thomas H. (1949): Citizenship and Social Class. In: Marshall (1977): 71–134

Marshall, Thomas H. (1963): Sociology at the Cross-roads. London: Heinemann

Marshall, Thomas H. (1977): Class, Citizenship and Social Development. Chicago: University of Chicago Press

Marx, Karl (1953a): Zur Kritik der politischen Ökonomie. In: Marx et al. (1953e): 336–350

Marx, Karl (1953b): Der achtzehnte Brumaire des Louis Bonaparte. In: Marx et al. (1953e): 226–318

Marx, Karl (1953c): Der Bürgerkrieg in Frankreich. In: Marx et al. (1953e): 442–515

Marx, Karl / Engels, Friedrich (1953d): Manifest der Kommunistischen Partei. In: Marx at al.: (1953e): 15–54

Marx, Karl / Engels, Friedrich (1953e): Ausgewählte Schriften. 2 Bde., Stuttgart: Verlag Das Neue Wort

Massing, Otwin (1976): Comte. In: Kaesler (1976): 19–61

McClelland, David et al. (1953): The Achievement Motive. New York: Appleton-Century-Crofts

McClelland, David (1961): The Achieving Society. Princeton: Van Nostrand

Merton, Robert K. (1949): Social Theory and Social Structure. Glencoe: Free Press

Merton, Robert K. / Lazarsfeld, Paul F. (Eds.) (1950): Continuities in Social Research. Studies in the Scope and Method of the American Soldier. Glencoe: Free Press

Merton, Robert K. / Rossi, Alice (1950): Contributions to the Theory of Reference Group Behavior. In: Merton et al. (1950): 40–105

Merton, Robert K. et al. (Eds.) (1959): Sociology Today. Problems and Prospects. New York: Basic Books

Mikl-Horke, Gertraude (1992): Soziologie. Historischer Kontext und soziologische Theorie-Entwürfe. 2. durchges. Aufl., München: Oldenbourg

Mikl-Horke, Gertraude (1999): Historische Soziologie der Wirtschaft. München: Oldenbourg

Mikl-Horke, Gertraude (2001): Soziologie. Historischer Kontext und soziologische Theorie-Entwürfe. 5., vollst. überarb. u. erw. Aufl., München: Oldenbourg

Moeller van den Bruck, Arthur (1923): Das dritte Reich. Berlin: Ring

Mommsen, Wolfgang J. (1974): Max Weber als Kritiker des Marxismus. In: Zeitschrift für Soziologie 3, 3, 256–278

Mongardini, Carlo (Hrsg.) (1991): Due Dimensioni Della Società. L'Utile e la Morale. Rom: Bulzoni

Moore, E. Wilbert (1979): Functionalism. In: Bottomore et al. (1979): 543–548

Morgan, Lewis Henry (1851): The League of the Ho-dé-no-sau-nee or Iroquois. New York: M. H. Newman & Co.

Morgan, Lewis Henry (1852): Diffusion Against Centralization. Rochester

Morgan, Lewis Henry (1871): Systems of Consanquinity and Affinity of the Human Family. Washington: Smithsonian Institution

Morgan, Lewis Henry (1877): Ancient Society. Or Researches in the Lines of Human Progress from Savagery through Barbarism to Civilisation. Chicago: Charles H. Kerr

Münch, Richard (1989): Die Kultur der Moderne. Bd. 2, Frankfurt am Main: Suhrkamp

Murdock, George P. (1945): The Common Denominator of Cultures. In: Linton (1945): 138–141

Murdock, George P. (1949): Social Structure. New York: MacMillan

Neckel, Sighard (1997): Zwischen Robert E. Park und Pierre Bourdieu. Eine dritte "Chicago School"? In: Soziale Welt 47, 1, 71–83

Nefiodow, Leo A. (2000): Neue bedeutende Wirtschaftslokomotive. In: Unternehmer-Magazin, 5, 18–19

Neumann, Franz (1984): Behemoth. Struktur und Praxis des Nationalsozialismus. 1933–1944. Frankfurt am Main: Fischer

Neumann, Sigmund (1942): Permanent Revolution. The Total State in a World at War. New York et al.: Harper & Brothers

Niedermayer, Oskar / Westle, Bettina (Hrsg.) (2000): Demokratie und Partizipation. Festschrift für Max Kaase. Wiesbaden: Westdeutscher Verlag

Nietzsche, Friedrich (1883–1885): Also sprach Zarathustra. 4. Bde. Bde. 1–3, Chemnitz: Ernst Schmeitzner. Bd. 4, Privatdruck, Leipzig: C. G. Naumann

Nolte, Ernst (1966): Die faschistische Bewegung. dtv-Weltgeschichte des 20. Jahrhunderts. Bd. 4, München: dtv

Nolte, Ernst (1987): Der europäische Bürgerkrieg 1917–1945. Nationalsozialismus und Bolschewismus. Frankfurt am Main et al.: Propyläen

Nolte, Paul (1998): Georg Simmels Historische Anthropologie der Moderne. Rekonstruktion eines Forschungsprogramms. In: Gesellschaft und Geschichte 24, 2, 225–248

Oesterdiekhoff, Georg W. (Hrsg.) (2001): Lexikon der soziologischen Werke. Wiesbaden: Westdeutscher Verlag

Ogburn, William F. (1922): Social Change with Respect to Culture and Original Nature. New York: Viking Press

Ogburn, William F. et al. (Eds.) (1936): Technological Trends and National Policy. Washington: U.S. Government Printing Office

Ogburn, William F. / Nimkoff, Meyer F. (1950): Sociology. 2. Aufl., Boston: Mifflin

Ogburn, William F. (1964): On Culture and Social Change. A collection of Ogburne's writings edited by Otis Dudley Duncan. Chicago and London: The University of Chicago Press

Olson, Mancur (1968): Die Logik des kollektiven Handelns. Tübingen: Mohr

Olson, Mancur (1969): Toward a Social Report. Washington: U. S. Government Printing Office

Olson, Mancur (1982): The Rise and Decline of Nations. New Haven: Yale University Press

Ortega y Gasset, José (1930): La rebelión de las masas. Madrid: Revista de Occidente

Ortega y Gasset, José (1996): Gesammelte Werke. Bd. 3, Stuttgart: Deutsche Verlagsanstalt

Ott, Hugo / Schäfer, Hermann (Hrsg.) (1985): Wirtschafts-Ploetz. 2. Aufl., Würzburg: Ploetz

Pankoke, Eckart (1980): Lorenz von Stein. In: Bernsdorf et al. (1980): 412 f.

Pareto, Vilfredo (1916): Trattato di sociologia generale. 2 Vols., Florenz: G. Barbera

Pareto, Vilfredo (1942): Mind and Society. 4 Vols., New York: Harcourt, Brace

Park, Robert E. / Burgess, Ernest W. (1921): Introduction to the Science of Sociology. Chicago: University of Chicago Press

Parsons, Talcott (1937): The Structure of Social Action. New York et al.: McGraw-Hill

Parsons, Talcott (1952): The Social System. London: Tavistock

Parsons, Talcott / Shils, Edward A. (Eds.) (1954a): Towards a General Theory of Action. Cambridge: Harvard University Press

Parsons, Talcott / Shils, Edward A. (1954b): Values, Motives, and Systems of Action. In: Parsons (1954a): 47–275

Parsons, Talcott (1964): Evolutionary Universals in Society. In: American Sociological Revue 29, 3, 339–357

Parsons, Talcott (1970): On Building Systems Theory. A Personal History. Daedalus

Parsons, Talcott (1975): Gesellschaften. Frankfurt am Main: Suhrkamp

Parsons, Talcott (1978): Action Theory and the Human Condition. New York: Free Press

Petzina, Dieter (1968): Autarkiepolitik im Dritten Reich. Der nationalsozialistische Vierjahresplan. Stuttgart: Deutsche Verlagsanstalt

Petzina, Dietmar (1989): Das Zeitalter der Weltwirtschaft. In: Schäfer et al. (1989): 115–129

Peukert, Detlev / Reulecke, Jürgen (Hrsg.) (1981): Die Reihen fast geschlossen. Wuppertal: Hammer

Pieterse, Jan N. (1994): Globalisation as Hybridisation. In: International Sociology 9, 2, 161–184

Ploetz (1989): Wirtschaftsgeschichte der deutschsprachigen Länder vom frühen Mittelalter bis zur Gegenwart. Freiburg, Würzburg: Verlag Ploetz

Preller, Ludwig (1962): Sozialpolitik. Tübingen: Mohr (Siebeck)

President's Research Committee on Social Trends (Ed.) (1934): Recent Social Trends in the United States. New York: Whittlesey House.

Prinz, Michael / Zitelmann, Rainer (Hrsg.) (1994): Nationalsozialismus und Modernisierung. 2. Aufl., Darmstadt: Wissenschaftliche Buchgesellschaft

Radcliffe-Brown, Alfred (1952): Structure and Function in Primitive Society. London: Cohen & West

Rammstedt, Otthein (Hrsg.) (1992): Georg Simmel-Gesamtausgabe. Bd. 11, Frankfurt am Main: Suhrkamp

Ratzenhofer, Gustav (1898): Die sociologische Erkenntnis: Positive Philosophie des socialen Lebens. Leipzig: F. A. Brockhaus

Ratzenhofer, Gustav (1899): Der positive Monismus und das einheitliche Princip aller Erscheinungen. Leipzig: F. A. Brockhaus

Redfield, Robert (1953): The Primitive World and its Transformation. Ithaca, NY: Cornell University Press

Reinke, Herbert (1979): Bürokratie im politischen System Deutschlands. Köln: Dissertation, Universität zu Köln

Richter, Rudolf (1980): Joseph Alois Schumpeter. In: Bernsdorf et al. (1980): 381

Riedel, Matthias (1973): Eisen und Kohle für das Dritte Reich. Göttingen: Musterschmidt

Riesman, David (1950): The Lonely Crowd. New Haven: Yale University Press

Rokkan, Stein (1971): Nation Building and the Structuring of Mass Politics. In: Eisenstadt (1971): 293–411

Rokkan, Stein (1982): The Politics of Territorial Identity. London: Sage

Rokkan, Stein (1987): Centre-Periphery Structure in Europa. An ISSC Workbook in Comparative Analysis. Frankfurt am Main et al.: Campus

Roscher, Wilhelm (1843): Grundriß zu Vorlesungen über die Staatswirtschaft nach geschichtlicher Methode. Göttingen: Druck und Verlag der Dieterichschen Buchhandlung

Ross, Edward A. (1901): Social Control. A Survey of the Foundations of Order. New York: MacMillan

Rostow, Walt W. (1960): Stadien wirtschaftlichen Wachstums. Eine Alternative zur marxistischen Entwicklungstheorie. Göttingen: Vandenhoeck & Ruprecht

Rostow, Walt W. (1971): Politics and the Stages of Growth. Cambridge: Cambridge University Press

Roth, Guenther (2001): Max Webers deutsch-englische Familiengeschichte. Tübingen: Mohr Siebeck

Saussure, Ferdinand de (1916): Course in linguistique générale. Paris: Librairie Payot

Saussure, Ferdinand de (1959): Course in General Linguistics. New York: Philosophical Library

Saussure, Ferdinand de (1964): Course in General Linguistics. London: Peter Owen

Schäfer, Hermann et al. (Hrsg.) (1989): Ploetz: Wirtschaftsgeschichte der deutschsprachigen Länder vom frühen Mittelalter bis zur Gegenwart. Freiburg, Würzburg: Verlag Ploetz

Schäffle, Albert (1875–78): Bau und Leben des socialen Körpers. 4 Bde., Tübingen: H. Laupp'sche Buchhandlung

Schäffle, Albert (1885/86): Gesammelte Aufsätze. 2 Bde., Tübingen: H. Laupp'sche Buchhandlung

Schäffle, Albert (1906): Abriß der Soziologie. Tübingen: H. Laupp'sche Buchhandlung

Scheuch, Erwin K. / Rüschemeyer, Dietrich (1956): Soziologie und Statistik. In: Kölner Zeitschrift für Soziologie und Sozialpsychologie 8, 2, 272–291

Scheuch, Erwin K. (Hrsg.) (1968): Die Wiedertäufer der Wohlstandsgesellschaft. Köln: Markus

Scheuch, Erwin K. / Sussman, Marvin B. (1970): Gesellschaftliche Modernität und Modernität der Familie. in: Lüschen et al. (1970): 239–253

Scheuch, Erwin K. / Kutsch, Thomas (1975): Grundbegriffe der Soziologie. 2. Aufl., Stuttgart: Teubner

Scheuch, Erwin K. (1978): Die Selbsttäuschung der Bürokratie. In: Geißler (1978): 157–189

Scheuch, Erwin K. (1991a): Schwierigkeiten der Soziologie mit dem Prozess der Modernisierung. In: Zapf (1991): 109–139

Scheuch, Erwin K. (1991b): Instrumental Reason as a Concept and a Characteristic of Modern Societies. In: Mongardini (1991): 145–151

Scheuch, Erwin K. (1992): Controllo sociale. In: Bedeschi (1992): 417–429

Scheuch, Erwin K. / Scheuch, Ute (1992a): Cliquen, Klüngel und Karrieren. Reinbek bei Hamburg: Rowohlt

Scheuch, Erwin K. / Scheuch, Ute (1992b): USA. Ein maroder Gigant? Freiburg: Herder

Scheuch, Erwin K. (1996): Sozialer Wandel als Umbruch. In: Trommsdorff et al. (1996): 23–29

Scheuch, Erwin K. (2000a): Deutschland als moderne Gesellschaft. Ein Geflecht von Widersprüchlichkeiten. In: Niedermayer et al. (2000b): 372–383

Scheuch, Erwin K. (2000c): Globalization. On the Road to a New World System? In: The Journal of Social Science. University of Tokyo, Institute of Social Science 51, 5/6, 111–147

Scheuch, Erwin K. / Scheuch, Ute (2001a): Deutsche Pleiten. Berlin: Rowohlt

Scheuch, Erwin K. (2001b): James Burnham. In: Oesterdiekhoff (2001): 102–103

Schleunes, Karl S. (1970): The Twisted Road to Auschwitz: Nazi Policy toward German Jews. 1933–1939. Urbana: University of Illinois Press

Schluchter, Wolfgang / Quint, Peter E. (Hrsg.) (2001): Der Vereinigungsschock. Vergleichende Betrachtungen zehn Jahre danach. Weilerswist: Velbrück Wissenschaft

Schmitt, Carl (1919): Politische Romantik. München et al.: Duncker & Humblot

Schmitt, Carl (1922): Politische Theologie. Vier Kapitel zur Lehre von der Souveränität. München et al.: Duncker & Humblot

Schmoller, Gustav von (1897): Was verstehen wir unter dem Mittelstand? Göttingen: Vandenhoeck & Ruprecht

Schmoller, Gustav von (1901): Grundriss der allgemeinen Volkswirtschaftslehre. 1. Teil, Leipzig: Duncker & Humblot

Schmoller, Gustav von (1904): Grundriss der allgemeinen Volkswirtschaftslehre. 2. Teil, Leipzig: Duncker & Humblot

Schnabel, Peter-Ernst (1976): Georg Simmel. In: Kaesler (1976): 267–311

Schumpeter, Joseph A. (1926): Theorie der wirtschaftlichen Entwicklung. 2. Aufl., München: Duncker & Humblot

Schumpeter, Joseph A. (1942): Capitalism, Socialism, and Democracy. New York et al.: Harper & Brothers

Schumpeter, Joseph A. (1942): Kapitalismus, Sozialismus und Demokratie. 3. Aufl., München: Francke

Schweitzer, Arthur (1962): Der organisierte Kapitalismus. In: Hamburger Jahrbuch für Wirtschafts- und Gesellschaftspolitik 7, 32–47

Schweitzer, Arthur (1964): Big Business in the Third Reich. Bloomington: Indiana University Press

Sills, David L. (Ed.) (1968): International Encyclopaedia of the Social Sciences. 17 Vols., New York: MacMillan

Simmel, Georg (1890): Über sociale Differenzierung. Sociologische und psychologische Untersuchungen. Leipzig: Duncker & Humblot

Simmel, Georg (1908): Soziologie. Untersuchungen über die Formen der Vergesellschaftung. Leipzig, München: Duncker & Humblot

Simmel, Georg et al. (1911): Verhandlungen des Ersten Deutschen Soziologentages vom 19. Oktober bis 22. Oktober 1910 in Frankfurt am Main. Reden und Vorträge und Debatten. Tübingen: Mohr

Simmel, Georg (1922): Probleme der Geschichtsphilosophie 4. Aufl., München: Duncker & Humblot

Simmel, Georg (1958): Philosophie des Geldes. 6. Aufl., Berlin: Duncker & Humblot

Simmel, Georg (1968): Soziologie. 5. Aufl., Berlin: Duncker & Humblot

Simmel, Georg (1970): Grundfragen der Soziologie. (Individuum und Gesellschaft). 3., unveränderte Aufl., Berlin: de Gruyter

Simmel, Georg (1992): Soziologie. Untersuchungen über die Formen der Vergesellschaftung. Simmel Gesamtausgabe Bd. 11, Frankfurt am Main: Suhrkamp

Skocpol, Theda (1979): States and Social Revolutions. A Comparative Analysis of France, Russia, and China. Cambridge et al.: Cambridge University Press

Smelser, Neil J. (1959): Social Change in the Industrial Revolution. London: Routledge & Kegan Paul

Smelser, Neil J. (1963): The Sociology of Economic Life. Englewood Cliffs: Prentice-Hall

Smelser, Neil J. / Lipset, Seymour M. (Eds.) (1966): Social Structure and Mobility in Economic Development. Chicago: Aldine

Smelser, Neil J. (Ed.) (1988): Handbook of Sociology. Newbury Park, CA: Sage

Smelser, Neil J. (1992): External and Internal Factors in Theories of Social Change. In: Haferkamp et al. (1992): 369–394

Smelser, Neil J. / Alexander, Jeffrey (1999): Diversity and its Discontents. Cultural Conflict and Common Ground in Contemporary American Society. Princeton: Princeton University Press

Smelser, Neil J. (2000): Soziologische Theorien. In: Bögenhold (2000): 67–92

Smith, Adam (1776): An Inquiry into the Nature and Causes of the Wealth of Nations. 2 Bde., London: Strahan & Cadell

Smith, Philip (Ed.) (1998): The New American Cultural Sociology. Cambridge: Cambridge University Press

Sombart, Werner (1902): Der moderne Kapitalismus. Leipzig: Duncker & Humblot

Sombart, Werner (1911): Die Juden und das Wirtschaftsleben. Leipzig: Duncker & Humblot

Sombart, Werner (1913a): Luxus und Kapitalismus. München et al.: Duncker & Humblot

Sombart, Werner (1913b): Der Bourgeois. Zur Geistesgeschichte des modernen Wirtschaftsmenschen. München: Duncker & Humblot

Sombart, Werner (1925): Die Ordnung des Wirtschaftslebens. Berlin: J. Springer

Sombart, Werner (1932): Die Zukunft des Kapitalismus. Berlin: Buchholz & Weißwange

Sorokin, Pitirim A. (1947): Society, Culture, and Personality. Their Structure and Dynamics. A System of General Sociology. New York: Harper & Brothers

Spann, Ottmar (1930): Die Gesellschaftslehre. 3., abermals neubearb. Aufl. Leipzig: Quelle & Meyer

Spencer, Herbert (1862): First Principles. A System of Synthetic Philosophy. Bd. 1, London: Williams & Norgate

Spencer, Herbert (1876–1897): The Principles of Sociology. 3 Vols., London: Williams & Norgate

Spengler, Oswald (1918–22): Der Untergang des Abendlandes. 2 Bde., München: Beck

Staley, Eugene (1954): The Future of Underdeveloped Countries. New York: Harper

Stammer, Otto (1969): Bürokratie. In: Bernsdorf (1969): 149

Steffens, Lincoln (1931): The Autobiography of Lincoln Steffens. 2 Vols., New York: Harcourt, Brace & Co.

Steinhoff, Maria (1925): Die Form als soziologische Grundkategorie bei Georg Simmel. In: Kölner Vierteljahreshefte für Soziologie 4: 214–259

Stern, Bernhard G. (1937): Resistances to the Adoption of Technological Innovations. In: Subcommittee on Technology to the National Resources Committee (1937): 39–66

Sumner, William G. (1907): Folkways. A Study of the Sociological Importance of Usages, Manners, Customs, Mores and Morals. Boston: Ginn

Sumner, William G. et al. (1927–28): The Science of Society. 4 Vols., New Haven: Yale University Press

Tawney, Richard H. (1926): Religion and the Rise of Capitalism. A Historical Study. London: John Murray

Tax, Sol (Ed.) (1964): Horizons of Anthropology. Chicago: Aldine

Teckenberg, Wolfgang (1983): Gegenwartsgesellschaften. UdSSR. Stuttgart: Teubner

Tenbruck, Friedrich H. (1961): Zur deutschen Rezeption der Rollentheorie. In: Kölner Zeitschrift für Soziologie und Sozialpsychologie, 13, 1, 1–40

Thomas, William I. / Znaniecki, Florian (1918–20): The Polish Peasant in Europe and America. Monograph of an Immigrant Group. 5 Bde., Boston: Richard G. Badger

Tocqueville, Alexis de (1835): De la démocratie en Amérique. 2 Vols., Paris: Gosselin

Tönnies, Ferdinand (1887): Gemeinschaft und Gesellschaft. Abhandlung des Communismus und des Socialismus als empirischer Culturformen. Leipzig: Fues

Tommissen, Piet (1976): Vilfredo Pareto. In: Kaesler (1976): 201–231

Tormin, Walter (1977): Die Weimarer Republik. 11. Aufl., Hannover: Fackelträger-Verlag

Treue, Wilhelm (1955): Hitlers Denkschrift zum Vierjahresplan 1936. In: Vierteljahreshefte für Zeitgeschichte, 3, 184–210

Treue, Wilhelm (1986): Gesellschaft, Wirtschaft und Technik. Deutschlands im 19. Jahrhundert. 8. Aufl., München: dtv

Triandis, Harry C. / Brislin, Richard W. (Eds.) (1980): Handbook of Cross-Cultural Psychology. Vol. 5. Social Psychology. Boston: Allyn and Bacon

Trommsdorff, Gisela / Kornadt, Hans-Joachim (Hrsg.) (1996): Gesellschaftliche und individuelle Entwicklung in Japan und Deutschland. Konstanz: Universitätsverlag Konstanz

Tyrell, Hartmann (1976): Probleme einer Theorie der gesellschaftlichen Ausdifferenzierung der privatisierten modernen Kernfamilie. In: Zeitschrift für Soziologie 5, 4, 393–417
Tyrell, Hartmann (1977): Die Familie als "Urinstitution". Neuerliche spekulative Überlegungen zu einer alten Frage. Unveröffentlichtes Manuskript. Bielefeld
Veblen, Thorstein (1904). The Theory of Business Enterprise. New York: Scribner
Veblen, Thorstein (1958): Theorie der feinen Leute. Eine ökonomische Untersuchung der Institutionen. Köln et al.: Kiepenheuer & Witsch
Vogt, Evon Z. (1968): Cultural Change. In: Sills (1968): Bd. 11, 556
Wagner, Adolph (1892): Lehr- und Handbuch der politischen Oekonomie. 3., wesentlich um-, theilweise ganz neu bearb. und stark erw. Aufl., Leipzig: C. F. Winter'sche Verlagshandlung
Wald, George (1959): Life and Light. In: Scientific American 201, 92–108
Ward, Lester F. (1897): Dynamic Sociology. 2 Bde. New York: Appleton
Weber, Max (1909): Agrarverhältnisse im Altertum. In: Conrad et al. (1909–1911): Bd. 1, 181
Weber, Max (1911): Geschäftsbericht. In: Simmel (1911): 39–62
Weber, Max (1919): Politik als Beruf. In: Winckelmann (1958): 493–548
Weber, Max (1921a): Das antike Judentum. Gesammelte Aufsätze zur Religionssoziologie. Bd. 3, Tübingen: Mohr
Weber, Max (1921b): Die rationalen und soziologischen Grundlagen der Musik. München: Drei Masken
Weber, Max (1922): Wirtschaft und Gesellschaft. Tübingen: Mohr
Weber, Max (1924): Wirtschaftsgeschichte: Abriss der universalen Sozial- und Wirtschaftsgeschichte. Aus den nachgelassenen

Vorlesungen, herausgegeben von Siegmund Hellmann und Melchior Palyi. München und Leipzig: Duncker & Humblot
Weber, Max (1947): Wirtschaft und Gesellschaft. Bd. 1, Grundriss der Sozialökonomik, Abt. III, Tübingen: Mohr
Weber, Max (1958): Gesammelte Politische Schriften. 2. erw. Aufl., neu hrsg. von Johannes Winckelmann. Tübingen: Mohr (Siebeck)
Weber, Max (1968): Methodologische Schriften. Frankfurt am Main: Fischer
Weber, Max (1969): Die protestantische Ethik. Hg. von Johannes Winckelmann. 2 Bde., München et al.: Siebenstern Taschenbuch
Weber, Max (1973a): Über einige Kategorien der verstehenden Soziologie. In: Winckelmann (1973): 97–150
Weber, Max (1973b): Die drei reinen Typen der legitimen Herrschaft. Legitimität der Herrschaft. Legitimitätsgründe. In: Winckelmann (1973): 151–166
Weber, Max (1973c): Vom inneren Beruf zur Wissenschaft. In: Winckelmann (1973): 311–339
Weber, Max (1988): Gesammelte Aufsätze zur Sozial- und Wirtschaftsgeschichte. Herausgegeben von Marianne Weber (1924). Neuaufl., Tübingen: Mohr (Siebeck)
Weber, Max (2002): Die sozialen Gründe des Untergangs der antiken Kultur In: Kaesler (2002): 47–68
Weymann, Ansgar (1998): Sozialer Wandel. Theorien zur Dynamik der modernen Gesellschaft. Weinheim et al.: Juventa
White, Leslie A. (1943): Energy and the Evolution of Culture. In: American Anthropologist 45, 3, 335–356
Wiese, Leopold von (1932): Albert Schäffle als Soziologe. In: Duprat et al. (1932)
Wiese, Leopold von (1933): System der allgemeinen Soziologie als Lehre von den sozialen Prozessen und den sozialen Gebilden der Menschen (Beziehungslehre). 2., neubearbeitete Aufl., München: Duncker & Humblot

Wilson, Edward O. (2000): Sociobiology. The New Synthesis. 25th Anniversary Ed., Cambridge, MA: Belknap Press

Winckelmann, Johannes (Hrsg.) (1958): Max Weber. Gesammelte politische Schriften. 2., erweiterte Aufl., Tübingen: Mohr (Siebeck)

Winckelmann, Johannes (Hrsg.) (1973): Max Weber. Soziologie. Universalgeschichtliche Analysen. Politik. 5., überarbeitete Aufl., Stuttgart: Kröner

Wirth, Louis (1974): Urbanism as a Way of Life. In: American Journal of Sociology 44, 1, 1–24

Wolf, Eric R. (1964): The Study of Evolution. In: Tax (1964): 108–119

Wolff, Kurt H. (1978): Karl Mannheim. In: Kaesler (1978): 286–387

Zapf, Wolfgang (Hrsg.) (1971): Theorien des sozialen Wandels. Köln: Kiepenheuer & Witsch

Zapf, Wolfgang (1991) Modernisierung und Modernisierungstheorien. In: Zapf (1991): 23–39

Zapf, Wolfgang (Hrsg.) (1991): Die Modernisierung moderner Gesellschaften. Frankfurt am Main: Campus

Ziegenfuss, Werner (Hrsg.) (1955–1956): Handbuch der Soziologie. 2 Bde., Stuttgart: Enke

Personen- und Sachregister

Übersicht

Band 1
Theorien des sozialen Wandels

Band 2
Gegenwartsgesellschaften im Prozess des Wandels

Printed in Poland
by Amazon Fulfillment
Poland Sp. z o.o., Wrocław

24105987R00204